HENRY LEVASSEUR

MAIRE

ET

SOUS-PRÉFET DE RAMBOUILLET

—

NAPOLÉON Ier A RAMBOUILLET

L'INVASION

DU MÊME AUTEUR

Florian au val Saint-Germain (t. VIII, in-8, des *Mémoires de la Société archéologique de Rambouillet*, 1888).
Victor Hugo à Montfort (*id.*).
Compte rendu des conférences de MM. Poincaré, Chenu, Jamais, Dubief (*Bulletin de la Société de Patronage*, 1889).
Colin d'Harleville à Emancé (t. IX, in-8, des *Mémoires*, 1891).
Une excursion à Pontchartrain; le duc de Nivernais et Alfred de Musset (*id.*).
Une soirée au château de Rambouillet, en novembre 1636 (*id.*).
Inventaire de l'hôtel et du château de Rambouillet en 1652, 1666, 1671 (1894).
Observation sur le projet de l'augmentation de la patente des avoués (1895).
Desportes aux Vaux-de-Cernay (t. X des *Mémoires*, 1895).
Une excursion à Port-Royal-des-Champs (*id.*).
Epitaphe de Racine (*id.*).
Racine à Port-Royal et à Chevreuse (*id.*).
Une excursion à Dourdan (*id.*).
Le consul Lebrun (*id.*).
Convocation des États généraux à Dourdan (*id.*).
Florian chez le duc de Penthièvre, à Rambouillet (*id.*).
Convocation des Etats généraux à Montfort (*id.*).
Le District de Montfort d'après un almanach du temps (*id.*).
Le curé de Boissy-sans-Avoir (*id.*).
Une victime de la Terreur à Arpajon (*Bulletin de la Société historique de Corbeil*, 1896).
Excursion à Saint-Sulpice-de-Favières (t. XI des *Mémoires*, 1896).
Rapport du conventionnel Couturier à la Convention (*id.*).
Excursion au Plessis-Mornay, Rochefort et Bonnelles (*id.*).
Six victimes de la Terreur (*id.*).
L'Hôtel de la sous-préfecture à Rambouillet, vieilles maisons, l'amiral Besnard, le Christ du tribunal (*id.*).
Une émeute à Saint-Arnoult en 1793 (*id.*).
Mémoire sur la fortune de François Quesnay (*Bulletin des Sciences économiques*, année 1897. — Congrès des Sociétés savantes).
La municipalité cantonale sous le régime de la Constitution de l'an III. (*Bulletin des Sciences historiques*. — Congrès des Sociétés savantes, année 1897).
Les pérégrinations d'une statue (*La Nymphe à la Chèvre*. — Réunion de la Société des Beaux-Arts, 1897).
La *Suzanne* de Beauvallet (*id.* 1897).
Les prisons de Rambouillet sous la Terreur (t. XII des *Mémoires*, 1897).
Gaston d'Orléans. Richelieu et la comtesse de Brionne à Limours, histoire de Limours (*id.*).
Henri Levasseur, adjudant général, maire et sous-préfet de Rambouillet.
Napoléon Ier à Rambouillet, l'invasion (*id.*).

EN PRÉPARATION

François Quesnay.
Un manuscrit de Quesnay.
Rois, Empereurs et Présidents de la République à Rambouillet.
Rambouillet, devant le Tribunal révolutionnaire.

Levasseur.

HENRY LEVASSEUR

MAIRE

ET

SOUS-PRÉFET DE RAMBOUILLET

NAPOLÉON Ier A RAMBOUILLET

L'INVASION

PAR

M. LORIN

TOURS

IMPRIMERIE DESLIS FRÈRES

6, RUE GAMBETTA, 6

1897

HENRY LEVASSEUR

ADJUDANT GÉNÉRAL

MAIRE ET SOUS-PRÉFET DE RAMBOUILLET

NAPOLÉON IER A RAMBOUILLET

—

L'INVASION

I

L'enfance et la jeunesse de Levasseur. — Les parents de Levasseur à
Dourdan, à Rambouillet. — La famille de Verteillac. — Le duc de
Penthièvre. — Les sœurs de Levasseur. — Levasseur étudiant en droit,
intendant du marquis de Verteillac. — La Révolution de 1789. —
Levasseur s'engage.

Henry Levasseur se rattache à l'arrondissement de Rambouillet par un triple lien : par sa naissance à Dourdan, par l'exercice de fonctions administratives à Rambouillet et, enfin, par sa mort dans cette dernière ville.

Le rôle qu'il joua pendant la Révolution, aux armées du Nord et de l'Ouest, en qualité d'adjudant-général, les services qu'il rendit à l'arrondissement et à la ville de Rambouillet constituent des titres plus que suffisants au souvenir de ses concitoyens ; nous tâcherons, avec les documents que nous

avons recueillis aux mairies de Dourdan et de Rambouillet,
avec ceux que nous avons puisés au ministère de la Guerre,
et enfin avec les papiers de famille que nous a communiqués M. Henry Levasseur, trésorier-payeur de la province
de Constantine, petit-fils de notre ancien sous-préfet, de
retracer la carrière complète de notre héros.

Henry-Alexis Levasseur naquit le 18 janvier 1755, à
Dourdan. Son père, Alexis, était au service de M. le comte
de Verteillac ; sa mère s'appelait Marie-Louise Limet [1].

Henry était le troisième enfant qu'avaient depuis leur
mariage, célébré à Dourdan le 25 novembre 1749, les époux
Levasseur-Limet [2].

A ce mariage avaient été témoins la comtesse de Verteillac,
femme charmante et écrivain aimable, son fils César-Pierre
de la Brousse, marquis de Verteillac, âgé alors de 20 ans,
capitaine de cavalerie dans le régiment de Penthièvre. Le
père du capitaine, le comte, qui avait alors 65 ans, était gouverneur de Dourdan et habitait depuis 1738 la magnifique
emeure appelée le « Parterre ». Il était le grand seigneur de
Dourdan, comme le duc de Penthièvre était le grand propriétaire de Rambouillet. Les époux Levasseur eurent à
Dourdan d'autres enfants que Henry : les actes de baptême
de cette ville mentionnent, en 1756, la naissance d'une fille,
Marie-Rose-Étiennette ; en 1757, le 17 mars, d'un garçon
Louis-Antoine-Alexandre ; en 1758, le 14 juillet, d'une
autre fille, Victoire-Charlotte ; en 1761, le 19 juillet, d'un
septième enfant, Victoire-Adélaïde, et enfin d'un huitième,
en 1763, Flore-Ursule-Françoise-Adélaïde.

Vers 1764, ils quittèrent Dourdan et vinrent habiter
Rambouillet [3]. L'ancien serviteur de M. le comte de Verteillac changea sa position première en celle de cavalier [4];

[1] Pièces justificatives I.
[2] Pièces justificatives II.
[3] Le duc de Penthièvre nommait à tous les emplois dans cette ville.
[4] Aujourd'hui on dirait un gendarme.

il figure en cette qualité dans les actes de décès de deux
enfants qui lui naquirent à Rambouillet, en 1767 et en 1768,
et qu'il perdit en 1770 : c'étaient ses dixième et •onzième
enfants, car dans cette nouvelle ville les époux Levasseur
avaient encore eu un fils, Alexis-Étienne, avant ceux-là, le
23 novembre 1765.

Henry-Alexis avait, en 1764, accompagné ses parents à
Rambouillet ; il était âgé de neuf ans quand ceux-ci s'éloi-
gnèrent de Dourdan. A Rambouillet, il paraîtrait que le duc
de Penthièvre s'intéressa au jeune enfant, qu'il envoya à
Paris faire ses études où il se rendit, en 1767, à l'âge
de 12 ans [1]. Levasseur père mourut le 22 mai 1772, ayant
cinquante-cinq ans ; il avait cessé d'être cavalier et était
alors marchand.

Sa veuve se remaria ; elle épousa en secondes noces, le
2 mai 1774, Pierre Bully, qui était, comme son premier mari,
cavalier de la maréchaussée [2].

Henry, qui étudiait le droit en 1774 (il avait alors dix-neuf
ans), termina ses études et se fit recevoir avocat.

Le 28 novembre 1782, à vingt-sept ans, il épousait, à
Rambouillet, Melle Marie-Eulalie Canut, d'une très ancienne
et très honorable famille rambolitaine, fille d'un ancien
garde-marteau du duc de Penthièvre, Pierre Canut. Dans
l'acte de mariage, le marié est qualifié « bachelier ès lois de
la faculté de Paris, intendant de M. le marquis de Verteillac » ;
il demeure à Paris, sur la paroisse de Saint-Sulpice, et la
mariée sur celle de Saint-Louis-en l'Ile [3].

Les noms les plus connus de Rambouillet à cette époque,
les procureurs Thierry et Desrout, qui avaient fréquenté
Pierre Canut à la maîtrise des eaux et forêts et qui étaient
restés en relations quotidiennes avec son successeur, oncle

---

[1] Archives de la guerre, dossier de Levasseur.
[2] Pièces justificatives III.
[3] État civil de Rambouillet. Levasseur habitait l'hôtel de Verteillac.

de Melle Marie Canut, signaient à l'acte de mariage ainsi qu'Étienne Levasseur, frère du marié.

Quelques années plus tard, le 21 février 1789, une sœur de l'intendant de M. de Verteillac, Geneviève-Ursule, devenait la femme de Louis-Joachim-Marcel Baucher, cavalier à Rambouillet; une autre de ses sœurs, Marie-Louise, s'était mariée, le 17 février 1783, à Honoré-Toussaint Gatineau, employé au château [1].

Levasseur, bien qu'avocat, ne paraît pas avoir plaidé, mais s'être occupé, à Paris, de gérances de propriétés et, notamment, de celles de la famille de Verteillac.

Quand on lui demandera plus tard quelle profession il exerçait avant la Révolution, il dira: homme de loi et chargé de recettes particulières.

En 1789, il fit partie de la garde parisienne. Peu après, il perdit sa femme, qui l'institua son légataire universel. Sa belle-sœur, Mme Desrout, attaqua le testament, aux termes duquel Levasseur devenait propriétaire de quelques biens à Bazoches, près de Montfort, et à Orcemont; mais le Tribunal du VIe arrondissement de Paris décida, le 21 mai 1791, que le testament de Mme Levasseur recevrait son exécution [2].

La profession de Levasseur paraissait paisible et à l'abri des tourmentes, mais bientôt les événements politiques deviennent graves. Dans la séance de l'Assemblée législative du 21 décembre, un député propose à ses collègues de déclarer la patrie en danger et d'enjoindre à tout citoyen non enrôlé, et âgé de plus de dix-huit ans et de moins de cinquante ans, d'aller offrir ses services à la municipalité.

Dans la séance du 5 janvier 1792, l'Assemblée ordonne

---

[1] État civil de Rambouillet.

[2] Inventaire après le décès de Levasseur. Delorme notaire à Rambouillet.

l'impression du discours enflammé d'Isnard. Le 5 juillet, le décret qui déclare la patrie en danger est rendu ; le 6, il est présenté au roi et sanctionné le 7 [1].

Dans la séance du 11, deux adresses sont votées, l'une à l'armée française, l'autre aux Français. On lit dans cette dernière adresse :

Une ligue de rois s'est formée pour détruire la Constitution ; leurs bataillons s'avancent, ils sont nombreux, soumis à une discipline rigoureuse et depuis longtemps exercés dans l'art de la guerre. Ne sentez-vous pas une noble ardeur enflammer votre courage ! Souffrirez-vous que des hordes étrangères se répandent comme un torrent destructeur sur vos campagnes, qu'elles ravagent vos moissons...

Hâtez-vous, citoyens. Sauvez la liberté et vengez votre gloire...

Les nations vous contemplent, étonnez-les par le déploiement majestueux de vos forces et d'un grand caractère, et bientôt la victoire couronnera de ses palmes l'autel de la liberté...

La proclamation de la patrie en danger se fait solennellement les dimanche et lundi 22 et 23 juillet. Un cortège militaire parcourt les rues de Paris. Il est dit dans le cérémonial :

A chacune des places désignées pour la proclamation, le cortège fera halte ; un de ceux qui le composeront donnera au peuple un signal de silence, en agitant une banderole tricolore ; il se fera un roulement de tambours ; au dernier signal, les roulements cesseront et un officier municipal, à la tête de ses collègues, lira, à haute voix, l'acte du Corps législatif qui annonce que la patrie est en danger.

Dans la semaine, sur les huit amphithéâtres dressés dans divers quartiers de Paris, les enrôlements montent à plus de 5.000 hommes ; les jours suivants, ils doublent et se multiplient.

---

[1] *Moniteur universel.*

Le 28 août, Danton, ministre de la justice, s'écrie :

C'est par une convulsion que nous avons renversé le despotisme ; ce n'est que par une grande convulsion nationale que nous ferons rétrograder les despotes : tout appartient à la patrie quand la patrie est en danger [1].

Levasseur ne reste pas sourd à ces appels réitérés. Il est revenu en mai, à Rambouillet, où son beau-père, Pierre Bully, habite toujours avec sa mère et est maintenant marchand ; il s'enrôle comme volontaire à trente-sept ans, à la mairie de Rambouillet, et l'administration militaire le dirige sur Lille, où, le 8 septembre 1792, il figure comme cavalier au 6e régiment de cavalerie.

Levasseur s'engagea dans le régiment même qui était en garnison à Rambouillet.

Le patriotisme fut-il le seul mobile qui le détermina à être soldat ? Non. Levasseur venait de perdre sa femme qui ne lui avait point donné d'enfant ; de plus, sa situation d'intendant était non seulement compromise, mais encore elle le rendait suspect, ainsi que ses relations [2].

Son père avait été au service de Thibault, comte de Verteillac, mort en 1778 ; lui-même était l'obligé du duc de Penthièvre et l'intendant du marquis Pierre-César de Verteillac et de sa sœur Mme de Broglie-Revel.

Au moment où Levasseur contractait son engagement, le duc de Penthièvre, son ancien bienfaiteur, était surveillé ; Pierre de Verteillac avait émigré, et ses biens, tant à Paris qu'à Dourdan, étaient mis sous séquestre [3].

Les fonctions de son intendant avaient par là même pris fin.

---

[1] *Moniteur universel*. Les recherches étant très faciles dans le *Moniteur*, nous nous dispensons de donner les volumes et les pages qu'il est aisé de retrouver avec l'indication de nos dates.

[2] Archives de la guerre. Ces motifs résultent de diverses déclarations contenues dans le dossier de Levasseur.

[3] Archives de Versailles. Carton La Brousse émigré ; le 24 mai 1792, le mobilier de M. de Verteillac avait été inventorié par le district.

Levasseur était de taille ordinaire, ayant cinq pieds, six pouces et six lignes; il avait les cheveux et les sourcils bruns, le nez camus, la bouche moyenne, le menton rond, le front large, le visage rond et plein [3].

[3] Archives de la guerre. — Nous sommes très reconnaissants à notre ami, M. Hennet, chef de bureau au Ministère de la guerre, qui nous a communiqué le dossier Levasseur.

II

Simple cavalier le 8 septembre 1792, Henry Levasseur
était nommé, par le général Labourdonnais, le 4 octobre de
la même année, capitaine dans un corps de piquiers qu'on
venait de former à Lille. L'arme des piquiers avait disparu
de l'armée française depuis plus d'un siècle, et son souvenir
n'était plus rappelé que par les Cents-Suisses, quand la
Révolution eut l'idée de faire revivre cette institution. Une
circulaire du 27 août 1792, adressée aux directoires des
départements en vue d'une défensive sans délais, contenait
un plan de création de bataillons de piquiers qui ne se
réalisa que partiellement ; un de ces rares bataillons armés
de piques fut créé à Lille, et Levasseur devint capitaine de
la deuxième compagnie.

Comme cavalier au sixième régiment de cavalerie et comme
assiégé, Henry Levasseur devait assister, quinze jours après
son arrivée à Lille, au bombardement de cette ville par les
Autrichiens.

Le 24 septembre, une lettre venue de Lille annonçait aux
Parisiens que la garnison Lilloise s'était emparée du Pont-
Rouge et du Bac, que les maisons qui servaient de retraite
aux Autrichiens avaient été incendiées sans miséricorde,
que l'ennemi se disposait à évacuer les postes de Lannoy,
Roubaix, Turcoing la lettre ajoutait[1] :

Hier, chaque bataillon, ayant en tête son drapeau déployé,
s'est rendu à la parade. La loi qui prononce la peine de mort
contre tout citoyen qui parlerait de rendre une place assiégée
a solennellement été publiée.

[1] *Moniteur universel.*

Le 26, nouvelle lettre, disant :

On vient de proclamer, en exécution d'une décision du conseil de guerre de ce jour et notifier au corps municipal que la ville était en état de siège ; les Autrichiens sont venus se loger au faubourg de Fives. Ce faubourg, couvert de maisons qui auraient dû être détruites, sert dans ce moment de retraite à ces brigands (les Autrichiens), qui ont tiré toute la journée sur la ville.

Autre missive du 27 septembre, venant de Lille :

Notre position est telle que nous sommes absolument cernés par l'ennemi, et toutes les routes sont presque interceptées. Le canon a tiré toute la journée d'hier, de part et d'autre ; le nôtre a fait un grand ravage ; on voit de nos remparts que l'ennemi a chargé sur ses chariots ses blessés et ses morts ; les Belges ont mis le feu au faubourg de Fives ; ce matin, on dit que ce faubourg est tout en feu et presque détruit.

Lettre du même jour, de Valenciennes :

Les ennemis se sont présentés le 25, au nombre de 6.000 hommes, devant Lille, tant du côté de la porte de Fives que de celle des Malades, et, après avoir sommé la ville de se rendre, voyant qu'on ne leur répondait qu'à coups de canon, ils ont envoyé quelques bombes ; mais les volontaires ont fait une vigoureuse sortie et chassé ces brigands, qui n'ont eu que le temps de ramasser leurs cadavres.

On a exécuté le plan combiné de prendre Saint-Amand. Cette nuit, 1.500 hommes d'élite avec quatre pièces de canon et deux obusiers, commandés par le maréchal de camp Ferrand. et un corps de réserve commandé par le maréchal de camp Lamorlière, ont été faire l'attaque de Saint-Amand par Raismes, tandis que la garnison de Lille a dû amuser ou poursuire les troupes ennemies qui sont sous ses murs. A neuf heures et demie, nos troupes sont entrées dans Saint-Amand.

Les troupes étaient furieuses contre les autorités de Saint-

Amand, qui avaient fait des réjouissances lors de l'entrée dans leur ville des Autrichiens et avaient donné un bal à leurs officiers.

Elles s'emparent de Saint-Amand, qu'elles sont obligées d'évacuer presque aussitôt après.

Le 1er octobre, un député extraordinaire de la commune de Lille est admis à la barre de la Convention et s'exprime ainsi :

Je suis parti le 29 septembre de la ville de Lille ; peut-être, en ce moment, cette ville est la proie des flammes, mais les habitants resteront à leur poste plutôt que de consentir à livrer la place... Les subsistances de la ville sont modiques, 100.000 livres lui ont déjà été accordées, mais cette somme est insuffisante : il faudrait 400.000 livres.

L'assemblée met 2.000.000 à la disposition du Ministre de l'Intérieur.

Le 3, les Lillois écrivent :

Depuis le 29 septembre, l'ennemi ne discontinue point de lancer sur cette ville une grêle de bombes et de boulets rouges, qui ont détruit une grande partie de nos plus beaux édifices. L'amour de la patrie soutient le courage et la résignation des citoyens.

Lettre de Béthune, du 5 octobre :

Les Autrichiens continuent à désoler, par leurs brigandages, le riche pays qui environne la ville de Lille, mais cette place ne tombera point en leur pouvoir. Le général Labourdonnais y a fait successivement entrer des renforts, qui en portent en ce moment les défenseurs à 16.000 hommes au moins.

Le 6 octobre, les députés commissaires de la Convention à l'armée du Nord écrivent ceci [1] :

Nous sommes entrés hier, vers les huit heures du soir, dans cette ville, où l'on rencontre à chaque pas les traces de la barbarie et de la vengeance des tyrans.

---

[1] *Moniteur universel*. Nous savons gré aussi des documents que nous a fournis M. Querré-Reybourdon.

On a descendu des greniers et des étages les plus exposés tout ce qui pouvait servir d'aliment au feu. On a rassemblé à la porte de chaque maison des tonneaux toujours remplis d'eau.

30.000 boulets rouges, 6.000 bombes ont aguerri les citoyens au point de leur faire mépriser le danger.

Le 8 octobre, la Convention décrète que Lille a bien mérité de la patrie; 100.000 livres seront comptées à titre de récompense à celui qui livrera la tête du commandant de l'armée autrichienne.

Le 5, les Autrichiens avaient cessé leur feu et commencé leur retraite.

Le 10, le président de la Convention nationale donne lecture d'une lettre des officiers municipaux de Lille, ainsi conçue:

Enfin l'ennemi nous a délivrés de sa présence; nous sommes maintenant à couvert des effets de sa rage et de ses projets atroces contre la liberté et l'égalité. Il emporte avec lui l'exécration de l'univers.

Nouvelle lettre du 10:

Sur les ruines encore brûlantes, au sifflement des boulets rouges, un seul sentiment s'est manifesté, un seul cri s'est fait entendre : Vive la liberté! Vive la République!

Toutes les classes de citoyens, tous les âges ont des traits d'héroïsme à citer.

Un enfant de quatorze ans vit tomber une bombe : il arracha la mèche. Une bombe éclate : c'est à qui pourra en avoir des morceaux ; un perruquier en prend un, et il s'écrie aussitôt : « Voilà mon plat à barbe : qui veut se faire raser? » A l'instant il rase à la même place où était tombée la bombe et dans cet éclat, quatorze personnes [1].

Tel fut, en raccourci, cet épouvantable bombardement de Lille, que Levasseur rappela souvent au cours de sa carrière

---

[1] *Moniteur universel*, d'où est extraite toute cette correspondance.

et qui fut, pour lui, le point de départ d'un avancement aussi
rapide que mérité.

Après être resté vingt-six jours cavalier au sixième
régiment, six jours capitaine dans un bataillon de piquiers,
le 10 octobre Levasseur était, sur la recommandation du colonel Clarenthal, attaché à l'état-major de l'armée du Nord.

Puis, le 15, le commandant en chef de cette armée le
nommait adjoint aux adjudants généraux, ainsi que l'atteste
un certificat daté du 28 novembre et ainsi conçu :

ARMÉE DU NORD
Aux ordres du lieutenant-général Labourdonnais

Je, soussigné, certifie que le citoyen Henry-Alexis
Levasseur, capitaine de la 2ᵉ compagnie du corps des
Piquiers, a été nommé adjoint aux adjudants généraux de
l'armée à l'époque du 15 octobre dernier.

Fait au quartier général de Berkhem, le 28 novembre 1792,
l'an 1ᵉʳ de la République française.

Le Lieutenant-Général,
commandant en chef de l'armée du Nord.

(Signé) : Labourdonnais [1].

L'adjoint aux adjudants généraux était un officier d'état-
major qui avait une mission temporaire et devait être pris
indistinctement dans tous les grades de l'armée, jusqu'à
celui de chef de bataillon inclusivement.

Henry Levasseur conservait donc, dans son nouvel emploi,
son grade de capitaine ; il était attaché à un adjudant général
particulier et recevait une solde quotidienne de 12 livres
10 sous, soit 4.500 livres par an.

Après la victoire de Valmy, gagnée par Kellermann, mais
préparée par Dumouriez, général en chef de l'armée (20 septembre 1792), ce dernier se dirigea vers Valenciennes ; son
avant-garde y est attendue le 16 octobre.

---

[1] Papiers de M. Levasseur de Constantine.

On écrit de Lille, le 21 :

L'arrivée du général Dumouriez à Valenciennes met déjà toutes les troupes en mouvement. Toute notre garnison est partie ce matin et est sortie par différentes portes. La joie était peinte sur tous les visages, et l'air « ça ira » servait de marche.

Le 19, Dumouriez avait été acclamé à Cambrai, sa ville natale.

Le 23, on signale que l'ennemi, qui vient de lever le siège de Lille, se retire sur Tournai, abandonnant Saint-Amand, Orchies, Marchiennes.

Le même jour, les commissaires de la Convention à l'armée du Nord confirment ce fait et ajoutent :

L'armée commandée par le brave Dumouriez et celle du Nord vont entrer dans le Brabant ; les drapeaux de la République française flotteront sur le rempart des villes soumises à l'astucieuse maison d'Autriche... Nos frères les Brabançons et les Liégois, qui veulent être libres comme nous attendent avec impatience les soldats français. Les armées de la République entreront sur le territoire tenant d'une main une branche d'olivier et de l'autre une torche. Dumouriez est à Valenciennes, Labourdonnais est ici (à Lille) ; ces deux généraux, dignes de servir la République, se sont déjà vus pour concerter le plan de campagne. Le camp de la Magdelaine brûle de marcher à l'ennemi, et ses postes avancés sont dans le meilleur état de défense [1].

L'adjoint aux adjudants généraux, Henry Levasseur, était sous les ordres du lieutenant-général ou général de division Labourdonnais, qui n'avait pu rentrer à Lille que le lendemain de la levée du siège ; il fit la campagne de Belgique à l'avant-garde de la division Labourdonnais, commandée par le maréchal de camp ou général de brigade Lamorlière.

Le 28 octobre, une lettre des commissaires de la Conven-

---

[1] *Moniteur universel.*

tion donne des indications sur les opérations de la brigade
Lamorlière :

L'ennemi, — dit-on, — continue d'évacuer le territoire de
la République ; il se retranche sur la Lys et du côté de
Tournai, mais nos troupes, dont le courage et l'ardeur sont
extrêmes, l'auront bientôt délogé. Nos postes avancés, que
nous avons visités, il y a quelques jours jusqu'auprès de
Roubaix et de Lannoy, sont dans les meilleures dispositions.

Le général Lamorlière a fait, sur Beaulieu et Marquins,
une fausse attaque ordonnée par Dumouriez. Nos troupes se
sont bien comportées : on a signalé des traits de courage
et d'héroïsme du citoyen Michaux, grenadier du deuxième
régiment. Il avait reçu un coup de feu dans le corps ; il
appelle un de ses camarades, nommé Cadet, qui avait la
jambe cassée : « Je veux, — disait-il, — mourir auprès de
lui. » — « Ne te chagrine pas, Cadet, — dit-il, — nous
mourons pour la nation. » Et à l'instant une balle lui ôte la
vie. Tel est l'esprit de nos troupes, et avec de tels soldats
la République ne peut manquer de triompher de ses ennemis.

Le 29 octobre, une lettre de Valenciennes annonce que
Dumouriez a établi son quartier général près de Quiévrain,
et que plus de 60.000 hommes sont maintenant placés sur trois
lignes aux portes de Mons, que Labourdonnais s'avance sur
Tournai : on ne prévoit point de longue résistance de la part
de ces places.

Le 1er novembre, un des secrétaires de la Convention
nationale donne lecture du manifeste du général Dumouriez
au peuple de la Belgique :

Brave Nation belge, vous avez levé avant nous l'étendard
de la liberté... Si nous entrons dans vos provinces, c'est
pour y poursuivre les barbares autrichiens, qui ont commis
dans le département du Nord les excès les plus atroces...
Belges, nous sommes frères, notre cause est la même [1].

---

[1] *Moniteur universel* (réimpression).

La Convention entend également la lecture d'un extrait de la proclamation du général Dumouriez à son armée :

Généraux, officiers, soldats, fiers républicains, vous tous, mes braves camarades, nous allons entrer dans la Belgique pour repousser les ennemis barbares et les perfides émigrés, et les en chasser. Entrons dans ces belles provinces comme des amis, des frères et des libérateurs ; montrons de la clémence envers les prisonniers de guerre et de la fraternité envers les habitants du pays.

Le *Moniteur universel* du 7 novembre publiait une lettre du commandant du 2ᵉ bataillon des volontaires d'Indre-et-Loire, datée de Cassel (29 octobre), dans laquelle on lit :

Malgré nos fatigues, j'ai encore plus de 800 hommes de bon appétit, bien gais et bien courageux, à présenter à MM. les Autrichiens.

Tournai va être attaqué cette semaine ; Bruxelles, Mons et tous les Pays-Bas autrichiens vont aussi danser la Périgourdine ; la canonnade va déjà son train du côté du Pont-Rouge, à quatre lieues de Lille, voilà deux jours que nous l'entendons.

Une fois entrés dans le Brabant, on ira plus avant, et nous désirons être de la promenade. Les Brabançons nous attendent : depuis deux jours nous côtoyons les limites de la Flandre autrichienne, nous brûlons d'y pénétrer.

Le 6 novembre, Dumouriez triomphe à Jemmapes, qui lui ouvre la Belgique ; la nouvelle de ce beau succès est couverte d'applaudissements à la Convention.

Pendant que Dumouriez gagnait la victoire de Jemmapes, les généraux Labourdonnais et Lamorlière battaient de leur côté les Autrichiens. Le 7 novembre, les commissaires de la Convention écrivent :

Lille, le 7 novembre, l'an Iᵉʳ de la République.

REPRÉSENTANTS DU PEUPLE,

Le général Labourdonnais avait donné l'ordre d'attaquer hier matin les ennemis sur plusieurs points et de faire, au même instant, une fausse attaque sur Menin. Ces différents mouvements ont été parfaitement exécutés : les Autrichiens ont été battus au Pont-Rouge, à Cormine, à Varneton, et tous ces postes bien retranchés ont été évacués...

A mesure que les troupes de la République s'avancent sur le territoire soumis à la maison d'Autriche, la désertion augmente dans l'armée ennemie.

L'avant-garde du camp Sanghen, commandée par le maréchal de camp Lamorlière, est partie ce matin, dirigeant sa route sur Tournay ; l'armée ne tardera pas à la suivre.

A Paris, l'enthousiasme causé par la bataille de Jemmapes est à son comble. Le 12 novembre, le citoyen Lebrun, ministre des Affaires étrangères, présente à la municipalité sa fille née le 11, et lui donne le nom de Civilis-Victoire-Jemmapes Dumouriez-Lebrun. Dumouriez est représenté dans cette cérémonie par le citoyen Jean-Baptiste Renard, son valet de chambre, maintenant aide de camp capitaine.

En même temps que Dumouriez, après les trois sommations d'usage, s'empare de Mons, Labourdonnais prend Tournay ; le 8 novembre il entre dans cette ville.

Voici la lettre du lieutenant-général Labourdonnais, commandant l'armée du Nord, au ministre de la Guerre :

Tournay, le 8 novembre 1792.

Citoyens,

L'évacuation de Mons a entraîné celle de Tournay. Les derniers postes de l'ennemi ayant quitté notre frontière ce matin, nous avons cru que Tournay ne se soutiendrait pas. Je suis entré ce soir avec la première division de mon armée (Levasseur appartient à cette première division). La joie des habitants de Tournay est si marquée que les armées françaises combattent pour la liberté et pour la destruction des pouvoirs héréditaires ; elles trouveront des alliés chez tous les peuples [1].

[1] *Moniteur universel.*

Le 12 novembre, Levasseur est à Gand ; à cette date, le lieutenant général Labourdonnais, commandant l'armée du Nord, écrit au ministre de la Guerre la lettre suivante :

Au quartier général de Gand, le 12 novembre 1792.

Je m'empresse de vous annoncer, citoyen, que je suis entré aujourd'hui dans la capitale de la Flandre sans la moindre difficulté. Mon avant-garde, commandée par le maréchal de camp Lamorlière, n'y a trouvé que quelques soldats cachés ou désertés... Le général Dumouriez désirait que je marchasse à sa hauteur : il ne nous trouvera point en arrière, quoique nous ne soyons pas aussi bien approvisionnés que lui.

Le 14 novembre, Dumouriez se présente devant Bruxelles avec son avant-garde.

Le même jour, il écrit au ministère de la Guerre que le général Labourdonnais est à Gand, qu'il va le faire marcher sur Anvers, que son lieutenant général prendra la citadelle et le rejoindra ensuite.

Le 17, les munitions, les fourrages et autres provisions qui avaient suivi l'armée du général Labourdonnais, n'étant plus d'aucune utilité dans le camp de Sanghen, sont ramenés à Lille.

Le 18, le général Labourdonnais tient le ministre de la Guerre au courant de ses opérations [1] :

Je dois vous rendre compte, — dit-il, — que je fais marcher des troupes de Dunkerque pour occuper les villes d'Ypres, de Furnes et d'Ostende. Nous sommes actuellement maîtres de l'Escaut, puisque la division que j'ai envoyée sur la rive de cette rivière, vis-à-vis d'Anvers, s'est emparée de deux petits forts que l'Empereur avait conquis sur les Hollandais pendant le dernière guerre. Nous sommes en marche sur Anvers par la rive droite de l'Escaut, et s'il

[1] *Moniteur universel.*

est vrai que les Autrichiens aient fait entrer quelques troupes dans la citadelle, nous aurons au moins le plaisir de la difficulté. En quittant la ville de Gand pour quelques jours, j'y ai laissé l'esprit républicain assez généralement répandu.

Le 19, il ajoutait, dans une lettre datée de « sur la route de Malines à Anvers » :

Je vous annonçais, hier, citoyen ministre, que les habitants des Pays-Bas recevaient avec plaisir les armées de la République. Mon avant-garde, commandée par le maréchal de camp Lamorlière, fit son entrée hier, 18, dans la ville d'Anvers. Les magistrats répondirent, sur ma demande, qu'ils étaient prêts à lui remettre les clefs et à répondre au sentiment de fraternité que la République française leur offrait. J'arriverai ce soir à Anvers, et je saurai si la citadelle doit résister [1].

Le 25, les commissaires de la Convention écrivent à cette assemblée :

Les soldats qui combattent sous les ordres de Dumouriez et de Labourdonnais sont dans un état de dénuement difficile à imaginer ; c'est sans habits et sans souliers qu'ils marchent à la poursuite des barbares ; les premières capotes qui leurs ont été délivrées étaient de la plus mauvaise qualité et, en ce moment encore, il n'en n'a pas été fourni à chaque corps une assez grande quantité pour que les sentinelles au moins puissent être couvertes. Ces dignes républicains ne font cependant aucune plainte, aucun murmure : telle est leur confiance en vous et la puissance de leur amour pour la patrie.

Le 27 novembre, Dumouriez fait son entrée à Liège.
Pendant ce temps-là, le lieutenant général de Miranda, remplissant les fonctions de général en chef en l'absence de

---

[1] *Moniteur universel.*

Dumouriez, pousse activement les travaux du siège d'Anvers, auxquels prend part la division à laquelle appartient Levasseur, commandée par le général Labourdonnais.

Les travaux du siège d'Anvers, auxquels Henry Levasséur est occupé en qualité d'adjoint aux adjudants généraux, sont poussés activement par le général Miranda, qui écrit, le 28 novembre 1792, au citoyen Pache, ministre de la guerre :

J'ai eu l'honneur de vous écrire, dans ma lettre du 26, que les travaux du siège de la citadelle d'Anvers se continuaient avec autant de vigueur que d'intelligence par l'armée sous mes ordres ; le 28, à midi, nous sommes parvenus à monter nos batteries de canons et de mortiers, en nombre suffisant pour en imposer à l'ennemi. Sur les cinq heures du soir, nous avons eu l'avantage de mettre le feu, par nos bombes, à des casernes et magasins de provisions que l'ennemi avait dans la citadelle.

Cette circonstance décide de la capitulation d'Anvers, qui promet de se rendre le 29.

Dans sa lettre, le général ajoute :

Si je voulais vous détailler le zèle distingué de toutes nos troupes et leur patriotisme digne de véritables enfants de la liberté, je ferais une diffuse narration. Les pertes de l'armée française ne s'élevaient qu'à 30 hommes tués.

Le 29, les différents articles de la capitulation sont discutés et acceptés. Le premier article était ainsi conçu : « La garnison sortira le 30 avec les honneurs de la guerre, se formera en bataille vis-à-vis de l'armée française et déposera sur le glacis, ses drapeaux, armes, etc. »

L'occupation d'Anvers étant entièrement terminée, notre armée, commandée par le général Miranda, quitta cette ville le 6 décembre et se porta sur la Gueldre autrichienne.

Le 11 décembre, dans une lettre datée du quartier général

de Ruremonde, le général Miranda rend compte au Ministre de la Guerre de ses opérations du 6 au 11 :

La citadelle d'Anvers étant prise, — dit-il, — et la navigation de l'Escaut ouverte, je me suis mis en mouvement le 6 de ce mois, avec toute l'armée sous mes ordres, pour me porter sur la Gueldre autrichienne. Cette marche de plus de trente-huit lieues de France, une grande partie dans des landes presque impraticables, a été exécutée avec une rapidité et un ordre étonnants par les troupes françaises.

Nous nous sommes emparés sans résistance des villes de Wezem et de Wert, et de tout le territoire en deçà de la Meuse. Enfin, avec un corps de 2.000 hommes d'infanterie et de 300 hussards, nous avons attaqué nos ennemis, qui se sont portés sur Ruremonde.

Le matin, à la pointe du jour, la tête de notre colonne qui se présenta à Ruremonde trouva le pont de la Rocz brûlé ; notre cavalerie, cependant, trouvant un gué, passa encore cette rivière. A neuf heures du matin, nos troupes sont entrées en triomphe dans la capitale de la Gueldre autrichienne, au milieu des acclamations de tous les habitants [1].

L'ennemi s'était retiré, ainsi que le Conseil autrichien ou Gouvernement des Pays-Bas.

Notre avant-garde, — ajoute le général, — que j'ai mise immédiatement à leur poursuite, ne laissera pas de les atteindre dans leur fuite.

Le 13 décembre, Dumouriez a rejoint son armée à Ruremonde ; à cette date, de son quartier général, il adresse à Anacharsis Cloots une lettre avec un envoi ainsi libellé : *Le général des Sans-Culottes à l'orateur des Sans-Culottes*, dans laquelle il cherche à détourner les attaques personnelles dont il est l'objet.

[1] *Moniteur universel.*

Le 15, le général Miranda, commandant en chef la division du Nord, écrit de Ruremonde :

Depuis le 11, je me suis mis à la poursuite des ennemis avec mon avant-garde, jusqu'à Herkelens et Bergen, où nous avons reconnu que, décidément, ils se portaient sur Cologne et probablement passaient le Rhin.

Dumouriez est retourné à Liège.

Le 20 décembre, le général Lamorlière, sous les ordres directs duquel combat toujours Levasseur, transmet au général Miranda un rapport officiel annonçant l'invasion de la Gueldre prussienne, du pays de Clèves par les Français, et contenant des félicitations à l'adresse de Henry Levasseur, dont le nom était porté à l'ordre du jour. Lamorlière s'exprime ainsi :

Je rentre, mon cher général, dans les murs de Ruremonde ; ma campagne est terminée du cinquième jour que j'en suis parti. Vos ordres ont été exécutés au-delà même de vos espérances, et je vous remercie de m'avoir chargé d'une expéditition hardie, qui exigeait beaucoup d'activité et de prudence. J'ai quitté Straleet le 16 ; je me suis déployé le 17 dans les trois pays de la Gueldre prussienne, la principauté de Meurs et le duché de Clèves. Je n'ai pas hésité de former le projet d'aller à Clèves ; j'ai envoyé, le 17, 100 hommes à Gennep et à Gooch.

J'ai demandé à la Gueldre prussienne 200.000 florins, à la principauté de Meurs 100.000

Je vous prie d'observer, général, que j'ai reçu des lettres de félicitations de tous les côtés... J'ai les plus grands éloges à vous faire de mes deux adjoints aux adjudants généraux Pinon et Levasseur [1].

Pendant le mois de janvier 1793, l'avant-garde du général Lamorlière continua d'avoir son quartier général à Rure-

---

[1] *Moniteur universel.*

monde, où Levasseur se trouvait encore le 31 janvier, ainsi que cela résulte d'un certificat ainsi conçu [1] :

Nous, soussignés, certifions à tous ceux qu'il appartiendra que le cit. Henry-Alexis Levasseur, adjoint aux adjudants généraux de l'armée du Nord et fils de feu Alexis Levasseur et de Marie-Louise Limet, demeurant à Rambouillet, est entré dans la Belgique en cette qualité employé à l'avant-garde de l'armée du Nord, que ledit citoyen Levasseur est actuellement ici et ne s'est point absenté de son poste.

·En foi de quoi nous avons signé le présent, pour servir et valoir ce que de raison.

Fait à Ruremonde, dans la Gueldre autrichienne, le trente-un janvier mil sept cent quatre-vingt-treize, l'an 2ᵉ de la République française.

A Ruremonde, le 31 janvier 1793.

<table>
<tr><td>DELAROCHE,
Colonel</td><td>Général LAMORLIÈRE,
Commandant l'avant-garde de l'armée
du Nord.</td></tr>
</table>

LEPORQUIER,
Officier au 6ᵉ régiment de chasseurs à cheval.

Le Commissaire des guerres,
D'ALBOY.

<table>
<tr><td>BELLEFOND,
Colonel du 3ᵉ régᵗ de cavalerie.</td><td>CAILHARA,
Lieutenant-colonel du 2ᵉ bataillon
franc.</td></tr>
</table>

G.-D. DUCHESME,
Lieutenant-colonel en chef du 4ᵉ bataillon de chasseurs francs.

Le 1ᵉʳ février, Levasseur est à Wassemberg avec le général Lamorlière, qui écrit à son commandant en chef :

Je vous tiens parole, mon général, et je vous écris de Wassemberg, d'où j'ai chassé l'ennemi avant sept heures du matin ; je l'ai trouvé en bataille auprès de cette ville et en avant du village de Birgelen. Mes dispositions ont été faites promptement et ma troupe brûlant du désir de se

---

[1] Papiers de M. Levasseur.

mesurer, j'ai, après une fusillade aussi vive que brusque et quelques coups de canon, chassé l'ennemi de tous ses postes. Je ne saurais vous exprimer, mon général, le plaisir que j'ai eu de mener mes braves compagnons d'armes à l'ennemi ; ils ont une ardeur qui ne peut s'apprécier que par leur patriotisme. Je suis parti à minuit de Ruremonde ; mes ordres ont été donnés à huit heures du soir.

Le 2 février, Lamorlière continue sa correspondance :

Général, je suis parti hier à minuit avec la troupe destinée à la fête que je donnais aux ennemis. J'ai trouvé dans tous les rendez-vous les corps qui devaient en être, je me suis approché de Wassemberg et de Bergelem ; en quelques minutes, avec quatre cents coups de canon, j'ai fait disparaître à peu près quatre cents hommes d'infanterie et six cents de cavalerie.

La brigade de Lamorlière guerroya pendant le mois de février aux environs de Ruremonde, mais après un échec de Dumouriez, qui nous força à abandonner Aix la-Chapelle et à lever le siège de Maëstricht, elle dut, au commencement du mois de mars 1793, se réunir au reste de l'armée.

Le général Labourdonnais, à la suite de difficultés avec Dumouriez, avait quitté l'armée du Nord : on l'envoya, sur la fin de février, commander l'armée des côtes de l'Ouest, qui n'était pas encore organisée.

Le 7 mars, le général Lamorlière arrive à Louvain avec 3.800 hommes ; il vient de Ruremonde et a effectué sa jonction à travers trois colonnes de troupes ennemies qu'il n'a cessé de combattre.

Le 18 mars, Dumouriez perd la bataille de Nerwinde et évacue la Belgique.

Bientôt après, il entre en révolte contre la Convention, qui lui envoie des commissaires porteurs d'un décret l'invitant à comparaître à sa barre ; il fait arrêter ces commissaires et

les livre aux Autrichiens (2 avril 1793). Il se dispose ensuite
à marcher sur Paris, mais sa trahison devenant manifeste,
trois bataillons de volontaires le poursuivent à coups de fusil
près de Condé ; il passa la frontière pour échapper au péril
qui le menaçait (3 avril).

Le 4, de nouveaux commissaires, parmi lesquels se trouve
Thomas-Augustin de Gasparin, député des Bouches-du-
Rhône, ancien capitaine au régiment de Picardie, sont
envoyés à Lille et, le même jour, Dumouriez est remplacé
par le général Dampierre, à la tête de l'armée du Nord et des
Ardennes. Dans une lettre datée de Valenciennes (7 avril),
Dampierre accepte en ces termes le commandement qui lui
est confié :

Citoyen ministre, je viens de recevoir les différentes
dépêches que vous m'avez adressées. Je refuserais, dans toute
autre circonstance, le poids immense du commandement,
mais dans ce moment-ci, comme tous les autres citoyens de
la République, je suis tout entier à mon pays [1].

Lamorlière est devenu général de division et, le 12 avril,
Henry Levasseur est nommé à Lille, où sa division est reve-
nue après avoir évacué la Belgique, adjudant général chef
de bataillon par le nouveau général en chef.

En l'espace de sept mois, Henry Levasseur était devenu
adjudant général à l'armée du Nord.

Les fonctions de l'adjudant général consistaient à distribuer
les ordres des généraux, à fixer les dispositions intérieures
des camps, à veiller sur les approvisionnements et les logements, à prendre des connaissances sur les facultés du pays en
fourrages, viandes, combustibles, chevaux, voitures, fours,
magasins, hôpitaux ; il s'occupait, en outre, du développe-
ment des troupes en manœuvres, de la reconnaissance du
terrain pour les développements, de la combinaison des plans
de campagne avec les généraux.

[1] *Moniteur universel.*

Il y avait les adjudants généraux chefs de brigades et les adjudants chefs de bataillons.

L'adjudant général chef de bataillon portait l'habit bleu doublé de bleu, le collet écarlate avec passe-poil blanc, les pattes blanches, poches en travers ; l'habit bleu avec liseré écarlate était boutonné jusqu'à la ceinture : sur le collet et les parements étaient appliquées une baguette dentelée brodée en or et deux boutonnières de chaque côté, brodées aussi en or et foncées avec des branches de chêne, feuilles et fruits ; à ce vêtement étaient fixées des épaulettes à la cordelière.

Le costume de l'adjudant général se complétait d'un chapeau galonné d'un galon de huit lignes, surmonté d'un panache tricolore et de trois petites plumes de la même couleur, d'une veste et d'une culotte blanches.

En campagne, l'officier revêtait plus généralement une redingote bleue à collet sans broderies, avec épaulettes et chapeau brodé, avec ou sans panache.

Après une trêve de quelques jours, les hostilités entre les Français et les Autrichiens reprennent.

Le 13 avril 1793, les représentants du peuple en mission écrivent de Valenciennes :

L'ennemi s'est présenté devant Maubeuge ; il a déclaré que l'armistice était fini, qu'il allait attaquer la place ; le commandant français lui a fait une réponse républicaine.

Le même jour, le général Dampierre, aussi de Valenciennes, annonce quelques succès de son armée :

Les postes en avant de Lille, — dit-il, — ont été attaqués sur six points différents, depuis Flécon jusqu'à Commines, l'ennemi a été repoussé. A l'avant-garde, que j'ai eu l'honneur de commander, nous avons eu quelques légers avantages... J'ai fait une marche assez hardie sur Valenciennes et repris le camp de Famars.

Le 18 avril, le général Lamorlière écrit aux représentants du peuple de Lille :

Mes troupes ont pris possession de Roubaix et de Lannoy ; elles y ont planté l'arbre de la liberté aux acclamations des habitants, et l'ennemi paraît s'être dirigé sur deux colonnes, l'une vers Tournay, l'autre vers Menin...

Le 21, Lamorlière avise d'un nouvel avantage remporté par ses postes avancés.

Dans la séance de la Convention du 2 mai, un des secrétaires lit une lettre de ce général qui fait part à l'assemblée d'une petite escarmouche à Bachi ; le lendemain, lecture est aussi donnée d'une lettre du général en chef datée de Valenciennes (1er mai); près de Curgie, il y eut deux engagements très vifs.

Le 3 mai, les représentants en mission écrivent à la Convention :

D'après les ordres du général Dampierre, le camp de la Madeleine, partie des troupes de la garnison de Lille et de Douai se sont portés le 30 en avant d'Orchies pour simuler une attaque sur le camp de Maulde et sur Saint-Amand. Les soldats de la République se sont parfaitement montrés sur ces deux points dans la journée du 1er mai, et les auraient emportés si le général Lamorlière, soumis aux combinaisons du général en chef, n'avait reçu l'ordre, le soir du 1er mai, de se retirer le lendemain. Notre collègue Gasparin, témoin de la conduite des troupes, en a été parfaitement content, et nous avons chargé le général Lamorlière de leur en témoigner notre satisfaction [1].

Le 8 mai, le général Dampierre a la cuisse emportée par un boulet, à la bataille de Saint-Amand ; l'adjudant général Levasseur est lui-même blessé au poignet droit d'un éclat

[1] *Moniteur universel.*

d'obus, à côté de son général en chef, du capitaine Eblé et
de l'adjudant général Dupont, futurs généraux, ses amis [1].

Ce funeste événement est ainsi porté à la connaissance de
la Convention, le 9 :

Le général Dampierre a eu hier la cuisse emportée par un
boulet de canon ; il est mort ce matin. Toute l'armée regrette
en lui un soldat valeureux, un général habile, un ami véritable. Nous irons demain verser des larmes sur les cyprès
dont sa tombe sera couverte.

Le général Dampierre attaqua les bois de Ruisme et de
Saint-Amand pour débusquer l'ennemi. Le feu dura tout le
jour. Nos soldats ont montré leur ardeur accoutumée, nous
avons pris plusieurs retranchements à la baïonnette ; nous
sommes sûrs que la perte de l'ennemi est considérable. Mais
rien ne nous peut consoler de l'accident fâcheux qui arriva
au général Dampierre ; sa valeur l'entraîna peut-être trop
loin, et un boulet de canon lui emporta la cuisse.

Dampierre, mourant, disait à tous ceux qui s'empres-
saient autour de lui : Ce n'est rien. Vive la nation ! Vive la
République ! Il avait trente-sept ans.

Le 9, le général de division Lamorlière, dans son rapport
aux représentants du peuple, retraça, plus en détail, ce qui
s'était passé dans la journée du 8 :

La journée du 8 (dans laquelle Levasseur se distingua et
qu'il se plaisait à rappeler plus tard à son ancien camarade
Dupont, devenu général), — dit Lamorlière, — est une des
plus glorieuses pour les armes de la République et qui
prouve le mieux la dignité de la cause pour laquelle nous
combattons. A sept heures précises du matin, les différents
corps, dont ma petite armée est composée, ont attaqué les
postes avancés de l'ennemi ; le feu a commencé par la division aux ordres du général Despourchès, qui était chargé de

----

[1] Archives de la guerre, dossier Levasseur.

le débusquer de l'abbaye de Vigogne et des différents retranchements dans les bois de Saint-Amand.

Ce général et nos braves frères se sont présentés avec un courage et une valeur dont il n'y a point d'exemple ; ils ont vaincu des obstacles incroyables, ont trouvé des retranchements à chaque pas, dont ils ont chassé l'ennemi qui était partout supérieur, et malgré les batteries du calibre de 17 dont il n'a cessé de faire usage sur nous.

Despourchès s'est établi ensuite sur la plate-forme de l'abbaye de Vigogne, où il s'est retranché ; il s'est battu avec un feu très vif depuis sept heures un quart du matin jusqu'à neuf heures du soir. Je lui ai envoyé du renfort successivement, des subsistances et des munitions qu'il attendait inutilement de Valenciennes ; cet officier général a fait tous ses efforts pour appuyer son aile droite au flanc gauche du général Hedouville, qui attaquait en même temps Raisme, mais jamais il n'a pu y réussir que par quelques tirailleurs.

Cette division a bivaqué dans le bois de Saint-Amand en conservant sa position et doit continuer ce matin (9) son attaque.

Au moment où Despourchès attaquait avec son avant-garde, j'ai provoqué les ennemis campés près de Saint-Amand, dans deux points différents...

Le général Dampierre m'avait écrit de me rendre auprès de lui, ou de lui envoyer une personne de confiance. J'ai chargé de cette mission l'adjudant général Dupont ; nos soldats sont fatigués, mais ils ne perdent pas la gaité, qui est inséparable de la bonne cause [1].

Le général en chef est remplacé provisoirement par Lamarche et définitivement, dans la séance de la Convention du 13 mai, par le général Custine.

Le 11, nos troupes rentrèrent à Lille.

---

[1] *Moniteur universel.*

Le 12, la nomination d'adjudant général de Levasseur
avait été confirmée par lereprésentant du peuple Gasparin,
ancien officier et excellent appréciateur des mérites militaires.

Le 15, le général Lamorlière rend compte aux représentants du peuple de diverses escarmouches auxquelles ses
troupes ont pris part :

Lille, le 15 mai 1793.

Vous apprendrez avec plaisir, citoyens représentants, que
les troupes de ma division s'entretiennent avec l'ennemi par
de petites entreprises dans l'intervalle d'expéditions plus
importantes ; depuis mon retour sous les murs de Lille, il
s'est passé plusieurs affaires de postes qui ont été à notre
avantage.

Quelques jours après, sous les murs de Valenciennes,
notre armée est obligée de battre en retraite, mais bientôt
elle prend sa revanche et, le 24 mai, le général Lamorlière
envoie aux représentants du peuple son officier d'état-major
Levasseur, avec une lettre dont voici quelques extraits :

Lille, le 24 mai 1793.

Je vous ai envoyé ce matin, citoyens représentants, le
premier rapport sur la victoire remportée par les troupes
de ma division : elle fait honneur aux armes de la République.
Il n'y a pas un de mes avant-postes qui n'ait des droits aux
plus grands éloges ; chacun à l'envi s'est surpassé. J'ai fait
attaquer sur trois points principaux, au moment où chaque
poste opérait une diversion ; les ennemis ont opposé la plus
grande résistance, principalement à Tourcoing et à Boucq ;
nos troupes ont eu besoin, dans ces deux postes, de montrer
la plus grande intrépidité...

Je vous envoie, citoyens représentants, le citoyen Levasseur, adjudant général, avec l'étendard pris sur l'ennemi ;
vous voudrez bien lui donner la commission honorable
d'aller en faire hommage à la Convention nationale.

Le même jour, les représentants du peuple expédiaient à
la Convention le rapport du général, garantissaient l'exactitude des fait racontés par celui-ci et ajoutaient :

L'adjudant général Levasseur, porteur de la présente
lettre, vous remettra l'étendard pris sur nos ennemis. Nous
avons embrassé avec bien de la satisfaction le brave grenadier qui l'a arraché du milieu d'un escadron. Lamorlière en
a fait hommage à la Convention aussitôt qu'il lui a été remis ;
il a passé de ses mains dans les nôtres.

Le 23 mai, parti de Lille la veille, l'adjudant général Levasseur est admis à la barre de la Convention nationale.

Le *Journal des Débats*, du 25 mai 1793, résume ainsi la
partie de la séance dans laquelle l'officier d'état-major du
général Lamorlière est appelé à remettre le drapeau à la
Convention :

(Présidence d'Isnard)

Séance du samedi 25 mai 1793, dix heures du matin

... La discussion est interrompue par l'annonce d'une victoire. Henry Levasseur, adjudant général de l'armée du Nord,
se présente à la Convention, portant un étendard ennemi.

« Législateurs, — dit-il, — les troupes hollandaises cam-
« pées à Menin s'étant avancées à Borbeck, Boucq et
« Tourcoing, le général Lamorlière a dirigé une attaque
« combinée sur ces trois points. Le 24, à la pointe du jour,
« l'ennemi, après une forte résistance, a cédé de toutes
« parts à l'ardeur républicaine des Français. Les trois postes
« lui ont été enlevés. (*Applaudissements.*) Cinquante hommes
« ont été tués, trois cents ont été faits prisonniers avec vingt-
« huit officiers, dont trois dans les grades supérieurs.
« (*Applaudissements.*) L'ennemi nous a laissé le soin d'enle-
« ver ses blessés qui ont été ramenés à Lille sur vingt
« voitures. (*On applaudit encore.*) Nous lui avons pris trois
« pièces de canon, des caissons, munitions de guerre, vivres

« et son trésor. (*Les applaudissements redoublent.*) Le reste
« a échappé en se jetant derrière Menin. Nous avons eu
« quelques blessés et peu de morts.

« Voici un étendard dont je suis chargé de faire hommage
« aux représentants de la nation, comme un gage de la fidé-
« lité de la division Lamorlière et des nouveaux succès que
« les soldats républicains attendent de leur courage. Cet
« étendard a été enlevé avec une grande bravoure par le
« citoyen Groslambert, grenadier au 2e régiment d'infanterie.
« Je prie la Convention nationale d'ajouter un nouveau prix
« à cette glorieuse action en acceptant cet hommage. »

Au milieu des plus vifs applaudissements, l'adjudant
dépose l'étendard sur le bureau du président et reçoit les
honneurs de la séance.

Dans la suite de la séance, il est donné lecture du rapport
du général Lamorlière. (*Journal des Débats*, n° 251 p. 373).

En 1811, Levasseur, alors maire de Rambouillet, demanda
et obtint un extrait, en ce qui le concernait, du procès-verbal de la Convention nationale du 23 mai 1793, qui est ainsi
conçu :

Le citoyen Levasseur, adjudant général de l'armée du
Nord, introduit à la barre, annonce une victoire remportée
le 24 de ce mois par les troupes de la République sur les
Hollandais : 500 hommes tués, 300 prisonniers, outre 28 officiers dans les grades supérieurs, la prise de trois pièces de
canon, des caissons, des munitions de guerre, des vivres
et du trésor, sont les avantages remportés sur les ennemis
dans cette journée.

Groslambert, grenadier au deuxième régiment d'infanterie, a enlevé un étendard dont Levasseur fait hommage aux
représentants de la nation, comme un gage de la fidélité de
la division Lamorlière.

Levasseur est admis aux honneurs de la séance, et il
dépose l'étendard sur le bureau du président.

On lit plusieurs lettres des représentants du peuple aux armées du Nord et des Ardennes, du général Lamorlière, qui confirment cette heureuse nouvelle et en donnent les détails.

La Convention nationale décrète l'impression de toutes ces lettres, l'insertion au bulletin et l'envoi au comité du salut public.

« Collationné par nous, Garde des Archives de l'Empire, membre de l'Institut et de la Légion d'honneur, sur l'original déposé à la section législative sous le n° 184. En foi de quoi nous avons signé et fait apposer le sceau des Archives. Délivré à Paris, aux Palais des archives de l'Empire, le 15 février 1811.

Signé: DAUNOU [1].

Le 17 juin 1793, Levasseur réclama le remboursement des frais que lui avait occasionnés son voyage à Paris; ces frais s'élevaient à 486 livres; il demandait s'il devait toucher cette somme à Paris ou si elle devait lui être payée à l'armée du Nord; sa demande était appuyée par le député Gasparin [2].

La victoire que la division Lamorlière avait remportée le 23 mai et que Levasseur avait été chargé d'annoncer à la Convention était plus importante encore qu'on ne l'avait pensé.

En effet, le 25, les représentants du peuple Gasparin et Lesage-Senault adressaient à la Convention un récit plus détaillé de l'opération; ils disaient:

Voilà, citoyens nos collègues, des détails plus circonstanciés de l'expédition que l'adjudant général Levasseur a été chargé de vous rapporter. Ils sont trop satisfaisants, et ceux qui s'y sont bien conduits méritent trop de la patrie pour que vous ne deviez pas les accueillir.

---

[1] Papiers de M. Levasseur.
[2] Archives de la guerre.

Le général Lamorlière s'exprimait ainsi dans son rapport complémentaire :

Nos braves troupes ont forcé trois retranchements dans leur attaque du poste de Boucq ; l'ennemi y était en force très supérieure ; il y avait 400 prisonniers au lieu de 300 ; je fais encore, cette nuit, une seconde opération que je crois inséparable de la première.

Le nouveau général en chef, Custine, prit possession de son poste le 27 ou le 28 mai : le 1er juin, de Cambrai, il adresse une proclamation énergique à son armée.

Le 5, Lamorlière signale aux représentants du peuple ses officiers et ses soldats qui se sont plus particulièrement distingués dans les dernières affaires.

L'armée française est campée dans la plaine de Denain : son centre est appuyé sur Bouchain, sa gauche sur l'Escaut et sa droite sur des bois.

Le 10, les Autrichiens détruisent le tombeau du général Dampierre et les inscriptions de ce monument.

Valenciennes et Condé sont menacés d'être assiégés.

Le 14 juin, Custine, dans une lettre rendue publique, se défend des critiques violentes dont sa capacité et sa moralité sont l'objet ; on prétend qu'il a une femme comme aide de camp [1].

Le 20, le général Lamorlière a un succès auprès de Deuille ; le 25, l'adjudant général Dupont, l'ami de Levasseur, écrit que la garnison de Valenciennes assiégée fait merveilles ; ses sorties des 17 et 18 ont été fort brillantes.

Les généraux Custine et Lamorlière inspirent pleine confiance à leurs troupes ; le camp de la Magdeleine a la plus belle tenue.

Jusqu'au 22 juillet, Lamorlière, qui est toujours à Lille, est heureux dans tous les combats qu'il soutient, quand tout

---

[1] *Moniteur universel.*

à coup il est mandé au Comité de salut public pour s'expliquer sur ses démêlés avec le général Lavalette et remplacé provisoirement par l'adjudant général Dupont.

Le 24, Robespierre l'attaque froidement à la Convention en disant : « Personne n'ignore qu'il est l'intime de Custine, « qu'ils ont tous les deux tramé une conspiration qui sera « aussitôt déjouée. Je connais tout ce qui s'est passé à Lille. « J'atteste sur ma tête, à toute la France, qu'il n'y a pas de « précaution que Lamorlière n'ait prise pour livrer Lille aux « Autrichiens. »

Le 31, l'infortuné général est traduit devant le Tribunal révolutionnaire.

Pendant que ces conflits ont lieu, le bombardement de Valenciennes continue avec une horrible activité.

Dans la séance de la Convention du dimanche 28 juillet, présidée par Danton, Barère accuse formellement Custine de trahison, et, sur la proposition de Billaut-Varennes, l'Assemblée décrète que le Comité de salut public recueillera toutes les pièces à la charge du général en chef de l'armée du Nord et les fera passer dans le jour au Tribunal révolutionnaire.

Le même jour, Valenciennes capitule, comme Condé quelques jours auparavant. Le 1er août, Houchard remplace Custine comme général en chef.

Au moment où ces tristes événements se produisaient, Levasseur ne se trouvait pas à l'armée du Nord : la maladie l'avait obligé de quitter momentanément son poste, et il était venu passer quelques semaines à Rambouillet auprès de ses parents.

Le 22 juillet 1793, rétabli, il se présentait à la municipalité de cette ville et demandait un laisser-passer pour rejoindre à Lille sa division.

La municipalité de Rambouillet lui délivrait un certificat ainsi conçu :

LA NATION ET LA LOY
(*Loi du* 26 *février* 1793)

**DÉPARTEMENT DE SEINE-ET-OISE. — DISTRICT DE DOURDAN. —
MUNICIPALITÉ DE RAMBOUILLET**

Laissez passer le citoyen Henry-Alexis Levasseur, adjudant général, employé à l'armée du Nord, domicilié à Rambouillet depuis quinze mois, âgé de trente-huit ans, taille de cinq pieds six pouces 1/2, cheveux et sourcils bruns, yeux bleus, nez camus, bouche moyenne, menton rond, front bas, visage oval.

Prêtez-lui aide et assistance en cas de besoin pour se rendre à Lille, où est sa division.

Délivré en la maison commune de Rambouillet, le vingt-deux juillet 1793, l'an deux de la République, par nous, officiers municipaux et secrétaire, audit citoyen Levasseur, qui a signé avec nous.

> Vu : passé à la municipalité d'Aire, département du Pas-de-Calais.
> A Aire, le 26 juillet 1793, l'an deux de la République une et indivisible.

Vu : passé à Aire, le 27 juillet 1793, l'an deux de la République une et indivisible.
Le général de brigade commandant à Aire et l'arrondissement [1].

Muni de ce certificat, Levasseur disait adieu à sa mère, se mettait en route et arrivait à Aire (Pas-de-Calais) le 27, où il faisait viser, par la municipalité et par le général de brigade commandant en cette ville, son certificat.

Le 10 août, le général Houchard arrive à Vitry en Artois et le 11 à Arras.

Il écrit : « L'ennemi attaque surtout les communications entre Lille et Douai, mais il y a là de bonnes troupes qui defendront bien leurs postes. »

En effet, l'ennemi veut avoir Lille. Une correspondance

[1] Papiers de M. Levasseur.

de Bruxelles, datée du 8 août, indique son plan : « Depuis
que nos troupes, — disent les alliés, — sont maîtresses de
Valenciennes et de Condé, on sent combien il serait avantageux pour nous d'avoir Lille ; par là nous serions en état
de couvrir tout le pays depuis la mer jusqu'à la Meuse, mais
à raison de la saison avancée on se bornera à assiéger Maubeuge, Quesnoy et Landrecies. »

Le 18 et le 19 août, la garnison de Lille bat les ennemis
à Blaton et à Lincelles et s'empare de ces deux postes.

Le 28, les représentants Bentabole et Levasseur (ce dernier
député de la Sarthe) rendent compte à la Convention d'un
beau succès de nos armées [1] :

Citoyens, nos collègues, — écrivent-ils, — nous vous ren-
dons compte de l'attaque des postes de Roncq, Tourcoing et
Lannoy ; les ennemis ont été chassés de vive-force du poste
de Roncq ; l'attaque de Tourcoing était beaucoup plus difficile ; elle était commandée par le citoyen Dupont!...

D'un autre côté, l'attaque de Lannoy n'avait pas eu d'effet
décisif, mais l'ennemi, intimidé de l'attaque de Tourcoing,
nous abandonna Lannoy dans la soirée.

Il résulte de cette journée un très grand avantage pour la
République, puisque nous avons forcé l'ennemi de se retirer
à plus de trois lieues et d'abandonner des postes importants
où il avait mis beaucoup de troupes. Nous avons perdu environ 100 hommes et 300 blessés. Levasseur (le représentant
du peuple), en visitant un de ces derniers, qui s'était trouvé à
l'affaire de Lannoy et auquel on venait de couper la jambe,
lui apprit que Lannoy était évacué : « Ah ! — s'écria-t-il, —
je ne regrette plus ma jambe. » Un autre, à qui on venait
de couper le bras, dit aux assistants : « N'importe, il m'en
reste encore un pour la République et pour exterminer ses
ennemis. »

Dans la séance de la Convention du 3 septembre, on lit

[1] *Moniteur universel.*

une lettre du général Houchard, datée du 29 août, dans laquelle il dit : « J'ai réussi dans la diversion que je me proposais de faire en attaquant les postes de Tourcoing et de Lannoy ; ces postes ont été emportés de vive force. 4.000 Hollandais étaient dans Tourcoing et Lannoy ; l'attaque a duré quatre heures ; nous avons eu 400 blessés. »

L'adjudant général Levasseur se distingua particulièrement à la prise de Lannoy, et, vingt ans plus tard, le souvenir du beau fait d'armes qu'il avait accompli n'était point effacé de sa mémoire, car, lui, le vainqueur de Lannoy, écrivait alors à son ancien camarade Dupont, le vainqueur de Tourcoing, devenu ministre de la guerre :

« Qu'il pourrait rappeler à Son Excellence un fait d'armes dans la prise de vive force de la ville de Lannoy à la tête de la colonne qu'il commandait, et qui lui a valu, comme Elle en a été le témoin, des témoignages flatteurs en pleine comédie à Lille [1]. »

Des volontaires artistes de Paris, qui figuraient à l'armée du Nord, donnaient des représentations théâtrales et reprenaient leurs rôles chaque fois que la guerre faisait relâche : c'est à un fait de ce genre que Levasseur fait allusion.

Ces succès sont aussitôt suivis de plusieurs autres : le 8 septembre, notre armée force Honschoote ; les Anglais lèvent le camp devant Dunkerque et battent en retraite.

La bataille de Honschoote, gagnée sur les Anglais par le général Houchard le 8, avait mis fin aux revers des armées françaises dans le Nord.

Le 13, le camp de la Magdeleine attaque et force le camp de Menin et le poste de Pont-à-Marcq ; le représentant du peuple Chasles est blessé à la jambe dans le combat.

Le 24, le général en chef Houchard est destitué et remplacé par Jourdan ; Duquesnoy avait été nommé à la place de

---

[1] Archives de la guerre.

Lamorlière général de division quinze jours auparavant.

Le 3 octobre, la division de l'adjudant général Levasseur, commandée par Duquesnoy, quitte Lille.

Le prince de Cobourg avait établi son quartier général entre Maubeuge et Avesnes, à Wattignies.

Le 16, le général en chef Jourdan écrit au ministre de la Guerre, du quartier général d'Avesnes :

Les républicains ont attaqué hier les esclaves ; le combat a commencé à dix heures du matin et n'a cessé qu'à la nuit, la division de droite, aux ordres du général Duquesnoy a fait merveille.

C'est le lendemain que se livra la célèbre bataille de Wattignies.

Le général Jourdan retrace ainsi les phases de la bataille de Wattignies dans une dépêche du 17 septembre 1793 :

La division de droite, aux ordres du général Duquesnoy, a forcé le camp et le poste de Wattignies, que sa position rendait imprenable ; mais rien n'a résisté à la baïonnette des républicains [1].

Le combat d'hier a commencé à huit heures et cessé à la nuit. L'ennemi a perdu beaucoup de monde ; les républicains se sont battus avec un courage dont il n'y a pas d'exemple.

Dans une autre lettre du même jour, le général ajoute :

L'ennemi, attaqué au centre et sur les ailes, s'est vu forcé, malgré une résistance opiniâtre qui n'a fait qu'augmenter ses pertes. Sa position était extrêmement avantageuse : maître des hauteurs couronnées de bois, il avait établi différentes batteries qu'il fallait affronter.

J'ordonnai au général Duquesnoy de se porter sur le flanc de l'ennemi et de gagner une position qui me mit à portée

---

1 *Moniteur universel.*

de l'attaquer avec avantage. Ce général exécuta mon ordre avec autant de bravoure que d'intelligence. Cette manœuvre a décidé du sort de la bataille, qui a duré deux jours. L'ennemi, se voyant tourné, a opposé la résistance la plus opiniàtre pour garder le village de Wattignies, qui couvrait son camp. Ce village a été pris et repris trois fois.

Le 17 au matin, à la faveur d'un brouillard intense, l'armée française, sur quatre lignes, s'était portée sur l'ennemi : au moment où le brouillard se dissipa, les deux armées se trouvèrent en présence. Le feu fut si vif que les Autrichiens déclarèrent n'avoir jamais rien entendu de semblable ; les Français chantaient la *Marseillaise*. Si l'action fut principalement acharnée au centre et à la droite des Autrichiens, les mouvements sur leur gauche n'en furent pas moins décisifs ; le général Duquesnoy, détaché par Jourdan à la droite française où se trouvait Levasseur, tourna l'aile gauche ennemie et la prit à revers ; elle plia, et le centre de l'armée française put se précipiter à la baïonnette sur les ennemis, qui furent déroutés.

Les Autrichiens laissaient 6.000 hommes sur le champ de bataille de Wattignies.

Ce fut la dernière action d'éclat à laquelle l'adjudant général Levasseur prit part dans le Nord.

En effet, le 22 brumaire an II (12 novembre 1793), le Comité de salut public prenait un arrêté ainsi conçu :

Le Ministre de la guerre enverra, sans délai, à l'armée de l'Ouest, 10.000 hommes de l'armée du Nord aux ordres du général Duquesnoy ; à défaut de Duquesnoy, le plus ancien général de brigade des deux colonnes prendra le commandement des troupes à expédier immédiatement.

Duquesnoy avait une fortune des plus heureuses ; plus jeune que Levasseur de six années, il était moins ancien que lui dans le grade d'adjudant général. Malgré cela, protégé par le représentant du peuple, membre du Comité de salut public,

Carnot, il avait été nommé général de brigade, le 30 juillet 1793 et général de division le 3 septembre : il était frère d'un représentant du peuple.

Son avancement si rapide était vivement critiqué par une lettre des représentants du peuple en mission, datée du 22 septembre, dans laquelle on disait : « Il manque à l'armée du Nord des officiers généraux, et nous voyons avec peine que si le Conseil exécutif en nomme facilement qui n'ont pas de connaissances, il élude aussi les nominations des commissaires qui sont pourtant plus à portée de juger de la capacité des sujets : nous venons d'en faire la remarque en voyant le citoyen Duquesnoy, frère de notre collègue, porté au grade de général de brigade et de suite à celui de général de division. » — Wattignies fit évanouir ces critiques.

L'adjudant général Levasseur fut moins favorisé : il avait perdu les généraux et les représentants du peuple qui avaient été à même de reconnaître sa valeur.

Le général Labourdonnais était maintenant à l'armée des Pyrénées-Orientales ; Dampierre était mort et ses cendres déposées au Panthéon. Lamorlière [1], Custine [2], Houchard [3] étaient traduits au Tribunal révolutionnaire et voués à l'échafaud ; le représentant du peuple Gasparin avait été envoyé en mission à Toulon, où il fut tellement apprécié par Bonaparte qu'à Sainte-Hélène l'Empereur léguait 100.000 francs aux fils et petits-fils de ce député de la Convention, représentant du peuple à l'armée de Toulon, pour avoir protégé, sanctionné de son autorité le plan que lui, Bonaparte, avait donné qui avait assuré la prise de cette ville et qui était contraire à celui envoyé par le Comité de salut public ; Gasparin devait mourir à la fin de l'année 1793. Jourdan, après avoir battu le prince de Cobourg, à Wattignies, déblo-

---

[1] Condamné à mort. 26 novembre 1793, motif : frontière livrée aux ennemis.

[2] Monté sur l'échafaud, le 1er septembre, 1793 : mort très courageuse.

[3] Guillotiné le 16 novembre 1793. Voir M. Chuquet. Honschoote.

qué Maubeuge, allait tomber en disgrâce, retourner à Limoges exercer son commerce d'épicerie, et suspendre au fond de sa boutique son épée et son uniforme de général, pour les reprendre en des temps meilleurs.

III

Levasseur à l'armée de l'Ouest. — La Vendée. — Le général Duquesnoy. — Marceau. — Le général Crouzat. — Levasseur malade. — Son mariage à Nantes. — Turreau. — Le camp de La Roullière. — Rôle de Levasseur comme adjudant général près de Nantes. — Levasseur à Niort. — Il quitte l'armée.

Au moment où l'adjudant général Levasseur était envoyé à l'armée de l'Ouest, la guerre de la Vendée, commencée en 1791, interrompue, puis reprise en 1792, continuait avec des alternatives de succès et de revers : la mort de Louis XVI, la levée en masse de 300.000 hommes décrétée le 10 mars 1793 avaient groupé autour de Cathelineau et de Stofflet, pendant que les armées de la Convention étaient aux frontières, les Vendéens mécontents, qui s'étaient emparés de Fontenay, et le 10 juin de Saumur ; à la fin de juin, les trois Vendées (Anjou, Bocage et Marais) s'étaient unies contre les républicains ; après Saumur, Angers attaqué n'avait pas fait de résistance ; le 29 juin, Nantes s'était au contraire défendu vigoureusement, Cathelineau avait été blessé à mort d'un coup de feu, et son armée qui le remplaça par d'Elbée avait battu en retraite ; en juillet, à Châtillon, à Martigné-Briant et à Vihiers, nouveaux succès des républicains contre Bonchamp, Lescure et Larochejaquelein. La Convention et le Comité de salut public donnèrent alors des ordres terribles de brûler les bois, les enclos, couper les récoltes, etc. (Décret du 1er août.) Le 13 août, à Luçon, les Vendéens, au nombre de 25.000, avaient essuyé une nouvelle défaite, mais le 19 septembre ils étaient vainqueurs à Torfou et à Coron ; ces deux échecs décidèrent le Comité de salut public à modifier dans l'Ouest l'organisation des armées de la Révolution, qui furent placées sous les ordres d'un seul général en chef, le général Léchelle au lieu d'être divisées en plusieurs commandements. Le 19 octobre 1793, d'Elbée et Bonchamp avaient reçu des blessures mortelles à Cholet. La grande armée catholique, refoulée à la suite de la bataille de Cholet sur la rive droite de la Loire, commandée dès lors par Larochejaquelein, avait gagné Laval, Fougères et Granville et s'était rabattue sur Le Mans, où elle fut écrasée le 13 décembre par Marceau, chargé du commandement par intérim.

Les 10.000 auxiliaires, soldats éprouvés, dont faisait partie Levasseur, tirés de l'armée du Nord et conduits par Duquesnoy, devaient rejoindre Marceau; ils arrivèrent à Lisieux le 1er décembre 1793, mais ils furent attardés dans cette ville par la maladie de leur général; le 16 décembre (trois jours après la bataille du Mans), Marceau écrivait de Craon au Ministre de la guerre : « Je n'ai aucune nouvelle de Duquesnoy, quoique je lui aie envoyé successivement deux courriers : sa jonction aurait assuré nos succès ; cependant je combattrai sans lui, et j'espère remporter la victoire. »

La division du Nord détachée à l'armée de l'Ouest n'atteignit Alençon que le 19 décembre, sous les ordres du général de brigade Louis Bonnaire, qui remplaça Duquesnoy jusqu'à sa guérison; à la même division appartenait le général Joseph Crouzat ; Bonnaire et Crouzat avaient été nommés généraux à l'armée du Nord; Bonnaire le 20 septembre 1793, et Crouzat deux jours après.

Le 22 novembre, un général de division de l'armée du Nord, Cordellier-Delanoue, fut envoyé également à l'armée de l'Ouest pour commander une des douze colonnes infernales du général Turreau, qui, ce jour-là même, avait remplacé Léchelle, après un échec de ce dernier : Cordellier arrivait à Saumur le 29 novembre, et à Angers le 1er janvier 1794.

Le général Bonnaire était parvenu, avec sa division du

Nord, à le même date à Nantes (d'Alençon il s'était rendu à Rennes, et de Rennes à Nantes); le 1er janvier, il écrivait à Turreau :

Tu n'ignores certainement pas notre arrivée à Nantes, hier 31 décembre. J'ai consulté le représentant Carrier et le général Marceau, pour savoir où serait employée la division que j'ai amenée du Nord ; ils n'ont pu me donner aucune solution ne connaissant pas tes intentions à cet égard. Je te prie, en conséquence, de m'envoyer des ordres le plus promptement possible, pour ne pas rester longtemps dans l'inaction [1].

Le 10 janvier, le général Bonnaire eut l'ordre de gagner, avec la division du Nord, Saumur. On forma alors six divisions ; Bonnaire eut le commandement de la quatrième et Cordellier de la cinquième, qui se composa de deux colonnes, la première dirigée par lui et la seconde par le général Crouzat. L'adjudant général Levasseur fut placé dans la colonne que commandait Crouzat. Le général Turreau venait d'organiser son terrible plan, qui consistait à dompter les rebelles Vendéens en quelques jours.

Le 17 janvier 1794, Cordellier reçut du général en chef des instructions ainsi conçues [2] :

Le général Cordellier divisera les troupes qui se trouvent à Brissac (troupes faisant partie de celles venues du Nord) en deux colonnes et les fera partir toutes deux à la même heure.

Marche de la première colonne :
De Brissac à Thouarcé, Gonord, Chemillé, Le May.

On emploiera tous les moyens de découvrir les rebelles ; tous seront passés au fil de la baïonnette ; les villages, métairies, bois, landes, genêts, et généralement tout ce qui peut être brûlé, seront livrés aux flammes.

Douze colonnes placées sur une ligne de plus de vingt

[1] Savary, *Guerre de la Vendée*, tom. III p. 2, édité en 182?.
[2] *Id*, p. 43.

lieues de longueur, depuis Saint-Maixent jusqu'aux Ponts-de-Cé, en passant par Bressuire, Concourson et Brissac, furent destinées à parcourir la Vendée de l'Est à l'Ouest : le quartier général de Turreau était placé à Doué.

Le 19 janvier, le général Cordellier, en venant prendre le commandement des troupes stationnées à Brissac, aurait fait des observations à Turreau sur l'excessive rigueur de ses instructions, mais celui-ci lui aurait répondu que son plan était approuvé par le Comité de salut public et qu'il n'y avait aucun ménagement à garder vis-à-vis des Vendéens.

. . . .

Le 20, le général Crouzat joint à Brissac le général Cordellier et prend la deuxième colonne, qui doit marcher de Brissac, sur Beaulieu, la Jumelière, Neuvy, Jallais.

Cordellier a seulement 1.870 hommes présents sous les armes ; il arrive le 22 à Beaulieu, où il est reçu par la garde nationale, drapeau déployé : le froid était très rigoureux.

Le général Crouzat ne se met en marche que le 22 au soir ; le 23 il est à Gonord et Cordellier à la Jumelière.

Le 23, Cordellier écrit au général en chef :

Je ferai séjourner Crouzat à Chemillé, où il sera demain, pour n'en partir que le 26, et se rendre en deux jours au .May. A mon égard, je compte aussi n'être à Jallais que le 27.

Le 25, autre lettre de Cordellier :

Je viens de donner l'ordre à Crouzat d'incendier le village de Chanzeau, de même que de faire scrupuleusement la fouille des bois qui sont de ce côté... J'ai reçu des nouvelles de Crouzat, qui a brûlé dans sa journée cinq châteaux. Je l'ai autorisé à respecter les propriétés de la citoyenne Beaurepaire, dont le mari s'est immortalisé à Verdun. J'ai fait aujourd'hui beaucoup de besogne. Crouzat, arrivé de sa .mission, vient de me rendre compte qu'il avait incendié le village de Chanzeau et tous les hameaux et métairies qui l'environnent... Crouzat a encore fait passer au fil de l'épée 30 personnes suspectes des deux sexes.

Les châteaux éclairent maintenant la campagne... J'ai fait amener aujourd'hui 150 bœufs pris dans les maisons livrées aux flammes. Crouzat, de qui je viens de recevoir des nouvelles, a brûlé les villages de Gonord, Joué, Étiau, et des hameaux et châteaux environnants...

Le 26, Cordellier est au May :

J'ai cru devoir, — écrit-il à Turreau, — exécuter ton ordre de cette nuit. J'ai suivi la route que tu m'avais indiquée et sur mon passage, depuis Chemillé jusqu'à Jallais, où je suis arrivé à une heure, j'ai fait fouiller villages, bois, landes, genêts, sans rencontrer de brigands ; j'ai vu à Jallais le général Crouzat à qui j'ai fait mon rapport.

Le 27, le général Crouzat écrit à Turreau, du May :

Je dois te rendre compte, citoyen général, de la pénurie dans laquelle je me trouve pour procurer du pain à ma troupe. J'ai eu toutes les peines du monde, au moyen d'une réquisition, a faire fournir la subsistance pour aujourd'hui. Tu as dû apprendre que nos vivres ont été pillés à Chemillé. Je te prie de donner des ordres en conséquence [1].

Les Vendéens, au nombre de 3.000, commandés par Larochejaquelein, s'étaient emparés de Chemillé le 26, mal défendu par le commandant Richard, avaient pillé les fourgons de l'état-major de Crouzat, les subsistances amassées, les papiers et effets de la colonne républicaine.

Aussi, plus tard, quand on demanda à Levasseur de justifier de ses nominations aux divers grades qui lui avaient été conférés, il répondit :

Que le 7 pluviôse, an 2 (26 janvier 1794), deux de ses brevets, ses effets et papiers avaient été entièrement enlevés par les rebelles de la Vendée au bourg de Chemillé, que

---

[1] *Appendice*. Liste des objets perdus. Pièce justificative IV.

tous les officiers de l'état-major avaient éprouvé le même sort.

Les Vendéens restèrent à Chemillé jusqu'au 28 janvier ; c'est en revenant de cette expédition que Larochejaquelein, en poursuivant des soldats républicains, reçut de l'un deux une balle dans la tempe droite, et que le célèbre général de 21 ans fut enterré secrètement par ses soldats au village de Trémentines.

Dans son rapport du 29 janvier à Turreau, le général Crouzat fait allusion à son adjudant général Levasseur [1] :

Ma troupe, — dit-il, — a été sous les armes depuis six heures du matin jusqu'à la nuit Je lui ai fait prendre position à l'embranchement du chemin de Jallais et de Chemillé. J'étais avec elle pendant que l'adjudant général Levasseur gardait le bourg de May avec 300 hommes ; tout a été tranquille. Levasseur avait reçu l'ordre ci-contre :

LIBERTÉ — ÉGALITÉ

Il est ordonné au citoyen Levasseur, adjudant général, de rester au May pendant que la colonne sera en observation sur la route de Chemillé.

Il prendra le commandement de tous les postes établis autour du bourg, au nombre de 300 hommes ; il recevra les rapports de ces postes et ceux des patrouilles, et il instruira le général de tout ce qu'il pourra apprendre sur la marche et les desseins des brigands.

S'il était attaqué par des forces supérieures, il se replierait sur la colonne.

Au quartier général du May, le 10 pluviôse, l'an 2 de la République française, une et indivisible.

Le général de brigade,
Signé : CROUZAT.

---

[1] Tous nos renseignements et ordres du jour sont extraits de Savary, t. III, IV, V, et du dernier ouvrage sur la Vendée de M. Chassin. Notre ami Baguenier-Désormeaux, dont le nom fait autorité pour les guerres de la Vendée ,a été pour nous un guide excellent.

Le 30 janvier, Cordellier se dirige sur Montrevault ;
Crouzat est à Saint-Philibert et doit se rendre au Fief-
sauvin.

Le 1er février, Cordellier rend compte au général en chef
du combat de Gesté, dans lequel « les hurlements affreux
de l'ennemi ont porté l'épouvante dans l'âme des soldats » ;
il arrive à Montrevault à la pointe du jour.

Quatre jours après la bataille de Gesté, véritable défaite
pour l'armée républicaine, qui avait eu à lutter contre trois
mille Vendéens commandés par Stofflet, leur nouveau
général en chef, dont moitié armés de fusils et le reste de
piques ou de bâtons, l'adjudant général Levasseur tombe
malade et est obligé d'aller se faire soigner à l'hôpital, à
Nantes.

Un certificat du chirurgien de son bataillon, daté du
16 pluviôse, an II (5 février 1794), indique la nature de la
maladie dont il souffre :

LIBERTÉ — ÉGALITÉ

1er bataillon du 78e régiment d'infanterie

Nous, chirurgien major dudit bataillon, certifions que le
citoyen Henry Levasseur, adjudant général de ladite division, a été affligé d'un rhume de gorge depuis une quinzaine
de jours ; par suite de la marche continue de jours, de nuits,
de la fatigue inexprimable de son service, et étant dépourvu
de tout secours, les accidents ont empiré, d'un simple rhume
de gorge, la poitrine en est tellement affectée qu'il est de
toute impossibilité que le citoyen Levasseur puisse continuer
les fatigues de son état sans que sa maladie empirât et que
les accidents deviennent des plus graves ; en conséquence,
il est de toute nécessité qu'il lui soit permis de se retirer sur
les derrières, en se faisant soigner et réclamer les secours
nécessaires à son état. En foi de quoi nous lui avons délivré
le présent exposé et certificat pour lui servir ainsi que de
raison.

A Montrevault, le 16 pluviôse, l'an II de la République
française une et indivisible [1].

Sur certificat, le général Crouzat autorise Levasseur à se
retirer à Nantes :

Vu le certificat cy-dessus donné par le chirurgien major du
78e régiment d'infanterie, il est permis à l'adjudant général
Levasseur de se retirer à Nantes pour se faire administrer
tous les secours que son état exige ; il rejoindra la division
aussitôt que sa santé le lui permettra.

Au quartier général de Montrevault, le 16 pluviôse.

La feuille de route délivrée à Levasseur malade lui
assigne comme résidence Nantes, et lui donne deux domestiques et trois chevaux pour le voyage ; l'étape sera fournie
à ses hommes et à lui pendant la route :

LIBERTÉ — ÉGALITÉ

Route que tiendra le citoyen Henry Levasseur, adjudant
général attaché à ladite division accompagné de deux
domestiques et ayant trois chevaux pour se rendre à
Nantes.

Partant de Montrevault.

A Nantes.

L'étape leur sera délivrée pendant la route s'ils la demandent, ainsi qu'à Nantes, pendant tout le temps que le
citoyen Levasseur y sera retenu par la maladie, et pendant
la route lorsqu'il rejoindra l'armée.

Fait à Montrevault, ce seize pluviôse, l'an second de la
République, 8 heures du soir.

Le commissaire des guerres attaché à la même division,

Signé : BAUDIOT [2].

[1] Papiers de M. Levasseur.
[2] Papiers de M. Levasseur.

Le 17 pluviôse (6 février), Levasseur arrive à Ancenis, et vraisemblablement le 7 février à Nantes.

Le 12 seulement les républicains apprirent la mort de Larochejaquelein à Nuaillé.

Ce jour-là, Cordellier écrit au général en chef :

La Rochejaquelein est décidément tué et enterrré au village de Trémentines. La République doit la défaite de ce chef à la générosité d'un brave soldat qui lui a brûlé la cervelle. Je désirerais bien connaître ce généreux républicain, qui n'a pas survécu à son entreprise et dont le nom mérite d'être consigné dans les *Annales de la Révolution*.

L'état de l'adjudant général était assez grave pour nécessiter un traitement de près de quatre mois à Nantes.

Le 18 ventôse an II (8 mars 1794), l'officier de santé chargé de lui donner ses soins s'oppose à ce qu'il reprenne son service et lui libelle un certificat en ces termes :

Je, soussigné, officier de santé à Nantes, certifie que le citoyen Levasseur, adjudant général, n'est point encore guéri de son affection de gorge, qu'il est de toute nécessité qu'il continue son traitement pour éviter les suites ultérieures de la cruelle maladie dont il est menacé et qui arriverait indubitablement s'il la négligeait, qu'enfin il ne peut reprendre utilement pour la République et sans danger pour lui son service qu'après son entière et parfaite guérison, en foi de quoi je lui délivre le présent certificat pour lui servir et valoir ce que de raison.

A Nantes, le 18 ventôse, l'an 2ᵉ de l'ère républicaine (8 mars 1794) ¹.

Pendant qu'il est en traitement à Nantes, Levasseur écrit à ses amis de Paris et les prie de faire des démarches au Ministère de la guerre pour son avancement.

L'un d'eux, le chef de brigade Robiquet, qui a quitté

¹ Papiers de M. Levasseur.

momentanément l'armée pour faire guérir une blessure à
l'épaule reçue à la bataille de Gesté, lui adresse, le 13 germinal (2 mai 1794, une lettre ainsi conçue :

Je me suis occupé de toi auprès de la Commission de la
guerre, à laquelle j'ai remis scrupuleusement tous les
papiers et à qui j'ai rendu compte de tes talents militaires ;
les réponses que m'a faites cette Commission sont on ne peut
plus satisfaisantes.

Le 23 floréal (12 mai, Levasseur écrit à un autre de ses
amis « que sa santé va mieux : il soupire après le moment
« où il pourra reprendre son service et exterminer les
« restes impurs des brigands : il désire être chef de brigade
« adjudant général ; il embrasse son ami en républicain [1] ».

Le 27 floréal (16 mai), son ami Deshayes le recommande
à la Commission de l'organisation et du mouvement des
armées de terre.

C'est pendant ce séjour à Nantes que Levasseur connut
Lucile-Aimée Tessier, la fille d'un armateur alors décédé,
et qu'il épousa cette jeune femme.

Lucile-Aimée Tessier s'était mariée quelques années auparavant en premières noces avec un officier de marine,
Jacques-François Agasse; mais son mari l'avait abandonnée.

Elle était fondée à demander le divorce institué par le
décret des 20-25 septembre 1792, en s'appuyant sur un
abandon de deux ans au moins, mais comme cinq années ne
s'étaient pas écoulées, elle était obligée de recourir aux
tribunaux avant de se présenter devant l'officier d'état civil.

Heureusement que sur ces entrefaites intervint le décret
des 4-9 floréal an II (23-28 avril 1794), qui simplifia la procé-
dure du divorce et permit à Lucile Tessier de divorcer et de
se remarier dans un court délai.

Un acte de notoriété établit qu'elle était séparée de fait

---

[1] Archives de la guerre.

depuis plus de six mois de Jacques Agasse, et le 19 floréal
(8 mai 1794), l'officier de l'état civil de Nantes prononça le
·divorce contre le mari.

On s'occupa aussitôt après des formalités de son mariage
avec l'adjudant général Levasseur ; celui-ci produisit dans
les termes du décret du 14 septembre 1793, à défaut d'un
acte de naissance qu'il eût fallut demander à Dourdan et
attendre un peu de temps, le 7 prairial (26 mai), un acte de
notoriété ; la publication qui avait été faite vers le 20 mai
fut affichée le 9 prairial (28 mai), et le mariage célébré le
12 prairial (31 mai 1794).

L'acte de mariage des époux Levasseur est ainsi conçu :

Le douze prairial (31 mai 1794), l'an deux de la République, une et indivisible, quatre heures du soir, devant moi,
Mathurin Gaignard, officier public, élu pour constater l'état
civil des citoyens, ont comparu dans la salle des séances
publiques de la maison commune Henry-Alexis Levasseur,
adjudant général dans l'armée du Nord, âgé de trente-neuf
ans, fils de feu Alexis Levasseur et de Marie-Louise Limet,
né à Dourdan, département de Seine-et-Oise, et campé aux
Sorinières, près cette commune, d'une part ; et Lucile-Aimée
Tessier, rentière, âgée d'environ vingt-cinq ans, fille de feu
Jean-Baptiste Tessier et de Marthe Gallipaud, divorcée, pour
cause d'abandon depuis plusieurs années, d'avec Jacques-
François Agasse, officier de marine, le dix-neuf floréal
dernier (8 mai 1794), native de Chantenay, près et district
de Nantes, y domiciliée, section de Voltaire, bas de la Fosse,
d'autre part ; lesquels assistés de Henry-Étienne Demolière,
capitaine de navire, âgé d'environ trente-cinq ans, cousin de
la future ; de Ernest-Joseph Cotteau, père, négociant, âgé
d'environ soixante-trois ans, ami des futurs ; de Julien-Sagary,
négociant, âgé de environ cinquante-neuf ans, cousin de la
future, et de Jean-Pierre-Louis Tessier, négociant, âgé de
vingt-sept ans, tous demeurant à Chézine, le dernier frère
de la future, m'ont demandé à être unis en mariage. A quoi

procédant, moi officier public cy-dessus, j'ai en présence de
tous donné lecture d'un acte de notoriété, pièce supplétive à
l'extrait de naissance du futur, dressée le sept de ce mois
(26 mai) par Dupuis, juge de paix de cette commune, de l'acte
de naissance de la future, ainsi que l'acte de son divorce
cy-dessus daté, à moi par elle représenté, ainsi que de la
publication affichée le neuf de ce mois (28 mai) à la porte
extérieure de cette maison commune et à la section de la
future, ce fait et les pièces remises aux parties. Vu l'expira-
tion des délais fixés par la loi, sans qu'il me soit parvenu
aucune opposition, le mariage a été contracté par les déclarations suivantes. Le futur : je déclare prendre Lucile-
Aimée Tessier en mariage ; la future : je déclare prendre
Henry-Alexis Levasseur en mariage. Aussitôt après cette
double déclaration, j'ai, en vertu des pouvoirs qui me sont
délégués, prononcé, au nom de la loi, que Henry-Alexis
Levasseur et Lucile-Aimée Tessier sont unis en mariage. Le
tout fait, prononcé et rédigé lesdits jour et an sous les seings
des époux, des témoins et le mien.

Signé au registre : Lucile-Aimée Tessier, Henry Levasseur, H.-E. Demolière, P. Sagary, J.-L.-T. Tessier,
Gaignard, Cotteau [1].

L'adjudant général Levasseur reprit son service vers le
moment de son mariage.

Depuis le jour où il avait été obligé de se séparer de
l'armée républicaine à Montrevault, la guerre de la Vendée
était devenue plus terrible encore : pendant les mois de
février, mars, avril et mai 1794, sa division avait fait des
marches et des contremarches sans nombre.

Mieux organisés depuis février, les Vendéens ayant
Stofflet à leur tête étaient devenus plus redoutables pour les
bleus.

---

[1] État civil de Nantes.

Dubois-Crancé, représentant du peuple en mission, écrivait au ministre de la Guerre le 2 février :

Comme cette guerre est cruelle et qu'on ne fait pas de prisonniers de part et d'autre, nos soldats ont peur des brigands comme les enfants craignent les chiens enragés. Une cause très légitime de leurs inquiétudes, c'est qu'il n'y a point d'ambulance à cette armée et que le soldat craint d'être blessé, parce qu'alors il reste sans secours et devient la victime de la fureur de l'ennemi.

Le 8, Turreau disait au général Moulin :

L'ennemi n'ayant point de plan, il est impossible que j'en forme moi-même : tout dans cette guerre doit être de circonstance ; c'est aux officiers généraux à employer leurs forces contre les brigands d'après les renseignements qu'ils peuvent se procurer, d'après les événements dont il sont instruits : surtout brûle et coupe les vivres aux brigands ; il n'y a que ce moyen de finir cette affreuse guerre.

Le 9 il ajoutait, dans une lettre au Comité de salut public [1] :

« J'avais raison de dire que la guerre de la Vendée n'était
« qu'assoupie ; il faut encore passer vingt mille de ces
« scélérats au fil de la baïonnette. »

Le 6, le Comité de salut avait prescrit le désarmement de tous les habitants du territoire Vendéen, ordonné la poursuite sans relâche des ennemis jusqu'à leur entière destruction et rappelé de Nantes Carrier, qui était remplacé par Prieur de la Marne.

Carrier rentra à Paris à la fin de février.

Le général Moulin, environné de Vendéens à Cholet, le 9, aime mieux se brûler la cervelle que de tomber vivant en leur pouvoir : il a pour successeur le général Huché.

Cordellier s'empare de Cholet ; le 14 février il brûle Chemillé ; le général Duquesnoy guéri est à la poursuite,

___

[1] *Moniteur universel.*

ainsi que son collègue Haxo, de Charette, qu'il défait à Pont-James ; mais de leur côté les armées catholiques royales de la Haute-Vendée, reconstituées, prennent Bressuire et Argenton.

Le 5 mars, le général Crouzat se trouve aux landes de Corpray ; le 7, Cholet est incendié par les royalistes ; les colonnes de Turreau, la garnison de Mortagne, qui a évacué cette ville le 24, sont obligées de se retirer sur Nantes.

Le 25, les royalistes incendient Mortagne, et le 27 Crouzat pénètre dans la forêt de Vezins, qu'il fouille en tous sens, et extermine les femmes Vendéennes qu'il découvre dans cette retraite.

Le 6, Cordellier avait écrit qu'il partait le lendemain pour se rendre à Clisson, puis au Loroux et de là se jeter sur la droite sur tous les pays qui bordent la rive gauche de la Loire, bien décidé à y porter le fer, le feu, la terreur et la mort.

Le 19 mars le général Haxo, qui a battu Charrette à la Roche-sur-Yon, assailli par des forces supérieures de l'armée de Charrette, fait comme Moulin : il se suicide.

Le 29, le général Crouzat, de Saint-Aubin, près Tiffauge, avise Turreau que Cordellier a dû se rendre à Saumur pour rétablir sa santé, et le 30 il écrit « que sa troupe est dépourvue de souliers, que la moitié marche pieds nus, que presque toute la division est couverte de gale et qu'il y a beaucoup de fièvreux : « Dans cet état, ajoute-t-il, il est impossible qu'elle puisse supporter longtemps les fatigues de la guerre la plus pénible qui ait jamais existé. »

Ces réflexions du général ont d'autant plus d'importance qu'il parle en connaissance de cause : en effet, Joseph Crouzat avait 59 ans, 41 ans de services et 10 campagnes, mais jamais il n'avait fait de guerre de haie et de buisson, comme en Vendée, par des routes mauvaises, à travers les bois, exposé à des embûches de chaque instant [1].

---

[1] Le dossier Crouzat aux Archives de la guerre est très beau ; Crouzat était de Béziers, où il a encore de la famille.

Le manque de vivres lui dicte encore sa lettre du 31 mars, au général en chef, datée de la Roudardière :

Le manque de subsistances me retient ici ; il me faudrait au moins 4 rations de pain d'avance pour me remettre en marche ; et quand je serai parti, je ne tarderai pas d'être contrarié de nouveau par la difficulté de me procurer des vivres, difficulté qui est infiniment augmentée depuis l'évacuation de Mortagne.

De leur côté, les Vendéens étaient dans le dénûment le plus complet : presque tous leurs moulins étaient brûlés ; pour avoir de la farine il fallait porter, à de grandes distances, le blé ou l'écraser entre deux pierres ; les fours étaient détruits ; on devait cuire le blé écrasé sur des charbons.

La troupe de Crouzat est demeurée trois jours sans pain.

Le 4 avril, il brûle Torfou, Gesté et Montfaucon.

Le 7, le général Crouzat arrive à Clisson : il fait fouiller les souterrains du château très scrupuleusement, et le résultat de ses recherches a été la prise d'une trentaine d'individus, tant hommes que femmes, qui ont subi sur-le-champ la peine portée contre les rebelles ; il ajoute : « Ma santé a beaucoup souffert des trois mois de campagne que je viens de faire dans la Vendée, et j'aurais besoin d'aller passer une quinzaine de jours à Nantes pour y faire les remèdes indispensables à mon rétablissement [1]. »

Le 11, il est au camp de La Roullière ou des Sorinières dans le canton de Vertou, près de Nantes.

Deux jours auparavant, sur la réquisition du Conseil général de la commune de Luçon, le général Huché a été arrêté, traîné en prison à Rochefort, de là conduit à Paris, puis renvoyé à l'armée de l'Ouest par le Comité de salut public.

Le 27 avril 1794 a lieu la belle défense de Nueil-sous-Passavant attaqué par Stofflet. A cette époque les chefs

[1] Savary.

Vendéens, Charette et Stofflet, se réunissent à Cerisais, puis à Jallais avec l'abbé Bernier pour une action commune : on veut enlever à Marigny son commandement ; celui-ci entre en rébellion contre Stofflet et Charette et est condamné à mort.

Puis au mois de mai se produit une révolution dans le commandement de l'armée de l'Ouest : le Comité de salut public, en présence des protestations des municipalités contre les procédés du général Turreau, des plaintes des représentants du peuple, le suspend, ainsi que Cordellier, le 13 mai, et nomme provisoirement à sa place le vieux général Vimeux ; de nouveaux représentants du peuple, notamment le député Bo, sont envoyés à l'armée de l'Ouest ; le Gouvernement paraît disposé à abandonner le plan de Turreau et tendre à des mesures moins rigoureuses vis-à-vis des Vendéens ; le 17, l'arrêté du Comité est connu à Nantes.

La veille, le général Crouzat avait fait brûler le village de Bignon, détruire les fours, incendier les moulins, enlever les grains et les bestiaux de ce village.

Le 22, il écrit au nouveau général en chef : un aide de camp est allé hier à la découverte du côté de Vertou et a visité la rive gauche de la Sèvre jusqu'au confluent de la Moine ; il a reconnu que la plupart des maisons sur la rive droite opposée étaient habitées ; il a aperçu une petite barque attachée à l'autre bord pour la communication des deux rives.

Le temps de la moisson approchait : le 21 mai, le Comité de salut public rendit un arrêté destiné à assurer l'exploitation et la conservation de la récolte.

Le 26, le général Crouzat prévient son général en chef qu'il a fait faire une reconnaissance militaire sur le bord de la Sèvre ; qu'il en résulte que l'ennemi est nombreux sur la rive opposée en infanterie et en cavalerie, et que beaucoup de brigands sont revêtus d'uniformes bleus.

Les chefs Vendéens reçoivent la visite du chevalier de Tinténiac, qui leur apporte une dépêche du comte d'Artois et leur promet des secours de l'Angleterre.

Le 5 juin, Crouzat rend compte de ses opérations depuis le 31 mai :

Chaque soir je fais des sorties pour donner la chasse aux brigands du côté de Vertou.

Le 31 mai, un rassemblement dans le bois de La Freudière a été mis en fuite et a été poursuivi jusqu'à Geneston, qui a été incendié. On a rapporté une trentaine de fusils de chasse. La colonne est rentrée avec une cinquantaine d'individus et huit voitures de blé.

Le 2 juin, à la hauteur du village de La Trilitière, une trentaine de brigands ont été aperçus ; cinq ont péri, le reste a pris la fuite.

Le général ajoute :

Le 3 juin 1794, douze brigands ont été tués par une patrouille de grenadiers.

Je n'ai que 1.500 hommes armés, dont la moitié est toujours soit de service, soit en convoi.

Les brigands se tiennent en force sur le territoire de Maisdon, Saint-Fiacre et Monière. Il faudrait des forces importantes pour aller les attaquer.

Le 11, Crouzat put réunir trois colonnes et mettre à exécution son plan, qui était ainsi conçu [1] :

Plan de l'attaque concertée sur La Haye et Vertou, Maisdon et Saint-Fiacre et la rive gauche de la Moine et de la Sèvre, par trois colonnes.

La première colonne, sous les ordres de l'adjudant général Levasseur, sera composée des chasseurs des Ardennes, des hussards du 11e, du 29e d'infanterie et du 2e bataillon de La Réunion. Levasseur partira du camp à onze heures du soir ; il ira passer au pont Rousseau, sortira par le poste de Saint-

---

[1] Papiers de M. Levasseur.

Jacques et suivra la route de Clisson jusqu'à La Haye, où il devra être arrivé à cinq heures du matin. Il reviendra à Lafabretière, La Ville-Bachelier, La Gombergère et Vertou.

S'il ne trouve point l'ennemi en force il divisera sa colonne en deux pour embrasser plus de terrain, mais marchant très près l'une de l'autre pour pouvoir se réunir au premier signal.

Arrivé à Vertou, il rétablira le pont et rentrera au camp.

La seconde colonne, aux ordres du général Crouzat, partira à minuit, suivra la grande route de Montaigu jusqu'à Aigrefeuille et passera la rivière la Moine sur deux points, se dirigera ensuite sur Maisdon et de là à Saint-Fiacre, en faisant garder par l'arrière-garde le pont et gué de Chasseloire, par où elle reviendra passer la Moine vis-à-vis Château-Thébauld et rentrera au camp par le chemin de la Place-tierre.

La troisième colonne, sous les ordres du chef de bataillon Delessart, suivra la grande route jusqu'à Aigrefeuille partant avec la seconde colonne.

Elle se rabattra sur la rive gauche de la Sèvre, passant par La Rellippierre, où elle se divisera en deux parties (si toutefois l'ennemi n'est pas en force), l'une marchant par la Trilitière, La Turmaine, le Château-Thébault ; la seconde par Les Hévaudières, La Poterie, Petit-Donc et Château-Thébault, où la colonne réunie restera stationnée, faisant occuper le poste de Chasseloire jusqu'à ce qu'elle ait reçu des nouvelles de la seconde colonne, et marchera ensuite sur le Montigné, d'où il enverra un fort détachement qui passera par le moulin des Coteaux, Le Portillon, La Fremoire, La Barbinnière et le poste de Vertou, où il rencontrera la première colonne, et la seconde colonne rentrera au camp par le chemin des Reniers.

Enfin un détachement partira à six heures du camp avec trente sapeurs et leur commandant. Ils s'avanceront ensemble jusqu'à la chaussée de Vertou et seront chargés de rétablir le pont aussitôt qu'ils s'apercevront de l'arrivée de la colonne républicaine dans le village, et rentrera au camp avec elle.

Le général de brigade,

Signé : CROUZAT.

A cet ordre de service est joint un plan du terrain, avec indication du mouvement des troupes.

L'adjudant général Levasseur a repris son poste, ainsi que cela résulte du rapport du 13 du général Crouzat au général en chef et du plan d'attaque du 11 :

J'ai mis hier trois colonnes pour faire les reconnaissances sur les deux rives de la Sèvre et sur celle de la Moine.

L'adjudant général Levasseur, commandant la première colonne, forte de 600 hommes, a détruit huit moulins, coulé bas 7 bateaux et tué une centaine de brigands ; 54 individus et des bestiaux ont été conduits à Nantes.

J'ai marché à la tête de la 2ᵉ colonne, forte de 900 hommes. Je me suis porté par Aigrefeuille sur Maisdon et Saint-Fiacre. Plusieurs villages et deux moulins ont été livrés aux flammes. Les fours ont été détruits.

La 3ᵉ colonne, forte de 300 hommes, commandée par Delessart, a longé la Moine jusqu'à son embouchure dans la Sèvre. Le village et le château Thébault ont été brûlés. Beaucoup de bestiaux ont été dirigés sur Nantes.

Le 17 juin, le général Crouzat écrit à Vimeux :

La force du camp est de 5.160 hommes, dont 1.427 sans armes. Deux fortes découvertes n'ont rien rencontré et ont seulement ramené des femmes, des bestiaux et un peu de grain.

Je me propose de faire une sortie dans la nuit du 18 au 19 pour balayer les deux rives de la Sèvre.

En exécution de ce plan projeté, le général remettait le 18 à Levasseur l'ordre ci-contre :

18 juin 1794.

ARMÉE DE L'OUEST

*Au quartier général de La Roullière, le 30 prairial (18 juin),
l'an 2 de la République française une et indivisible*

L'adjudant général Levasseur partira avec sa troupe, qui a
ordre de sortir du camp à minuit. Arrivée aux landes de
Vire, elle se formera sur deux colonnes : la première, aux
ordres du général Crouzat, ira passer le Maine à Chasseloire,
se portera sur Maisdon et de là s'abattra sur Monière ; la
deuxième, aux ordres de l'adjudant général Levasseur,
passera le Maine à Bélabar, fouillera Saint-Fiacre et gagnera
Monière, où elle se joindra à la première colonne.

Levasseur passera la Sèvre avec sa troupe, qui sera composée du détachement du 19ᵉ dragons........   30 hommes

6ᵉ de Paris.............................	60	—
26ᵉ de la réserve........................	290	—
1ᵉʳ des fédérés des 83 départements......	480	—
12ᵉ de Seine-et-Oise.....................	100	—
13ᵉ —	80	—
14ᵉ —	30	—

1.070 hommes

Sa mission sera de balayer tous les brigands qui infestent
la rive droite de la Sèvre jusqu'à Nantes. Il donnera tous ses
soins pour incendier les moulins à vent et à eau, démolir les
fours et déchirer les bateaux ; il fera ramasser les vieillards,
femmes et enfants brigands, et les fera conduire à Nantes.
Les grains et les bestiaux qu'il pourra rassembler seront,
de même, conduits sous bonne escorte à Nantes.

Si, dans sa marche, l'adjudant général Levasseur se trouvait attaqué par des forces supérieures, il fera sa retraite
sur Nantes, dans le cas où il serait forcer de l'effectuer.

Il est prévenu que j'enverrai un fort détachement aux moulins des côteaux et un autre devant Vertou [1].

Le général de brigade,

Signé : CROUZAT.

Le 20, le général retraçait dans son rapport les phases de cette expédition :

Hier, 2 colonnes de 600 hommes chacune se sont portées sur le bourg de Monière. Une trentaine de brigands des deux sexes ont été pris et conduits à Nantes. Tous les fours ont été détruits ainsi que trois moulins à eau. Les deux moulins à vent de La Haye ont été brûlés. Les petits rassemblements de brigands ont pris la fuite vers la Loire. La marche des colonnes a été souvent retardée par des abattis d'arbres sur les routes.

La guérison de Levasseur n'était point parfaite, mais bien que la fièvre continuât à le miner, il refusa de se dérober à un service qui était devenu très pénible au camp de La Roullière.

Le système des camps retranchés, inauguré par le général Vimeux, n'était en réalité que l'exécution d'une idée du général Turreau, qui voulait enfermer les Vendéens dans une enceinte de forts pour les empêcher de s'approvisionner de subsistances. Turreau prétendait aussi que les forces vendéennes viendraient se briser contre ces camps, les soldats de Charette et de Stofflet ayant l'habitude de se retirer après avoir déchargé cinq ou six coups de fusils.

Neuf camps furent ainsi formés ; le général Crouzat avait été désigné pour commander le camp de La Roullière.

Les idées d'apaisement qui avaient déterminé la destitution des généraux Turreau, Cordellier et autres, le rappel de Carrier, s'étaient encore accentuées à la fin de juin 1794 :

1 Papiers de M. Levasseur.

d'autre part les Vendéens étaient bien fatigués de cette terrible guerrre, qui semblait s'éterniser.

C'est ce qui explique cette lettre du général Crouzat au général en chef, du 23 juin, datée de La Roullière :

Je m'empresse de te rendre compte d'un entretien qui a eu lieu hier avec les brigands et dont le représentant du peuple Bo a été instruit : à 4 heures de l'après-midi, étant en ronde et arrivé sur la Bute-du-Chêne vis-à-vis de Vertou, une douzaine de brigands se sont présentés sans armes de l'autre côté de la rivière criant qu'ils voulaient se rendre et demandant qu'un républicain s'avançât pour entendre leur proposition.

Un officier républicain s'approche, et les Vendéens déclarent qu'ils sont prêts à se rendre ; ils demandent à n'être pas faits prisonniers, mais à être répartis dans les différents corps des armées républicaines ; ils ajoutent qu'ils seront suivis par un millier de leurs camarades.

Le même jour ils se présentent au pont de Vertou et attendent la réponse aux propositions qu'ils ont faites.

Crouzat leur répond : Les rebelles seront reçus à se rendre ; ils auront la vie sauve ; la Convention nationale décidera de leur sort.

Le 24, deux cents d'entre eux reviennent sans armes toujours au pont de Vertou : deux officiers républicains parlementent avec eux ; les Vendéens paraissent disposés à passer la rivière, mais quelques instants après ils annoncent qu'il se défient de la manière dont on les traiterait ; les officiers estiment qu'ils se rendraient s'ils n'étaient pas retenus par d'autres.

Au moment où le général Crouzat quitte la Butte du-Chêne, le 24, il entend les Vendéens pousser des cris mêlés de vive la République et de vive le roi.

De nouveaux pourparlers ont lieu entre les Vendéens et un officier de l'état-major républicain ; ils proposent à ce dernier un rendez-vous dans lequel ils lui remettront une pétition signée par tous ceux qui sont prêts à se rendre.

Les idées d'apaisement paraissant faire des progrès chez les Vendéens, le général Crouzat leur envoie, à un endroit convenu un officier d'état-major, mais l'officier ne trouve personne au rendez-vous ; il est porteur d'une proclamation du général Crouzat aux rebelles de Vertou, ainsi conçue :

La République ou la mort.

. . . . Ouvrez les yeux, voyez tout le peuple français (excepté vous, misérables restes des habitants de la Vendée) combattant pour la liberté et l'égalité... Venez vous joindre à nous et goûter les douceurs de notre Gouvernement que vous méconnaissez. Vous aurez la vie sauve, vous, vos femmes et vos enfants [1].

Mettez bas les armes ; qu'un petit nombre d'entre vous les apporte et les dépose au bord de l'eau.....

Le 2 juillet, le commandant du camp de La Roullière écrit à Vimeux :

Je crois qu'il serait utile de rapprocher le camp de Nantes et de le porter à la lande Ragon ou aux Sorinières ; je pense aussi qu'il serait à propos d'établir un camp de douze à quinze cents hommes à La Plée et de jeter un pont devant Vertou pour la communication entre les deux camps.

Un brigand vient de se rendre avec son fusil et cinq cartouches.

Mais ni la proclamation du général Crouzat, ni son affichage, ni les tendances pacifiques du Gouvernement républicain ne produisent l'effet attendu.

Le 1er juillet, cinq chefs Vendéens répondent par une proclamation dans laquelle on lit :

Républicains ! de bonne foi avez-vous cru nous séduire par la proclamation dont vous nous avez laissé copie le 29 juin

---

[1] Savary.

dernier? Avez-vous cru que nous n'apercevrions pas le piège
que vous nous tendez?... Vous nous engagez à rentrer dans
nos foyers... où les prendrions-nous ?

Hommes égarés ! revenez plutôt de votre erreur... nous
sommes Français royalistes, et nous le serons toujours.

Cette proclamation était suivie de deux autres que signaient
Charette et Stofflet.

Dans ces conditions les hostilités recommencèrent.

Le 2 juillet, l'adjudant général Levasseur reçoit pour le
lendemain, à une heure du matin, l'ordre de faire une opération commune avec son général :

LIBERTÉ — FRATERNITÉ — ÉGALITÉ

Il est ordonné au citoyen Levasseur, adjudant général, de
partir demain, à une heure précise du matin, avec le détachement des chasseurs des Ardennes, le 25e bataillon de la
réserve et quinze hommes à cheval; il se portera sur la Chevrotière en partant par le pont Saint-Martin, il fouillera tout
ce qu'il trouvera sur sa droite avant d'arriver à sa destination.

Il est prévenu que le général Crouzat se dirigea en même
temps sur la gauche de la forêt de La Freudière, qu'il tour-
nera en prenant une position sur la droite de cette même
forêt qu'il fera fouiller, après quoi il se portera sur La Chevrotière, où il arrivera par la route de Saint-Philibert pour
se réunir dans ledit lieu à la colonne de Levasseur, qui y
prendra poste jusqu'à cette réunion et, dans le cas d'une
résistance majeure, Levasseur se repliera sur la colonne de
Crouzat aux points qui lui sont indiqués.

Au quartier général du camp de La Roulière, le 14 messidor,
l'an 2e de la République française une et indivisible (2 juillet 1794).

Le général de brigade,

Signé : CROUZAT.

La colonne du général étant obligée de rester longtemps

en station dans les landes de Panveau pour fouiller toute la
partie de sa gauche jusqu'à Saint-Philbert, l'adjudant général Levasseur, après avoir fouillé entièrement le village de la
Chevrotière, pourra s'avancer au-devant de ladite colonne
jusqu'aux landes susnommées.

Le 3, le général Crouzat rend compte de cette expédition
nocturne et joint à son compte rendu ses réflexions :

Les brigands de Vertou, excités par quelques prêtres et
quelques nobles qui leur restent, sont devenus plus insolents.

Deux colonnes de trois cents hommes chacune sont sorties
du camp pour aller fouiller la forêt de La Freudière. Six ou
huit brigands ont été tués en se défendant ; trente-huit individus, hommes, femmes et enfants ont été conduits à Nantes.
Un vieillard prisonnier a été relâché et renvoyé dans ses
foyers. La proclamation a été affichée sur le passage des
colonnes. J'ai recommandé les plus grands ménagements
pour les prisonniers.

Le 14 juillet 1794, à Nantes, le représentant du peuple Bo
réunit le général Huché, qui est revenu à l'armée de l'Ouest
après son arrestation, l'adjudant général Aubertin, le général Boussard, et on arrête un plan qui a pour but de rendre
la Loire navigable. La colonne de Boussard est à Challans,
celle d'Aubertin à Machecoul, le général Ferrand se trouve
à Montaigu ; ils prendront tous part à cette action commune [1] :

D'après l'ordre qui nous a été donné par le général divisionnaire Huché, les généraux de brigade et adjudants généraux soussignés sommes convenus de ce qui suit [2] :
La colonne aux ordres du général Ferrand actuellement à
Montaigu en partira le 29 (17 juillet) pour se rendre ledit
jour à La Roche-Servière et arriver le lendemain matin à la

[1] Papiers de M. Levasseur.
[2] Papiers de M. Levasseur.

pointe du jour sur La Bésillière pour en faire l'attaque à
5 heures.

La colonne de Chalans, aux ordres du général Boussard,
partira le 28 (16 juillet) pour se rendre au camp de Fréligné.

Le même jour celle de Machecoul, aux ordres du général
Aubertin, se rendra au même lieu.

Le lendemain ces deux colonnes se porteront brusquement
à la petite pointe du jour sous la forêt de Touvois, celle du
général Boussard fouillera la partie droite et celle de l'adju-
dent général Aubertin la partie gauche.

Après cette opération, qui aura lieu ledit jour, les deux
colonnes se porteront entre les forêts des Grandes-Landes
et de Touvois faisant face à Légé.

Le lendemain 30 (18 juillet), les colonnes de concert se
porteront sur le village de La Bésillière, où elles seront rendues exactement à 5 heures du matin.

Le 28 (16 juillet), la petite colonne du camp de La Rouil-
lère ira prendre poste à Saint-Colombin ou Pont-James.

Le 29 (17), cette colonne marchera sur la grande route de
Légé et s'arrêtera à une demi-lieue du bourg de Légé.

Le 30, elle se réunira dans le lieu de Légé même, à trois
heures du matin, à la colonne de l'adjudant général Aubertin.

Chaque colonne sera pourvue pour quatre jours de pain à
compter de celui de son départ particulier, de sorte que le
pain sera dû aux colonnes Boussard, Aubertin et du camp
de La Roullière le deux, et à celle du général Ferrand le trois.

Toutes ces colonnes se corresponderont et se concerteront
pour les opérations ultérieures ; et pendant tout le temps
qu'elles seront réunies, le commandement sera dévolu au
plus ancien de service dans le grade le plus élevé ou de service en cas d'égalité de grade : en conséquence, il appartient
au général Boussard qui sera chargé de tous les rapports et
de l'exécution des marches sous les ordres du général divisionnaire.

Bien entendu que le 29 (17) le général Dutruy fera sortir

des Sables une colonne de huit cents hommes pour aller prendre poste à La Roche-sur-Yon, où elle restera jusqu'à nouvel ordre.

Après cette expédition, le général Huché donnera les ordres au général Ferrand de se porter sur la rive gauche de la Loire qu'il purgera des brigands qui l'infestent en attendant les ordres ultérieurs sur l'occupation des postes, soit de Montgloire ou tout autre qui seraient reconnus nécessaires pour la sûreté de la navigation de cette rivière.

Fait et arrêté à Nantes, le 26 messidor, 2e année républicaine (14 juillet). Signé : Aubertin, adjudant général ; Lantal, Ferrand, Boussard, Blaumont, Huché et Huché, capitaine adjudant aux adjudants généraux faisant fonction de secrétaire.

Pour copie conforme :
Signé : Huché.

La colonne fournie par le camp de La Roullière sera composée de 400 hommes d'infanterie et de 10 hommes de cavalerie.

Le général divisionnaire,
Huché.

Pour copie conforme :
  Le général de brigade,
    Signé : Crouzat.

Il est ordonné au citoyen Levasseur, adjudant général, de prendre le commandement de la colonne fournie par le camp de La Roullière, composée d'un bataillon des fédérés des 83 départements et de douze hussards, formant en tout quatre cents et quelques hommes.

Il lui est recommandé de se conformer exactement à tout ce que prescrira le présent ordre pour la marche de la colonne qui lui est confiée.

Au quartier général du camp de La Roullièrre, le 28 messidor (16 juillet), l'an 2e de la République française une et indivisible.

Le général de brigade,

Signé : CROUZAT.

A cet ordre sont joints un grand plan du terrain et des ordres de marche [1].

Le 19 juillet, Crouzat, qui n'est point de cette expédition, écrit au général Vimeux :

L'adjudant général Levasseur est en expédition depuis le 14 du côté de Légé avec 400 hommes pour une attaque concertée avec le général Huché.

Levasseur avait le commandement du camp de La Roullière, comme on voit.

Le 22, le général de division Huché adresse son rapport au général en chef :

Je m'empresse de te rendre le compte suivant de l'expédition que je viens de faire contre les brigands.

Le 16, quatre colonnes ont été mises en mouvement.

La première, commandée par le général Ferrand, sous mes ordres, est sortie de Montaigu le 17 et a pris poste à Roche-Servière.

La seconde, de la garnison de Machecoul, commandée par l'adjudant général Aubertin, s'est rendue le 16 à Fréligné.

La troisième, venant de Challans, commandée par l'adjudant général Chadau, s'est réunie à celle de Machecoul à Fréligné.

La quatrième, aux ordres de l'adjudant général Levasseur, partie du camp de La Roullière, a fait sa jonction à Légé, le 17, à cinq heures du soir, avec les deux colonnes de Machecoul et de Challans.

Le poste de Légé, occupé par les brigands, a été emporté par les colonnes d'Aubertin et de Chadau, et l'armée de Charette, évaluée à trois mille hommes, infanterie et cavalerie, a

---

[1] Papiers de M. Levasseur.

été attaquée à six heures du soir à un quart de lieue de
Légé, sur la gauche de la route de Palluau ; le combat a duré
jusqu'à la nuit, et les brigands ont été mis en déroute avec
perte de soixante à quatre-vingts hommes restés sur le
champ de bataille.

Nous avons perdu de notre côté deux officiers et nous
avons eu quinze blessés.

Le 17, la colonne partie de Montaigu à cinq heures du soir
sous les ordres du général Huché, passa par Vieille-Vigne
et arriva sur les dix heures à Roche-Servière. L'avant-garde
rencontra à l'entrée du village une forte patrouille de brigands qui fut repoussée avec perte de huit hommes, et la
colonne établit son bivouac à une lieue de là.

Le 18, elle se mit en marche à trois heures du matin, et
arriva sur les cinq heures à La Besillière. Tout annonçait que
les brigands en sortaient. Un homme très malade, qui n'avait
pu suivre, nous dit que Charette en était parti la veille et que
sa troupe s'était retirée deux heures avant notre arrivée.
Nous prîmes une position militaire. Les adjudants généraux
Chadau, Aubertin et Levasseur vinrent nous visiter et nous
apprirent qu'ils avaient eu la veille une affaire dans laquelle
ils avaient battu Charette. De là, nous allâmes bivouaquer
dans les plaines du Luc.

Le 19, je me suis dirigé avec Ferrand sur Belleville en
passant par Saint-Denis : les forges de Charette ont été
détruites ; un repas splendide préparé au château de Boulogne dans la forêt de Dampierre, des habits brodés et galon-
nés, des barriques de vin et d'eau-de-vie, voilà ce que nous
avons trouvé [1].

. . . .

Le rapport du général Ferrand ne diffère pas sensiblement
de celui du général Huché :

[1] Savary.

C'est le 18 qu'il rencontre les adjudants généraux Chadau, Aubertin et Levasseur, qui lui apprennent qu'ils ont eu la veille une affaire dans laquelle ils ont battu Charette ; ils bivouaquent ensemble dans les plaines du Luc.

Il ajoute : Le 19, après avoir fait fouiller les villages du Grand et Petit Luc, la colonne se porta sur Belleville, une des maisons de plaisance de Charette, où tout nous prouva, ce que nous dirent plusieurs personnes, qu'une demi-heure avant notre arrivée les brigands y étaient encore en assez grand nombre ; on y trouva eau-de-vie, pain, vin, viande, une pharmacie complète et beaucoup de linge. Nous visitâmes Soligny et Saint-Denis, où l'on trouva plusieurs barriques d'eau-de-vie, des fosses remplies de cuir, quelques armes réparées et à réparer. La colonne se porta ensuite sur Boulogne, dont le château fut fouillé sur le champ. Il renfermait des provisions immenses en tout genre, eau-de-vie et vin en barriques, 1.500 bouteilles de vin de Bordeaux et d'Espagne, etc.

Quelques jours après Crouzat était remplacé dans le commandement du camp de La Roullière par le général Jacob, qui arriva à son poste le 27 ; Crouzat fut nommé à Niort.

« L'armée républicaine, dit Savary, s'affaiblissait de plus en plus par les maladies ; les nouvelles levées arrivaient sans armes et dénuées de tout ; les hostilités se bornaient à disputer les récoltes. »

Le 7 août, le général Jacob se plaint de n'avoir au camp de La Roullière que 500 hommes pour toute force disponible et peu d'armes en bon état ; il lui est difficile avec ce peu de moyens de protéger la récolte et d'entreprendre au loin des expéditions.

L'adjudant général Levasseur demanda alors à suivre à Niort son général, et Vimeux l'y autorisa le 23 août :

Au quartier général de Fontenay-le-Peuple, le six fructidor, l'an 2ᵉ de la République française une et indivisible (23 août).

VIMEUX, général en chef [1],

Permet au citoyen Levasseur, adjudant général, de rester aux ordres du général de brigade Crouzat, qui se rend à Niort pour en prendre le commandement provisoire.

Signé : VIMEUX.

Le 25 août, le général Vimeux apprenait qu'il avait pour successeur, comme général en chef, Alexandre Dumas.

Les opérations militaires de Levasseur à Niort durent être sans importance, car les historiens de la guerre de la Vendée ne mentionnent plus dans leurs écrits, après son départ du camp de la Roullière pour Niort au mois d'août, le nom du général Crouzat.

Le 29 septembre 1794, après une discussion houleuse dans laquelle Carrier fut violemment pris à partie, et promis au Tribunal révolutionnaire qui le condamna à mort le 16 décembre, l'arrestation des généraux Huché et Turreau fut décidée par la Convention ; au commencement du même mois Hoche avait été nommé au commandement de l'armée des côtes de Cherbourg, et son programme était le suivant : joindre à la fermeté la clémence envers les hommes faibles et bien reconnus pour tels, préserver l'habitant de toute espèce de vexation militaire, respecter les propriétés.

Le 9 octobre, le général Turreau se rendait à Paris pour combattre les accusations dirigées contre ses colonnes incendiaires et se faisait précéder à la Convention par une adresse énergique : arrivé à Paris il était emprisonné au Luxembourg ; quelques jours auparavant, Canclaux avait été nommé

---

[1] Papiers de M. Levasseur.

général en chef de l'armée de la Vendée au lieu et place
d'Alexandre Dumas.

Les généraux Cordellier, Duquesnoy et Crouzat étaient
également poursuivis : des enquêtes furent faites dans lesquelles de nombreux témoins furent entendus, néanmoins
ces officiers ne passèrent pas en jugement, et la liberté leur
fut à tous rendue le 4 novembre 1795 ; aucune déposition
fâcheuse n'avait d'ailleurs été recueillie contre le général
Crouzat ; ce dernier était à la retraite depuis le 16 janvier.

En dehors de Carrier, les autres représentants du peuple
en mission dans la Vendée, Prieur, Bo, furent décrétés d'ac-
cusation, mais ils profitèrent de l'amnistie du 25 octobre.

Turreau seul comparut devant un conseil militaire ; il se
défendit brillamment, se retrancha derrière les ordres de la
Convention et du Comité de salut public : il fut acquitté aux
applaudissements de la foule réunie sur la place du Châtelet.

Le 30 nivôse, an 3 (19 janvier 1795) et le 23 floréal (12 mai),
Henry Levasseur envoyait de Nantes et de Niort au Comité
de salut public deux états de service un peu différents, qui
retracent exactement sa vie jusqu'au moment où nous
sommes arrivés et se complètent :

Nom, prénoms et âge ?

Henry-Alexis Levasseur, fils d'Alexis Levasseur et de
Marie-Louise Limet, 39 ans, le 18 janvier 1795 (V. S.), né le
18 janvier 1755.

Lieu de naissance ?

Dourdan.

Lieux et résidences successives ?

Est venu de Dourdan à Rambouillet à 9 ans, en est parti
à 12 pour Paris où il a fait ses études et son droit ; y a travaillé dans la pratique et comme chargé de recettes particulières jusqu'au mois de mai 1792 (V. S.), où il s'est retiré
dans sa famille à Rambouillet.

Régiment ou corps où il a servi ?

6ᵉ régiment de cavalerie, où il est entré comme cavalier le

8 septembre 1792 (V. S.), le 4 octobre suivant capitaine dans un corps de piquiers formés à Lille.

Le 10, employé à l'état-major de l'armée du Nord.

Garnisons et cantonnements depuis le 14 juillet 1789 ?

En garnison à Lille au 6ᵉ régiment de cavalerie pendant le bombardement, a suivi l'avant-garde de l'armée du Nord en Belgique, à Tournay, Oudenarde, Gand, Termonde, Anvers, Malines, Louvain, Dieft, Maseyck, Ruremonde, d'où il est rentré malade à Lille ; est parti de cette ville le 3 octobre 1793 (V. S.), en qualité d'adjudant général attaché à la division commandée par le général Duquesnoy, qui s'est si bien signalée à Watignies et a débloqué Maubeuge, a suivi cette même division à la Vendée pour en exterminer les brigands.

Détails sommaires des services militaires ?

Gardes parisiennes depuis le 14 juillet 1789.

8 septembre 1792, cavalier.

4 octobre suivant, capitaine dans un corps de piquiers.

18 octobre, adjoint aux adjudants généraux.

12 avril 1793, adjudant général, nomination de Dampierre confirmée par Gasparin en mai.

Est-il ci-devant noble ou non ?

A le bonheur de n'avoir jamais eu de nobles dans sa famille qui dans toutes ses branches a toujours été vraie sans-culotte.

Profession avant son entrée au service ?

Homme de loi et négociant.

Profession de son père avant 1789 ?

Marchand à Rambouillet.

Son père est-il émigré ?

Mort en 1773.

De qui tient-il son brevet ?

Est-ce du Conseil exécutif ?

Des représentants du peuple ?

Le brevet d'adjudant général chef de bataillon a été conféré à Levasseur le 12 avril 1793 (V. S.) par Dampierre, général en chef des armées du Nord et des Ardennes, et a été confirmé par Gasparin, représentant du peuple à Lille, le 8 mai suivant.

Quelle est sa naissance ?

Fils de marchand, sa mère demeure à Rambouillet.

Age ?

40 ans le 29 nivôse, an 3 (18 janvier 1795).

État de services ?

Gardes nationales parisiennes, etc.

Dans quel corps a-t-il servi ?

Dans le 6ᵉ régiment de cavalerie, 2ᵉ compagnie.

Temps passé dans chaque grade ?

26 jours cavalier au 6ᵉ régiment, 6 jours capitaine dans un corps de piquiers, 6 mois 2 jours adjoint aux adjudants généraux, 21 mois adjudant général.

Motifs de la promotion d'un grade à un autre ?

Les motifs de la promotion rapide d'un grade à un autre ont été d'abord la recommandation de mon colonel, le brave Clarenthal, pour me porter à l'état-major, et ensuite la volonté des généraux et du représentant du peuple Gasparin qui, sans doute, ont été contents de mon service et de mon zèle ; je n'ai jamais rien demandé ; ceux qui me connaissent me rendront cette justice.

Par qui la promotion a-t-elle été faite ?

La Bourdonnais, général en chef de l'armée du Nord, m'a fait capitaine de piquiers et puis adjoint aux adjudants généraux ; Dampierre et le représentant du peuple Gasparin m'ont fait adjudant général.

S'il a été destitué ou suspendu ?

Je n'ai jamais été destitué ni suspendu. Je n'ai qu'un regret, c'est de ne pouvoir servir ma patrie plus activement ; la fièvre me travaille depuis plus de 6 mois et arrête ma bonne volonté.

OBSERVATION

J'observe que le 7 pluviôse, an 2 (26 janvier 1794), mes

brevets, effets et papiers ont été entièrement enlevés et pillés par les rebelles de la Vendée au bourg de Chemillé. Tous les officiers de l'état-major ont éprouvé le même sort. Il ne me reste plus qu'un acte, c'est le procès-verbal de la Convention du 25 mai 1793, qui m'accorde les honneurs de la séance après avoir déposé entre les mains de son président un étendard enlevé sur les Hollandais près Lille. Le représentant du peuple Gasparin me chargea, comme adjudant général, de cette honorable mission [1].

Depuis quinze mois qu'il est sous mes ordres, ajoute le général Crouzat, il s'est toujours très bien conduit et a toujours montré le plus grand zèle, patriotisme et intelligence dans l'exercice de ses fonctions.

Henry Levasseur n'assista pas à la fin de la guerre de la Vendée : le 17 février 1795, Canclaux signait le traité de La Jaunaye avec Charette, qui recevait deux millions et recommençait les hostilités le 26 juin en massacrant la garnison républicaine des Essarts ; Stofflet avait lui-même conclu le 2 mai une paix qui ne fut que provisoire ; l'année suivante seulement les deux chefs Vendéens furent pris et fusillés, et la pacification de la Vendée, qui restera la gloire de Hoche, fut alors possible et efficace.

Le décret du 11 prairial, an III (30 mai 1795), était venu terminer la carrière militaire de Levasseur.

IV

Levasseur quitte l'armée et revient à Rambouillet. — La revision des grades en 1795. — Levasseur à Nantes. — Ses démarches pour rester dans l'armée.

En demandant à Levasseur ses états de service ainsi qu'à tous les autres officiers, le Comité de salut public poursui-

---

[1] Archives de la guerre.

vait un but qui était la revision des grades ; on trouvait que
les officiers étaient trop nombreux et que, dans bien des cas,
l'avancement avait été trop rapide.

Aussi, au nom des Comités militaire et de salut public,
Dubois-Crancé fut-il chargé de faire un rapport sur la situation des armées qu'il s'agissait d'organiser sur de nouvelles
bases, pour le printemps de 1795.

Il lut son rapport dans la séance de la Convention du 12
pluviôse, an III (31 janvier 1795)[1] :

Citoyens, — disait-il à ses collègues, — vous avez entretenu, la campagne dernière, près de onze cent mille hommes
sous les armes. A l'exception de quelques puissances qui
sont restées neutres, on a vu la France d'un côté et l'Europe
entière de l'autre, et cependant les armées de la République
ont été partout victorieuses !... Vainqueurs à la fois des
Anglais dans Toulon, des rebelles à Lyon et des Piémontais
aux frontières, l'armée d'Italie et celle des Alpes menacent
également Turin... Les Pays-Bas, la Hollande sont à nous,
et le cours du Rhin nous sert de barrière. A l'ouest, l'espé
rance de la fraternité renait... Aux Alpes, du Saint-Ber-
nard au col de Tende, aux Pyrénées, les Piémontais forcés
dans tous leurs retranchements, deux armées espagnoles
anéanties ; au nord, 23 sièges. 6 batailles rangées gagnées
complètement, 2.803 pièces de canon enlevées à l'ennemi,
60.000 prisonniers, plus de 200 villes soumises, tel est le
fruit de cette immortelle campagne... La République entretient plus de 1.200 bataillons, 500 escadrons et 60.000 hommes
d'artillerie.

Mais, — ajoute l'auteur, — il y a des abus : on a beaucoup
excédé le nombre des individus que la loi a fixé pour chaque
grade ; on a vu à la fois le Comité de salut public, les représentants aux armées, le ministre et les généraux nommer
chacun de leur côté à un même emploi ; aujourd'hui tous les

____

[1] *Moniteur universel.*

hommes remplacés soit pour cause d'absence légitime, soit
pour cause de destitution sans motif, viennent réclamer leur
réintégration ; de sorte qu'en accordant à chacun ce qu'il
pourrait avoir droit de demander, vous auriez en officiers de
tous grades, depuis les généraux jusqu'au rang de capitaine,
de quoi tripler le nombre des officiers déterminé par la loi.

Pour sortir de ce labyrinthe, vos Comités ont pensé qu'il
fallait rappeler toutes les armées à l'organisation simple et
uniforme de la loi du 21 février 1793, que c'était conformément à cette loi que votre Comité de salut public devait vous
présenter incessamment le tableau nominatif de tous les
officiers qui, à l'ouverture du printemps, composeront les
états-majors, et que ceux qui ne recevraient pas votre approbation seraient tenus de reprendre celui des grades infé-
rieurs dans lequel ils auraient été au moins six mois en
exercice [1].

Dubois-Crancé terminait en réclamant une réorganisation
qui était confiée au Comité de salut public et aboutit aux
lois connues sous le nom de lois Aubry, nom du membre
du Comité qui les prépara.

Les officiers ayant envoyé leurs états de service, le
Comité de salut public désigna ceux d'entre eux qui devaient
être maintenus dans leurs grades.

L'arbitraire que Dubois-Crancé voulait éviter disparut-il
complètement dans les choix que fit le Comité ? Les
influences des généraux en chef, des représentants du
peuple furent-elles rigoureusement écartées ?

Ce n'est guère probable : Bonaparte, en effet, alors général, ne fut pas compris, ainsi que Masséna, dans la nouvelle
organisation : on le plaça en non-activité.

Levasseur n'avait aucune aide puissante près du Comité de
salut public : ses généraux dans la guerre de la Vendée

---

[1] Levasseur était resté six mois et deux jours adjoint aux adjudants
généraux.

étaient arrêtés, suspects ou disgraciés, de même que les
représentants du peuple à cette armée ; le général Crouzat
était à la retraite, malade à Saint-Maixent et, de plus, inquiété.

Il crut devoir cependant, au commencement de mai 1795,
se faire appuyer par le conventionnel Jean-Pierre Chazal,
député du Gard, qui « le recommanda très particulièrement
comme un brave militaire très instruit et ayant des droits à
l'avancement qu'il demandait, eu égard à sa capacité, ses
services et ses blessures ».

Mais cette recommandation fut inutile : le 25 prairial an III
Levasseur reçut à Niort du général Pille, qui remplissait
les fonctions de Ministre de la guerre, une lettre ainsi
conçue par laquelle il était avisé qu'il n'était pas compris
dans la nouvelle organisation militaire :

Paris, le 25 prairial an 3 (13 juin 1795).

*La Commission de l'organisation du mouvement des armées
de terre au citoyen Levasseur*

Le Comité de salut public ayant, en exécution du décret
du 11 prairial, procédé à l'organisation des officiers généraux et adjudants généraux qui doivent être employés près
les troupes de la République, la Commission vous prévient,
citoyen, que vous n'avez pas été compris dans cette organisation.

En conséquence, après avoir reçu les ordres du général
Canclaux, commandant en chef de l'armée, sur la cessation
de vos fonctions, vous voudrez bien vous conformer aux dispositions des articles ci-après de l'arrêté du Comité de salut
public du 11 prairial dernier.

Le Comité de salut public arrête :

ART. III. — Les officiers généraux, adjudants généraux
et commissaires des guerres qui ne seraient pas compris
dans la nouvelle organisation, resteront cependant à leur
poste respectif jusqu'à ce qu'ils soient remplacés et remettront à leurs successeurs tous les papiers relatifs à leurs
fonctions.

Ils seront tenus, aussitôt après, de se retirer dans le lieu
ordinaire de leur domicile, d'où ils adresseront au Comité de
salut public l'état de leurs services et les mémoires de leurs
demandes avec leur adresse, pour être statué dans le délai
de 3 décades.

Vous voudrez bien accuser à la Commission la réception
de cette lettre et lui mander, en même temps, quel est le lieu
où vous vous proposez de vous retirer, afin qu'elle puisse y
faire passer les ordres du Comité, s'il avait à vous en
donner.

Salut et fraternité.

Le général de brigade, commissaire exécutif.

PILLE [1].

Le même jour, Bonaparte était désigné par Aubry pour
être employé à l'armée de l'Ouest ; il refusait de s'y rendre
et était rayé de la liste des officiers généraux.

L'adjudant général réformé répondit de Nantes, le 12 thermidor an III (30 juillet 1795), au Comité de salut public :

Conformément à votre arrêté du 11 prairial et en vertu
d'ordres reçus tant de la neuvième Commission que du général en chef, je cesse à compter de ce jour mes fonctions d'adjudant général dans l'armée de l'Ouest.

Je serai toujours prêt à verser mon sang pour la défense
de la République et pour le triomphe de la liberté et de
l'égalité.

Le même jour, en envoyant ses états de service à la Commission de l'organisation et du mouvement des armées de
l'Ouest, il écrivait une lettre identique dans laquelle il indiquait qu'il fixait son domicile à Nantes, maison d'Orbec, au
bas de la Fosse.

Mais il ne demeura pas longtemps à Nantes : il revint à
Rambouillet dans l'intention d'y rester, accompagné de sa
femme, en décembre 1795 ou en janvier 1796 ; il retrouvait

[1] Archives de la guerre.

dans cette ville sa mère, son beau-père Bully, sa sœur Geneviève-Ursule et son beau-frère Marcel Baucher.

Une fois arrivé à Rambouillet il chercha à acheter une maison et à reconstituer les débris épars de sa fortune ; créancier d'émigrés de sommes importantes, il écrivit au ministère des finances pour obtenir la liquidation des sommes qui lui étaient dues.

Le ministre Faypoult, qui à ce moment s'occupait de l'encaissement de l'emprunt forcé de l'an 4, lui répondit à Rambouillet une lettre qui ne tranchait rien :

Paris, le 21 nivôse, an 4 de la République française
une et indivisible (11 janvier 1796).

Le Ministre des Finances, au citoyen Levasseur à Rambouillet

J'ai reçu, citoyen, la pétition par laquelle vous réclamez la prompte liquidation d'une somme de 170.000 fr., qui vous est due par divers émigrés et dont vous avez déposé les titres.

Je ne peux que vous engager à vous adresser directement au bureau de liquidation ; si vous voulez, au surplus, me faire connaître les noms de vos débiteurs, j'engagerai le citoyen Bergerot à prendre votre demande en considération.

Quant au nouvel emploi que vous demandez à faire de vos titres, je dois vous observer que le sort des créanciers des émigrés a été définitivement fixé par la loi du 1er floréal dernier, qui a établi le mode de remboursement et d'emploi.

Le Directeur de la 4e division,   *Le Ministre des finances,*
FOUSSIELGUE.   FAYPOULT [1].

Le 19 janvier, il était avisé qu'il avait sa gratification.

Le 23 floréal an IV (12 mai 1796), Charles-Germain Bourgeois, régisseur de la ferme de Rambouillet, un de ses amis d'enfance, soumissionnait pour lui l'ancien hôtel du baillage

---

[1] Papiers de M. Levasseur.

(aujourd'hui la sous-préfecture), dont Levasseur devenait propriétaire le 30 juillet suivant.

Quelques jours auparavant, le 5 thermidor (23 juillet), l'ancien adjudant général prenait possession du legs universel, consistant en divers immeubles au Tremblay et à Orcemont, que sa première femme, Mlle Canut, lui avait fait.

Le 30 thermidor (17 août), il répondait à la lettre du 19 janvier relative à sa gratification :

Citoyen ministre,

Conformément à la lettre qui m'a été écrite par le citoyen Daverton le 29 pluviôse, je vous adresse l'état de mes campagnes, d'après lequel vous devez déterminer la gratification qui m'est due aux termes de la loi du 21 février 1793 [1].

Le 14 brumaire, an V (4 novembre 1796), Mme Levasseur donnait le jour à son premier enfant : c'était une fille, qui fut appelée Virginie-Lucile ; les témoins à l'acte de naissance, qui fut dressé le lendemain, étaient : Honoré Lemesle, cultivateur et maître de poste, et la grand'mère paternelle de l'enfant, Marie-Louise Limet, âgée de 65 ans.

Levasseur n'a point encore renoncé à l'idée de revenir aux armées ; le 20 frimaire an V (10 décembre 1796), il adresse ses états de service à son ami Dupont, qui est maintenant général de brigade, mais peu en état de l'aider alors à raison des opinions royalistes qu'on prêtait à son protecteur ; il termine sa lettre en lui disant : « Personne n'est plus à portée que toi de certifier l'authenticité de mon grade, puisque nous avons été longtemps dans la même division ; je te recommande le fils de mon parent et ami Desroziers de Malesherbes [2]. »

---

[1] Archives de la guerre.
[2] Archives de la guerre.

V

L'année 1797, qui renouvelait les corps municipaux, allait
permettre à Levasseur de se porter candidat et de débuter
dans la carrière administrative.

Les élections devaient avoir lieu au mois de mars.

Avec la Constitution de l'an III l'organisation municipale
était entrée dans une troisième phase.

Rambouillet avait eu d'abord le régime de l'assemblée de
paroisses en exécution du règlement du roi Louis XVI du
18 juillet 1787.

La première réunion municipale s'était tenue le 7 septembre 1787 ; elle comptait seulement vingt-six électeurs et
avait neuf membres à nommer ; le seigneur et le curé étaient
membres de droit ; fut élu syndic de la communauté Pierre-
François Laslier, marchand de bois important, qui payait
150 livres d'impôts.

Nommé député aux États généraux en 1789, Laslier resta
syndic jusqu'à la nouvelle organisation municipale inaugurée
par les lettres-patentes du 14 décembre 1789, aux termes
desquelles Rambouillet avait droit à un maire, à un procureur de la commune et à huit officiers municipaux, sans
compter les notables ; d'après le recensement, la population
était de 3.174 habitants alors.

Les élections auxquelles il fut procédé en vertu des lettres-
patentes durèrent trois jours, les neuf, dix et onze février 1790 : 409 électeurs étaient inscrits et sur 196 votants,
Jacques Thierry, procureur, ayant réuni le plus de suffrages

---

[1] Natif de Saint-Arnoult.

(122 voix) fut nommé maire : Nicolas-Louis Delahaye, son beau-fils, était élu procureur de la commune avec 124 voix.

Thierry, qui, lors de la réorganisation du notariat, quitta ses fonctions de procureur et que le Gouvernement choisit comme notaire public à Rambouillet, conserva la mairie jusqu'à la fin de 1791.

Aux élections du 13 novembre 1791 il se retira et fut remplacé par Noël-Christophle Huard, marchand épicier du roi, qui obtint 52 voix sur 92 citoyens votants.

Huard fut éliminé par Denis-François Dufour, avoué, âgé de 36 ans, qui avait acheté une charge de procureur à Rambouillet en 1785 et qui fut installé à la mairie, le 11 décembre 1792.

Dufour demeura à la tête de la municipalité pendant la période la plus difficile de la Révolution, jusqu'au 9 mars 1795.

Le représentant du peuple en mission, Charles Delacroix, le destitua et lui donna comme successeur Michel Gallard, marchand de bois, qui ne fit que passer; car dès le 3 avril, Ducorel (Jacques-Joseph), ancien entrepreneur de bâtiments, alors cultivateur, s'asseyait au fauteuil et fermait la liste des maires de Rambouillet au xviii⁰ siècle.

En effet, la Constitution du 5 fructidor an III (22 août 1795) apportait des modifications profondes à l'organisation des municipalités.

Les districts créés le 27 janvier 1790 avaient vécu; si la nouvelle Constitution conservait la division de la France en départements, elle substituait le canton au district et reliait toutes les communes d'un même canton en une seule municipalité.

Comme conséquence de cet acte législatif, Dourdan cessait d'être ce qu'il était depuis cinq années, c'est-à-dire le siège de l'administration du district dans lequel était compris Rambouillet et redevenait chef-lieu de canton [1].

---

[1] Archives départementales de Seine-et-Oise, série LIII⁰ Rambouillet. M. Forgeot : Municipalité cantonale de Rambouillet, publié dans le *Bulleletin des Sciences morales*.

Le canton de Rambouillet restait avec ses dix communes : La Boissière, Émancé, Gazeran, Hermeray, Mittainville, Orcemont, Poigny, Raizeux, Saint-Hilarion et Vieille-Église.

Les autres communes qui sont rattachées aujourd'hui au canton : Auffargis, Les Bréviaires, Les Essarts, Gambaiseuil, Le Perray, Saint-Léger, continuaient à faire partie du canton des Essarts-Saint-Hubert.

En ce qui concerne les tribunaux, l'acte constitutionnel du 22 août était complété par le décret du 19 vendémiaire an IV (11 octobre 1795) qui supprimait les tribunaux de district en décidant qu'il n'y aurait plus qu'un tribunal par département : ainsi disparaissait le tribunal de Rambouillet composé de Brière de Mondétour (François-Nicolas), ancien notaire à Bâville, président ; Jacques-Louis Cochon, François Guignard, maire de Dourdan ; Nicolas Boullé et Dassonvilliers, juges titulaires ; Dufour, Thierry, Maillet, Maclar, juges suppléants ; Louis-Georges Gudin, commissaire national, et Cugnot, greffier.

Un tribunal composé de 20 juges était créé à Versailles, remplaçant les neuf tribunaux de Montagne-Bon-Air (Saint-Germain-en-Laye), Mantes, Pontoise, Rambouillet, Montfort-le-Brutus, Étampes, Corbeil, Émile (Montmorency) ; au chef-lieu du département siégeait aussi le tribunal criminel ; des tribunaux correctionnels étaient créés à Versailles, Mantes, Saint-Germain-en-Laye, Pontoise et Étampes.

Rien n'était changé quant aux justices de paix ; on conservait le juge de paix *intra muros* pour Gazeran, Poigny, Rambouillet, Vieille-Église, et le juge de paix *extra muros*, dont la juridiction s'étendait à Hermeray, La Boissière, Émancé, Mittainville, Orcemont, Saint-Hilarion.

La nouvelle organisation municipale créée le 22 août, dénommée organisation cantonale, fixait pour le canton de Rambouillet les membres de la municipalité à 23 membres élus.

L'assemblée électorale de chaque commune du canton

réunie séparément (il y avait onze communes, Rambouillet compris) choisissait deux mandataires, dont l'un s'appelait agent et l'autre adjoint à cet agent.

Le président de l'administration municipale du canton était nommé, lui, non par les agents et adjoints, mais par une assemblée primaire composée de tous les citoyens domiciliés depuis une année dans le canton qui désignaient en même temps les juges de paix et les membres de l'assemblée électorale.

Le premier germinal de chaque année (21 mars), les citoyens domiciliés dans le canton se réunissaient en assemblée primaire et nommaient, à raison de deux cents citoyens par commune, un électeur qui pouvait voter dans les assemblées communales.

A côté des membres de la municipalité issus du suffrage de leurs concitoyens, se trouvait un agent nommé par le Gouvernement qu'on appelait commissaire du Directoire exécutif ; ce commissaire essentiellement révocable surveillait et requérait l'exécution des lois.

En octobre 1795, la municipalité cantonale de Rambouillet eut comme président René Croismard, propriétaire du château de Voisins à Saint-Hilarion, et comme commissaire du Directoire exécutif Nicolas Boullé, ancien juré priseur ; Ducoret, l'ancien maire, fut investi des fonctions d'agent, mais en réalité il remplit le rôle de président de la municipalité, René Croismard ayant refusé le poste qui lui était offert [1].

Les membres de la municipalité cantonale étaient élus pour un an ; mais pour faire cadrer les élections avec les indications contenues dans l'acte constitutionnel, leurs pouvoirs furent prorogés jusqu'en germinal, an V.

En janvier ou en février 1797, Levasseur se décida à se présenter à la maison commune et à faire acte de candidat :

[1] Il avait été inquiété comme noble et se tenait sur une grande réserve. Aujourd'hui M. le comte de Fels est propriétaire de Voisins.

récépissé lui fut donné de sa déclaration; son nom fut inscrit dans un tableau à ce destiné et publié. Les élections eurent lieu ; l'assemblée primaire choisit Nicolas Boullé comme président de la municipalité cantonale, et l'assemblée électorale de chaque commune ayant ensuite voté, les élections de germinal, an V (mars 1797) donnèrent les résultats suivants.

Noms des agents municipaux	Noms des adjoints municipaux	Noms des communes de leur résidence
Levasseur (Henry)	Lettu (tapissier)	Rambouillet
Doisneau	Dubuisson	Gazeran
Lion	Blanchard	Saint-Hilarion
Taret	Laslier	Emancé
Martin	Marcou	Orcemont
Desrues	Moutier	Poigny
Bucher	Penelle	Mittainvile
Grosse (notaire)	Bucher	La Boissière
Gautier	Leblanc	Raizeux
Bourgeois	Héron	Hermeray
Garnier	Brault	Vieille-Église

Dufour, l'ancien maire de 1792 à 1795, était désigné par le Gouvernement comme commissaire du Directoire exécutif depuis le 12 février 1796.

La nouvelle municipalité fut installée le 15 floréal, an V (4 mai 1797) ; l'insigne de Levasseur était l'écharpe tricolore, mais il était aussi autorisé à porter le chapeau rond orné d'une écharpe tricolore et surmonté d'une plume panachée aux trois couleurs ; dans cette première réunion fut fixée au 18 (7 mai) la fête des époux, et Levasseur eut le soin de s'occuper de cette fête.

La fête des époux fut célébrée sur la place publique avec toute la pompe ordinaire, devant l'hôtel de la municipalité.

Le procès-verbal signé du président Boullé et du secrétaire de la mairie Jacques-Noël Maclar, ancien procureur et juge suppléant, nous a été conservé ; Levasseur, en qualité d'agent de Rambouillet, prononça à cette fête des époux un discours applaudi.

FÊTE DES ÉPOUX [1]

Aujourd'hui, 18 floréal, an V de la République, une et indivisible, onze heures du matin ; pour l'exécution de l'arrêté de l'administration municipale du canton de Rambouillet, chef-lieu, du 15 de ce mois qui fixe à ce jour et heure la célébration de la fête des époux qui n'a pu avoir lieu le 10 de ce mois, aux termes de l'arrêté de l'administration centrale du 2 aussi de ce mois qui n'est parvenu qu'après le moment indiqué, lequel rappelle les dispositions du titre 6 de la loi du 3 brumaire, an IV, l'arrêté du Directoire exécutif du 27 germinal suivant, celui de l'administration centrale du 4 floréal aussi suivant, et enfin l'instruction adoptée le 27 ventôse dernier par le ministre de l'Intérieur sur la célébration des fêtes nationales.

Les président, administrateurs municipaux et commissaire du Directoire exécutif près ladite administration, suivi de son secrétaire en chef ; les fonctionnaires publics, juges de paix et assesseurs se sont rendus sur la grande place publique dudit Rambouillet, lieu indiqué pour l'arrêté susdaté et où étoient rendus à l'avance, sur l'invitation qui leur en a été faite, les défenseurs de la Patrie, deux pelotons de cavalerie, la gendarmerie, un détachement de la garde nationale ayant à sa tête les commandant et autres officiers, drapeau déployé, tambour battant, des instruments propres aux danses et un nombre assez considérable de citoyens avertis par une proclamation ; où étant près l'autel de la Patrie décoré et entouré d'arbres, arbustes, fleurs et feuillages autant que la saison peu avancée a pu le permettre.

Le Président, après avoir rappelé qu'on touchait à cette époque de l'année où la loi a placé les fêtes nationales.

[1] Archives départementales LIII^m 16 et LIII^k.

qu'en vain l'esprit de faction et de fanatisme emploierait les moyens les plus blâmables pour détourner le peuple de ces institutions républicaines et empêcher l'attachement des citoyens à la Patrie, aux lois et surtout à l'acte constitutionnel garant du bonheur, de la liberté et de la gloire des français. Et après avoir annoncé la signature des préliminaires de la paix avec l'empereur, le seul et dernier ennemi de la France sur le continent, a dit : Grâces immortelles soient rendues à nos armées triomphantes, que c'étoit à leur courage que la France devait en grande partie son bonheur et sa prospérité naissante.

L'agent de la commune de Rambouillet (le citoyen Levasseur) a prononcé le discours suivant :

CITOYENS,

« La République, en instituant des fêtes nationales, a eu le but louable d'entretenir l'harmonie entre les citoyens, de corriger les mœurs publiques et de nourrir dans les cœurs le feu sacré de la liberté. Ces institutions ne sont point de nouvelle origine, elles ont été en vigueur chez les peuples les plus éclairés et les plus sages de l'antiquité. On parle encore avec respect de celles de ce genre, qui signalèrent les beaux siècles de Rome et de la Grèce. Pourquoi la France dégagée de ses bizarres et ridicules préjugés ne suivrait-elle pas des modèles si dignes de notre admiration ?

« En célébrant aujourd'hui la fête des époux, l'intention du Gouvernement est de vous remettre sous les yeux un grand point de morale qui a le plus d'influence sur le repos et le bonheur intérieur des familles, je veux dire l'union conjugale. Je ne vous en retracerai point ici ni les devoirs ni les douceurs; il n'est aucun de ceux qui m'entendent qui ne sachent les apprécier. Il me suffira de vous dire que les récompenses que la nation décerne aux personnes mariées, qui par quelque action louable ont mérité de servir d'exemple à leurs concitoyens, sont un gage non équivoque de son désir ardent de voir chaque ménage se disputer l'honneur de se rendre digne de ses regards paternels.

« Répondons aux vues bienfaisantes du Gouvernement, citoyens, en élevant nos âmes à la hauteur de cette morale sublime. Que ce jour de fête soit pour les époux de tous les âges une occasion heureuse de resserrer encore les nœuds sacrés qui les unissent. »

Ce discours à peine fini, les cris répétés de vive la République se sont fait entendre, et des mouvements d'allégresse se sont manifestés avec enthousiasme.

Après quoi le Président a engagé les nouveaux époux, les jeunes citoyens et citoyennes à se livrer à toute la joie de leur cœur par des danses, annonçant que les violons et autres instruments étaient à cet effet mis à la disposition de la commune et même de tout le canton.

Ensuite le corps municipal s'est retiré dans le même ordre qu'il était venu et a dressé le présent qui sera seulement signé de son président et secrétaire en chef.

BOULLÉ, *président.* MACLAR.

Le 24 juin avait lieu la fête de l'agriculture.

FÊTE DE L'AGRICULTURE

Aujourd'hui, onzième jour du mois de messidor, an V de la République française une et indivisible (29 juin 1797), onze heures du matin, en l'exécution des arrêtés de l'administration municipale du canton de Rambouillet, en date des 29 prairial dernier et 6 de ce mois, lesquels en autre chose fixent à ce jour et heure la célébration de la fête de l'agriculture et encore en exécution des loix et arrêté, qui fixent pareillement le mode de ladite célébration.

Les présidents et administrateurs municipaux commissaires du Directoire près ladite administration accompagnés du secrétaire en chef, des employés, des juges de paix, et assesseurs, se sont rendus sur la place publique dudit Rambouillet, lieu indiqué pour la cérémonie où s'étaient rendus à l'avance, et sur les invitations qui leur en avaient été faites par les commissaires chargés des préparatifs de ladite fête :

1° 2 pelotons de la cavalerie en station ;

2° La gendarmerie en résidence :

3° Un détachement de la Garde nationale ;

4° Les Gardes forestiers du canton en armes ayant à leur tête les commandants et autres officiers, drapeau déployé, tambour battant ;

5° Différents cultivateurs.

Et un grand nombre de citoyens prévenus par des proclamations et où étant réunis auprès de l'arbre de la liberté et d'un autel préparé à cet effet, orné de différents attributs de l'agriculture, de drapeaux aux couleurs nationales, d'arbres, d'arbustes, fleurs et feuillages autant que possible.

Le Président a donné connaissance : 1° de l'art. 1er du titre 6 de la loi du 3 brumaire an 4, bulletin n° 203 ;

2° De l'arrêté du Directoire exécutif du 20 prairial an 4, bulletin n° 52, lequel détermine la manière dont la fête de l'agriculture sera célébrée ;

3° De l'instruction du ministre de l'Intérieur, en date du 27 ventôse, sur la célébration des fêtes nationales ;

4° De l'arrêté de l'administration centrale du 22 prairial dernier ;

5° Des arrêtés de l'administration municipale de ce canton qui ont ordonné l'affiche et publication de ladite fête dans toutes les communes de son arrondissement et fixé la célébration à ce jour.

Le Président a ensuite proclamé que le citoyen Charles-Germain Bourgeois, régisseur de l'établissement rural et national, avait été désigné par les commissaires de l'administration pour celui des cultivateurs de ce canton dont la bonne conduite, l'intelligence et l'activité méritaient d'être proposés pour exemple et lui a remis le prix et l'a engagé à se placer auprès de lui.

Il a ensuite prononcé le discours suivant :

CITOYENS,

« En instituant la fête de l'Agriculture, le Gouvernement a voulu prouver combien il révère le premier et le plus nécessaire de tous les arts; il a voulu prouver la considération dont il honore les cultivateurs et, en général, les habitants des campagnes.

« Sous l'ancien régime un laboureur était pour le moins abandonné à ses travaux rustiques; à peine un noble daignait-il jeter les yeux sur un homme qu'il regardait comme un vil paysan, il était à ses yeux créé et mis au monde pour cultiver la terre, pour l'arroser de ses sueurs, pour alimenter et respecter son gibier, pour réparer les chemins publics et supporter toutes les intempéries de l'air.

« Aujourd'hui que toutes les distinctions sociales ont disparu, que le mérite et la vertu seule différencient les hommes, il est souverainement juste de rendre hommage, aux agriculteurs, les pères nourriciers des humains, qui par leur probité, par leur travail et par leur vie innocente et pure ont gagné l'estime et l'amour de leurs concitoyens.

« Encourager l'agriculture, décerner des couronnes aux cultivateurs qui se distinguent par leurs vertus et leurs découvertes utiles, voilà le but moral du Gouvernement. Quoi de plus admirable et de plus juste. »

Ce discours a été terminé par les cris répétés de : vive la République !

Le mauvais temps et la pluie qu'il faisait ayant empêché de prolonger plus longtemps les cérémonies de la fête, le Président a engagé ses concitoyens à se réunir dans une des salles du ci-devant château où différents instruments de musique et de danse avaient été mis à la disposition des administrés pendant le reste de la journée.

Le cortège s'est ensuite retiré dans le même ordre que celui où il s'était rendu au lieu de la cérémonie, et il a été rédigé le présent procès-verbal pour être consigné aux archives et expédition en être envoyé à l'administration centrale après avoir été signé du président et du secrétaire.

BOULLÉ.   MACLAR.

VI

Levasseur agent de la municipalité.
Les délibérations de la municipalité cantonale.
Le curé de Rambouillet.

Levasseur prit part, comme agent de la municipalité de Rambouillet, aux séances des 4, 13, 20 et 27 mai, 3, 17 et 24 juin, 1er et 8 juillet 1797 [1], présidées par Nicolas Boullé, Dufour étant commissaire du Directoire exécutif. Nous ne retiendrons de ces séances, où il eut des rapports à faire et des observations à présenter pour l'utilité de Rambouillet, que ce qui peut intéresser les habitudes, les idées, les choses du temps, la topographie ou l'histoire locale.

A la séance du 15 floréal (4 mai), lecture est donnée d'une lettre de Richaud, représentant du peuple (ancien maire de Versailles), annonçant la signature des préliminaires de la paix avec l'empereur d'Autriche [2].

La municipalité est appelée à donner son avis sur l'aliénation par la liste civile d'un terrain vague situé près du ci-devant château, tenant au levant à la place du Marché, là où était la cour de l'ancienne poste: la contenance est de 50 perches.

Le Conseil est opposé à cette aliénation; en effet, le parc vient d'être clos de murs sur les ordres du ministre de l'Inté-

---

[1] Nous analysons les registres de la municipalité cantonale qui sont aux archives de Versailles.

[2] Notre ami, M. Moussoir, de Versailles, vient de publier un remarquable volume sur Richaud.

rieur ; ce terrain vague forme esplanade dans l'intérieur du parterre et en-dedans du mur de clôture ; vendu, il constituerait pour l'État une servitude gênante.

Nous passons sur une demande d'alignement pour une maison faisant l'encoignure de la rue des Remparts (rue d'Angiviller) et de la ruelle des Vignes, sur une nomination de garde champêtre, sur un appel adressé aux contribuables pour qu'ils aient à verser les deux premiers cinquièmes de leurs impôts, et nous arrivons à la séance du 24 floréal (17 mai), où l'on s'occupe du curage de la rivière de Gazeran, de la destruction des bêtes nuisibles, notamment des loups.

Rien à signaler dans la séance du 1er prairial an V (20 mai), si ce n'est qu'on prend un arrêté pour la destruction des hannetons, qu'on statue sur la radiation de la liste des émigrés de Nicolas-Michel Delorme, sur les resserres et les locations des boutiques adossées à l'hôtel de ville, qu'on reçoit des plaintes à raison du pâturage de bestiaux dans le parc, devenu ainsi une sorte de vaine pâture.

La séance du 8 prairial (27 mai) nous apprend qu'il y a à Rambouillet cinq arbres de la Liberté, dont trois seulement sont vivants, un sur la place devant la maison commune, un second au-devant de l'hôpital militaire, un troisième devant le château là où la Société populaire tenait ses séances, un quatrième à Groussay près les écuries appelées le quartier, un cinquième sur une place publique : comme deux de ces arbres sont récemment morts, il faut aviser le Département.

Nous savons par cette séance que les gendarmes qui habitaient le Petit Chenil sont logés maintenant dans la Chaumière et qu'une excavation s'est produite sur la place du carrefour Maillet, près du puits commun.

La municipalité est saisie d'une pétition de Renard, instituteur à Orcemont : Renard a été notaire neuf ans ; à la réorganisation du notariat, il se fit instituteur ; obligé d'opter entre les deux fonctions, il se décida pour celles de maître d'école ; il le regrette et voudrait redevenir notaire.

La municipalité n'est pas favorable à sa pétition, parce qu'il y a déjà trois notaires en la région.

Dans la réunion du 15 prairial (3 juin), Levasseur rend compte à la municipalité d'une démarche qu'il a faite auprès de MM. Gilbert et Tessier, commissaires du ministre de l'Intérieur, au sujet du parc ; le Conseil donne un avis favorable au pâturage des vaches de l'hospice, des chevaux des gendarmes et des chasseurs dans le parc : le citoyen Bigot, qui, pour des raisons de santé, a demandé à se promener dans le parc en voiture légère, voit sa demande repoussée.

La question des animaux nuisibles revient en discussion.

On donne un avis favorable à la radiation de la liste des émigrés de Mme veuve Lemesle et de François-Marie-Honoré Lemesle, son fils, l'ancien maître de poste, l'ami de Levasseur.

Le 29 prairial (17 juin), un vœu est émis pour que l'administration forestière détruise au plus vite un loup vorace qui désole la contrée.

Le 6 messidor an V (24 juin), lecture est donnée d'un rapport de MM. Alix et Fournier, officiers de santé, qui attribuent les maladies dont Rambouillet est accablé tant à la disette et aux aliments de mauvaise qualité qu'aux peines et chagrins que les temps révolutionnaires ont fait naître, et les conclusions du rapport sont adoptées.

Le chiffre des décès, qui annuellement était inférieur à 100, s'était élevé à plus de 400 en 1794 [1].

Le même jour a lieu l'installation de Gilbert, juge de paix *extra muros*.

Les habitants de Pierrefitte réclament un passage dans le parc par le Rondeau afin d'éviter un circuit : le Conseil estime que le Rondeau est une propriété communale ; à cette époque les jardins sont séparés du Rondeau par un fossé ; il y a une ligne de démarcation bien nette allant de

---

[1] Mais des prisonniers étrangers entraient dans ce chiffre. Voir *Nos Prisons*.

l'allée des Rocherons à celle du Verger, mais en ce qui concerne l'autorisation demandée par Pierrefitte, elle est refusée.

A la séance du 13 messidor (1er juillet 1797) se pose une question qui se rattache étroitement au culte.

Le citoyen Pillois a acheté de la liste civile, le 26 messidor an IV (14 juillet 1796), l'ancien presbytère de Rambouillet, avec cour, jardin et dépendances moyennant 14.400 francs. Il vient de faire murer une porte de communication donnant sur la cour du presbytère, avec l'édifice servant au culte (l'église était située place René-Masson), et d'abattre un auvent adossé à l'église.

La municipalité décide d'agir contre Pillois.

Depuis deux ans l'église était rendue au culte à la suite du décret du 11 prairial an III (30 mai 1795), ainsi conçu : « Les citoyens des communes auront provisoirement le libre usage des édifices non aliénés destinés originairement à l'exercice d'un culte. » L'ancien curé de Rambouillet, Julien Hébert, était revenu dans sa paroisse qu'il avait été obligé d'abandonner en 1794.

Le 29 thermidor an III (16 août 1795), il se présentait à la municipalité ayant alors à sa tête Ducoret, et déclarait que les circonstances malheureuses où on s'était trouvé sous le despotisme décemviral et la domination tyrannique l'avaient forcé, malgré sa soumission aux lois dont il avait donné des preuves dans toutes occasions, d'abandonner son domicile, mais que, pénétré de l'intérêt que prenait à son sort la masse pure et probe des citoyens honnêtes, il venait réitérer sa déclaration de se soumettre aux lois de la République [1].

Le Conseil lui donnait acte de sa déclaration et lui exprimait la satisfaction que causait son retour à tous les citoyens.

Un décret du 7 vendémiaire an IV (29 septembre 1795) réglait les conditions de l'exercice des cultes.

[1] Archives municipales.

M. Hébert, ancien curé, devenu prêtre libre, mourait peu après à Rambouillet, rue de Lorme, le 30 ventôse an IV (20 mars 1796).

Il est évident que l'état nouveau des esprits, la législation nouvelle qui cependant, dans la loi du 22 germinal an IV (11 avril 1796), interdisait encore l'usage des cloches et toute autre espèce de convocation publique pour l'exercice d'un culte, avaient décidé le Conseil cantonal à s'opposer aux travaux entrepris par Pillois.

Le même jour (1er juillet 1797), Nicolas Boullé, le président de la municipalité, notifiait à Dufour, commissaire du Directoire exécutif, un arrêté qui le révoquait de ses fonctions. Levasseur était nommé provisoirement à sa place.

VII

Levasseur commissaire du Directoire exécutif ; la révocation de Dufour. — Dufour et la Société populaire. — Chandellier. — Les protestations de Dufour. — Le coup d'Etat du 18 fructidor. — Huard. — Rôle du commissaire du Directoire. — Le budget des pauvres. — Les grandes routes. — Le tribunal correctionnel. — Le tribunal de commerce. — Levasseur demande la place de commissaire du Directoire de Seine-et-Oise. — Les juges de paix. — Fête de la Liberté.

La révocation de Dufour n'était point un incident banal de la vie municipale ; elle se liait intimement à la politique suivie ces dernières années et aux événements les plus terribles qui avaient consterné Rambouillet pendant la Terreur.

Le 29 juin 1794, Laslier, ancien syndic de la ville de Rambouillet et député à l'Assemblée constituante, Symphorien Brou, inspecteur des bois de Rambouillet, Valentin Corteuil, inspecteur de la forêt, Huart, vicaire, et Hocmelle, ex-procureur du roi près le Tribunal de Rambouillet, avaient été condamnés à mort par le Tribunal révolutionnaire siégeant à Paris, et guillotinés le même jour [1].

Le Tribunal et la municipalité avaient fait leur possible pour soustraire à une condamnation capitale ces malheureuses victimes de dénonciations haineuses; mais on reprochait à Dufour, qui, comme maire et comme témoin devant le Tribunal révolutionnaire, avait eu des renseignements à fournir sur elles, d'avoir contribué à leur mort.

Après la chute de Robespierre, dont Dufour se disait l'ami, les habitants de Rambouillet avaient commencé à élever la voix contre lui.

Puis de véritables tempêtes avaient éclaté au sein de la Société populaire, dans les réunions des 20 pluviôse, 30 pluviôse et 5 ventôse an III (8,18 et 23 février 1795); on avait convoqué Dufour, qui ne se présenta pas à l'assemblée du 18. Laurent Maillet, ancien maître de pension, puis juge de paix et juge suppléant à Rambouillet, prononçait contre lui un discours terrible :

Le renard est toujours renard, disait-il, l'homme faux sera toujours faux, et Dufour sera toujours ce qu'il a toujours été.

Dufour a dit qu'il était l'ami de Robespierre, qu'il était en relations avec lui, qu'il suivait ses principes ; tout le monde se rappelle cet exorde où il dit : Couthon et Robespierre étaient malades, et les contre-révolutionnaires fomentaient dans Paris, et déjà l'aristocratie a relevé sa tête insolente... Il a avoué qu'il avait été jacobin de 1789, 1790 et 1791, et non de ces jacobins buveurs de sang de 1792, 1793, 1794, tandis que dans le fait il l'a toujours été et il l'était encore, en fructidor dernier, ferme dans ses principes d'injustice et de terreur..... Il a dit qu'il mettrait la commune au pas ; qu'était-ce donc qu'il entendait par ces mots : mettre la

---

[1] Nous préparons un ouvrage sur Rambouillet devant le Tribunal révolutionnaire.

commune au pas, dans ce règne de sang et de terreur ?
Voulait-il dire, par là, qu'il inspirerait à tous les habitants
l'esprit affreux de terreur dont il était animé ? et n'entendait-
il pas dire qu'il la couvrirait de deuil en faisant massacrer
ses habitants, métier dans lequel on n'a malheureusement
que trop réussi partout et dans lequel tous les tigres altérés
de sang comptaient encore faire de longues prouesses, si le
tyran n'eût été abattu le 9 thermidor... Il a osé porter la
terreur jusqu'au point de menacer en cette tribune de
dénoncer les citoyens et les citoyennes qui applaudissaient
à des motions qui n'étaient point de son goût. Un pareil
despotisme n'était sûrement tolérable, mais qui eût osé
fronder Dufour ? Il a voulu vous avilir, citoyens indigents et vertueux, en vous offrant pour vous faire des
bonnets phrygiens une vieille et crasseuse robe de chambre
rouge qu'il avait portée dix ans... Écoutez les ombres
plaintives des malheureuses victimes de cette commune ;
vous en entendrez, sans doute, vous demander vengeance de
leurs assassins [1].....

Ce discours avait été couvert d'applaudissements ; Dufour
avait été exclu de l'assemblée populaire, puis destitué
comme maire.

Dufour conserva ses fonctions de commissaire du Directoire exécutif près de la municipalité de Rambouillet jusqu'en germinal an V, sans être inquiété, mais les élections
législatives d'alors vinrent affaiblir encore l'élément conventionnel qui existait dans le Directoire. On sait que la Convention en se séparant avait, dans la Constitution de l'an III,
créé deux chambres, l'une composée de 500 membres,
appelée le Conseil des Cinq Cents, et l'autre de 250 membres,
qu'on nomma le Conseil des Anciens ; pour maintenir l'esprit
de la Révolution, deux tiers des membres de la Convention
soumis à l'élection devaient faire partie de ces nouvelles

[1] Archives de Versailles.

assemblées : un tiers de candidats étrangers à la Convention
était choisi par les électeurs. Les élections de ce tiers qui
avaient eu lieu au commencement de l'an IV avaient été peu
favorables au parti conventionnel. Seine-et-Oise avait élu
des hommes très modérés, Tronchet, Mathieu-Dumas,
Tronçon-Ducoudray et Lebrun, le futur consul ; un nouveau
tiers de l'ancienne Convention fut renouvelé en germinal
an V, mais là encore les adversaires des conventionnels
triomphèrent. Les ennemis de Dufour profitèrent sans doute
de la défaite de ses amis pour lui arracher le pouvoir qu'il
détenait.

Le 21 floréal, le ministre de la police faisait prendre sur
lui des renseignements par un administrateur du département, Chandellier, qui, le 8 prairial (27 mai 1797), adressait
à son ministre le résultat de son enquête dans cette lettre[1].

*Le Commissaire du Directoire exécutif près l'administra-
tion du département de Seine-et-Oise, au citoyen Ministre
de la Police générale.*

CITOYEN MINISTRE,

Vous m'avez chargé, par votre lettre du 21 floréal dernier,
de prendre, auprès des citoyens Becquet, Chabault et Peri-
neau, domiciliés à Rambouillet, des renseignements sur la
conduite du citoyen Dufour, de la même commune, et sur
celle d'une domestique actuellement à son service. Vous
attendez le résultat de mes informations.

Il est certain, d'après les renseignements, que j'ai recueillis
soit auprès des citoyens que vous m'avez désignés, soit auprès du juge de paix du canton et du lieutenant de la gendarmerie nationale à la résidence de Rambouillet, que ce Dufour
vit scandaleusement avec une fille nommée Follet, qu'il a
chez lui en qualité de domestique ; qu'il en a eu un enfant au

---

[1] Archives nationales, F¹ᵇ 76.

commencement de l'an II, et qu'on ne sait ce que cet enfant est devenu ; on présume qu'il l'a envoyé à Paris. Vous trouverez ci-joint un extrait des registres contenant les actes de naissance de la commune de Rambouillet, qui contient la déclaration faite et écrite de la main de Dufour dans le temps où il était maire, et vous ne verrez pas, sans surprise, que cet acte n'est signé ni par l'officier public, ni par la sage-femme, ni par aucun témoin.

Il n'est point également certain qu'il ait eu d'autres enfants de cette fille Follet, mais les précautions prises par lui dans l'an II pour cacher les effets de son inconduite donnent lieu à de graves présomptions et ne peuvent qu'accréditer les bruits publics à cet égard.

Au surplus, citoyen Ministre, Dufour est généralement méprisé et détesté comme ayant été dans le pays le plus ferme appui du Gouvernement révolutionnaire et l'auteur des ravages qu'il y a exercés. On lui attribue la mort de cinq ou six des plus honnêtes citoyens et l'incarcération d'un très grand nombre. Une scène publique qui eut lieu dans la Société populaire entre lui et Horeau, alors vice-président du Tribunal criminel de ce département et depuis administrateur destitué, ne donne que trop de fondement à l'opinion publique qui le poursuit. Horeau lui reproche sa faiblesse dans la rédaction de ses dénonciations, et notamment dans celle qu'il avait faite contre Corteuil, qui aurait échappé au régime décemviral, s'il ne l'avait fortifiée par ses moyens.

Charles de la Croix, en mission dans le département, fut frappé du cri général qui s'élevait à Rambouillet contre Dufour. Les habitants lui exposèrent leurs plaintes dans un mémoire signé, les griefs qu'on lui imputait furent publiquement et longuement discutés. Éclairé sur la moralité du sujet, Charles de la Croix n'hésita pas à prononcer sa destitution.

Tel est, citoyen Ministre, le Dufour dont il s'agit ; toutes les informations qui me sont parvenues sont uniformes et

offrent les mêmes résultats. Cet homme est cependant
commissaire du pouvoir exécutif près l'administration municipale de Rambouillet. Les fonctions honorables dont il est
chargé sont avilies par l'opprobre dont il est couvert, et le
vœu unanime de tous les bons citoyens provoque sa destitution.   Salut et respect,

CHANLELLIER.

Cinq semaines après, Dufour était révoqué et remplacé
provisoirement par Levasseur qui, en fructidor, présenta sa
candidature aux fonctions de commissaire exécutif définitif.

Accusé de terrorisme, l'ex-maire avait été désarmé, malgré
ses protestations, le 19 avril 1795, ainsi que douze autres
habitants de Rambouillet.

On perquisitionnait chez lui, où l'on trouvait une pique,
une paire de petits pistolets et un sabre.

Néanmoins, l'année suivante, le 21 février 1796, le Gour-
vernement le nommait commissaire du Directoire exécutif
près de la municipalité de Rambouillet.

Une lettre de lui, adressée au Directoire, en date du 23
ventôse an IV (13 mars 1796), indique que sa situation était
loin d'être solide, mais qu'il était prêt à continuer la lutte,
notamment contre M. Hébert.

Rambouillet, 23 ventôse, an 4e républicain (13 mars 1796) [1].

... A l'égard de l'hospice civil, où l'on prétend qu'il existe
encore de ce que l'on appelait des ornements d'église que
l'on prête au ci-devant curé pour célébrer les saints mystères,
cela me paraît contraire au vœu et à l'esprit des dispositions
de la loi, qui portent formellement que la nation ne salarie
aucun culte. Un autre fait qui me semblerait encore susceptible d'être surveillé et empêché, c'est que l'on prétend que
ce ci-devant curé est alimenté dans cet hospice, qui est
défrayé par la République. Mais je vous observe que ce curé a

[1] Archives nationales, F1B, II, 16.

un grand appui auprès de vous, c'est le mari de sa nièce,
qui est un de vos employés, beau-frère du fameux Vincent,
et pour lequel on se vante que vous avez beaucoup de considération. Comme je sais pertinemment que ce particulier
avait annoncé par écrit à un des agents de cet hospice ma
nomination longtemps avant que je la reçusse de votre part,
et que cette annonce a donné lieu à une gageure qui a été per-
due et acquittée le jour de mon installation, je ne balance
pas à vous témoigner le désir d'être assuré que ma correspondance avec vous ne court aucun risque de vous être celée.
Avec cette certitude, je mettrai plus de confiance à vous
communiquer tout ce qui, dans ce canton-ci, me paraîtra
contraire à l'esprit du Gouvernement constitutionnel et
républicain, qui a encore dans ce pays des antagonistes si
prononcés que l'un d'eux n'a pas hésité de crier hautement
et publiquement, en plein jour et pleine rue, devant ma maison, qu'il me donnerait des coups de bâton partout où il me
trouverait, et que si j'étais en place pour lui faire du mal
ça ne durerait pas longtemps. Je ne suis pas effrayé de
pareilles menaces, parce que je suis enfin restitué de mes
armes d'après vos ordres, et si je vous communique ce fait,
ce n'est que pour vous faire connaître que le Gouvernement
républicain ne plaît pas à tout le monde dans ce pays-ci. Aussi
y débite-t-on sourdement qu'une armée du Rhin vient de
prendre la cocarde blanche et que l'on va procéder à la
revente des biens nationaux déjà anciennement vendus,
comme l'ayant été à trop grand marché comparativement au
cours actuel. Sur ce dernier objet je rassure mes concitoyens
qui m'en témoignent leurs inquiétudes, en leur donnant connaissance de l'article 374 de la Constitution, qui garantit les
adjudications légalement consommées des biens nationaux.

Je m'en rapporte à votre discrétion sur le plus ou moins
d'empressement avec lequel vous croirez devoir me donner
les instructions que je vous demande.

  Salut et respect.   Dufour.

En même temps qu'il destituait Dufour, le Gouvernement songeait à le remplacer par Nicolas Boullé; c'est ce qui résulte d'une lettre d'un de ses agents du 5 thermidor an V, qui mentionne une deuxième candidature, celle de Christophle-Noël Huard, ancien maire et ancien juge de paix:

5 thermidor an V (23 juillet 1797).

Au Commissaire central,

D'après votre avis, citoyen, j'ai proposé au Directoire, en messidor dernier, le citoyen Boullé pour la place de commissaire près l'administration municipale de Rambouillet.

Aujourd'hui, je mets sur le rang de candidats pour ce commissariat le citoyen Huard, qui m'est présenté sous un rapport favorable et qui, me dit-on, est avantageusement connu de vous.

Je vous remets le soin d'apprécier l'un et l'autre, et de me dire lequel est le plus convenable.

Huard postulait en ces termes:

Aux citoyens les Membres composant le Directoire exécutif

Citoyens Directeurs,

Christophle-Noël Huard, habitant de la commune de Rambouillet, département de Seine-et-Oise, ancien maire de ladite commune, vous expose que le citoyen Dufour, votre commissaire près l'Administration municipale du canton de Rambouillet, vient d'être destitué de ladite place, et comme le dit Huard, outre la place de maire de ladite commune de Rambouillet qu'il a remplie avec zèle, prudence et fermeté, il a aussi rempli celle de juge de paix dudit canton de Rambouillet *extra muros*, pourquoi il vous supplie de lui accorder la place vacante de votre commissaire près l'administration municipale du canton de Rambouillet; le zèle et les soins qu'il apportera dans les fonctions de cette place seront les premiers sentiments de sa reconnaissance.

Salut et respect.

HUARD [1].

Sa candidature était, le 7 août 1797, fortement appuyée par le Commissaire du Directoire exécutif près le département, Chandellier :

Versailles, le 20 thermidor, an V de la République (7 août 1797).

Le Commissaire du Directoire exécutif près le département de Seine-et-Oise, au citoyen Ministre de l'Intérieur

CITOYEN MINISTRE,

Il résulte des renseignements que j'ai pris d'après votre lettre du cinq de ce mois que le citoyen Huard, qui s'est mis sur les rangs pour la place de commissaire près l'administration municipale de Rambouillet, est digne, sous bien des rapports, de la confiance du Gouvernement. Avantageusement connu pour ses principes et sa moralité, il a été appelé à différentes fonctions publiques, et comme maire de Rambouillet il s'est concilié l'estime de ses concitoyens. Considéré sous le rapport des talents, il est inférieur à celui que vous avez proposé au Directoire le messidor dernier, et je ne saurais pour celui-là me défendre d'une certaine prédilection ; si cependant le citoyen Huard réunit assez de connaissances pour exercer avec zèle, fermeté et prudence, des fonctions aussi délicates qu'importantes, il serait peut-être plus convenable que le citoyen Boullé, qui est président de l'administration municipale, et qui pourrait bien préférer cette place à l'autre, pour laquelle il a été désigné, sans être consulté. Entre ces deux candidats, c'est à vous de prononcer.

Salut et respect.

CHANDELLIER [2].

[1] Archives nationales, F1B, II, 16.
[2] Archives nationales, *Id.*

Levasseur, qui finalement devait être nommé, ne formulait sa demande que le 16 septembre.

Au Directoire exécutif de France

CITOYENS DIRECTEURS,

Henry-Alexis Levasseur, domicilié à Rambouillet, vous demande la place de commissaire près l'administration municipale de ce canton, devenue vacante par destitution.

Il croit mériter cette marque de confiance de votre part par le patriotisme bien soutenu qu'il a manifesté dans tous les temps de la Révolution et notamment au service de la République, pendant quatre années consécutives dans ses armées du Nord et de l'Ouest en qualité d'adjudant général. Son activité n'a cessé que par l'effet d'une réforme survenue dans les états-majors généraux.

Rendu dans ses foyers, il désire utiliser ses loisirs et con-sacrer tous les moments de sa vie au triomphe de la liberté.

Salut et respect.

Henry LEVASSEUR.

Rambouillet, le 30 fructidor an V de la République
(16 septembre 1797) [1].

Le Commissaire du Directoire exécutif était l'homme du Gouvernement auprès de l'administration cantonale ; une circulaire du ministère de l'Intérieur de l'époque définit son rôle et ses fonctions : il doit être, dit cette circulaire, l'œil du Gouvernement ; il est placé près des administrations pour les surveiller, pour provoquer l'exécution des lois et la rec-tification des erreurs, pour faire cesser l'inaction des fonc-tionnaires et rendre compte au Gouvernement de tout ce dont il juge à propos de l'informer. Il doit tout voir, tout connaître... Il ne doit pas cependant engager la responsa-bilité du Gouvernement.

A la différence des agents de la municipalité et de son

[1] Archives nationales, *Id.*

président, le Commissaire du Directoire exécutif reçoit un salaire.

Son traitement, aux termes du décret du 21 fructidor an III (7 septembre 1795), est fixé dans les communes, ayant moins de 5.000 habitants, à 400 myriagrammes de froment[1], environ 80 quintaux.

Le Gouvernement du Directoire ne devait prendre une décision et ne faire son choix qu'à la fin de 1797 ; en attendant, Levasseur siégea au sein de la municipalité comme Commissaire provisoire du Directoire exécutif.

Dans la séance du 1er juillet 1797, le président Boullé l'invita à quitter sa place et à aller s'asseoir au fauteuil qu'occupait Dufour.

La municipalité termina ce jour-là ses délibérations en décidant que la gendarmerie serait mise à la disposition des percepteurs qui avaient bien de la peine à effectuer leurs recouvrements.

A la réunion suivante, 20 messidor (8 juillet), Levasseur continue à siéger dans la même qualité ; Alix officier de santé de l'hospice civil, demande à être logé à l'hospice comme par le passé ; il y a eu une interruption : un avis favorable est émis.

On prie Levasseur de faire un rapport sur les biens de l'ancien Bureau de Charité, appelé de Bienfaisance, qui ont été aliénés comme biens nationaux : le budget des pauvres a été fort réduit par ces aliénations.

Le compte est rendu des dépenses occasionnées par la fête des époux : cette fête a coûté 14 livres 10 sols.

Les grandes routes ne sont pas sûres ; on a arrêté dans la forêt les courriers de la malle-poste ; la municipalité avise le détachement de cavalerie, qui aura à prendre des mesures pour éviter le retour de pareilles choses.

On termine la séance en dressant la liste des jurés, en décidant que des démarches seront faites auprès de

[1] Environ 1.000 à 1.200 francs.

M. Croismard pour l'inviter à occuper les fonctions de président de la municipalité qui lui ont été conférées ; Levasseur, au zèle duquel l'assemblée se plaît à rendre justice, voudra bien classer les papiers de l'ancien district de Dourdan.

Le 16 juillet, à onze heures du matin (28 messidor), la municipalité est convoquée, mais les travaux des champs font que ses membres sont réduits à leur plus simple expression, à trois ; un malentendu s'est élevé entre la Commission de l'hospice et la municipalité : Levasseur le dissipera.

Le 4 thermidor an V (22 juillet), les délibérations du corps municipal débutent par l'examen d'une pétition de M. Laurent Maillet, juge de paix, locataire de la pièce d'eau appelée « le Rondeau » ; il fait si chaud que les poissons de M. Maillet meurent ; il voudrait les changer d'eau et les transporter dans la petite pièce d'eau enclavée dans le parterre et dénommée « le Miroir » ; à titre de tolérance, la permission qu'il sollicite lui est accordée.

Une bien grosse question vient ensuite et la parole est donnée à Levasseur.

Les habitants du canton qui ont des affaires civiles doivent aller plaider à Versailles ; s'ils ont des affaires correctionnelles, c'est à Étampes que ces affaires doivent être jugées.

. Levasseur croit devoir demander au corps législatif l'établissement d'un Tribunal correctionnel à Rambouillet, eu égard à l'éloignement très considérable des communes composant les cantons de Rambouillet, des Essarts, Rochefort, Ablis de celui d'Étampes ; il entretient la municipalité des puissants motifs qui le déterminent à faire cette demande.

La municipalité, en lui marquant sa satisfaction d'avoir conçu un tel projet auquel elle se plaît à lui donner son assentiment, puisqu'il est fondé sur l'avantage des administrés et des intérêts des cantons développé dans un travail qu'il a; après en avoir fait lecture, déposé sur le bureau, l'a engagé à vouloir bien, ainsi que le citoyen Boullé, président, faire à ce sujet les démarches nécessaires et notamment entretenir l'administration départementale, les administrations municipales des cantons d'Ablis, Rochefort et des Essarts, et tous autres qu'ils jugeront à propos de les aider, et a arrêté que le projet de la pétition serait déposé aux archives pour y avoir recours au besoin.

Un Tribunal de commerce avait été institué à Dourdan.

A cette époque, l'hospice comprend, comme attachés au service des malades : un médecin, Claude-Joseph Alix ; une directrice, une dame chargée de la pharmacie, une autre occupée de la lingerie, une quatrième à la surveillance des salles ; il y a un jardinier, une infirmière, une cuisinière et une portière.

Nous glissons sur la séance du 11 thermidor (29 juillet), dans laquelle on presse les percepteurs et où l'on taxe le pain de 8 livres à 23 sols ; sur celle du 18 thermidor (5 août), qui nous fait connaître que Mme Lemesle et son fils sont rayés définitivement de la liste des émigrés et que leurs biens, délivrés du séquestre qui pesait sur eux, leur sont rendus ; sur la séance du 19 thermidor (6 août), qui fixe le principal des contributions pour le canton à 63.784 livres 3 sols 8 deniers, et, avec les centimes additionnels, à **73.351** livres 12 sols : la municipalité qui a été élue en germinal n'est installée définitivement que ce jour-là, car la vérification des opérations électorales vient seulement d'être terminée.

A la réunion du 2 fructidor (19 août), le jour de la fête des vieillards est adopté ; on convient de mettre en garde les paysans contre une escroquerie alors en usage ; les détenus des maisons d'arrêt de Paris ont imaginé de répandre dans la campagne des lettres signées Jérusalem, dans lesquelles ils annoncent qu'ils connaissent un endroit où un trésor est caché et qu'ils sont prêts à le révéler contre envoi d'argent. Des répartiteurs sont nommés, qui sont : Beaurain, Sanson l'aîné, Croiseau, Gallard et Boullé.

On était à la veille du coup d'État du 18 fructidor (3 septembre) ; les élections législatives de germinal, les nominations de Pichegru comme président des Cinq-Cents et de Barthélemy comme directeur, le retour d'un grand nombre d'émigrés, la polémique des journaux royalistes, décidèrent Barras, La Reveillière et Rewbell, que soutenait l'armée, à se débarrasser par la force des éléments qui les gênaient au Conseil des Cinq Cents et au Conseil des Anciens; dans la nuit du 18 fructidor, le général Augereau investit des Tuileries et le Manège, lieux de séance des deux Conseils, et Paris se réveilla au bruit d'un coup d'État qui s'achevait.

A neuf heures du matin, le 18, les Anciens siègent à l'École de médecine et les Cinq Cents à l'Odéon.

Le même jour, le Conseil des Anciens prononçait l'annulation des opérations des assemblées primaires, communales et électorales de 42 départements et notamment du département de Seine-et-Oise.

Des députés étaient déportés, parmi lesquels de ce département: Mathieu Dumas et Tronçon Ducoudray, qui devait trouver la mort à Sinnamari.

Lebrun échappait à la déportation, par suite d'une erreur: les directeurs le croyaient lié avec Bonaparte, qu'ils ménageaient, alors qu'il n'en était rien.

Un grand nombre de propriétaires et de directeurs de journaux encouraient la même peine; des mesures rigoureuses étaient prises contre les émigrés rentrés en France; des perquisitions domiciliaires étaient ordonnées.

La municipalité de Rambouillet se considéra comme atteinte par la loi du 18 fructidor, qui annulait les élections en Seine-et-Oise, et dans sa séance du 23 (9 septembre), ses membres déclarèrent qu'ils cessaient leurs fonctions.

Le lendemain, ils se réunissent et forment entre eux une organisation temporaire.

Le 1er vendémiaire an VI (22 septembre), la municipalité élue en germinal consent, dans l'intérêt de la chose publique, à expédier provisoirement les affaires; Levasseur siège comme agent.

Le 2 vendémiaire, il reprend son fauteuil de commissaire provisoire, et la municipalité toute entière prête le serment suivant, en la personne de chacun de ses membres : « Je jure haine à la royauté et à l'anarchie, attachement et fidélité à la République et à la Constitution de l'an III. »

Plusieurs prêtres catholiques du canton viennent prêter le même serment.

Le général Hoche est mort au camp de Wetzlar le 19 septembre 1797 ; des cérémonies funèbres sont organisées dans toute la France ; à la séance du 23 vendémiaire an VI (21 octobre), la municipalité fixe au 30 vendémiaire la cérémonie qui doit avoir lieu, à l'occasion de cette mort, à Rambouillet.

Le 13 octobre, Levasseur, qui n'avait point de réponse à sa demande du 17 septembre, sollicitait du Directoire la place de commissaire du Directoire près le département de Seine-et-Oise, le traitement était 1.333 myriagrammes[1] de froment, 260 et quelques quintaux :

> Rambouillet, le 22 vendémiaire an 6ᵉ de la République
> (13 octobre 1797).

Au Directoire exécutif de France [2]

CITOYENS DIRECTEURS,

Si la place de votre commissaire près le département de Seine-et-Oise est toujours vacante, j'ose venir vous la demander, et dans ma démarche auprès de vous je consulte moins mes forces pour en supporter le poids que mon zèle inaltérable pour la République ; je l'ai servie, j'ose le dire, avec honneur dans le grade d'adjudant général dans ses armées du Nord et de l'Ouest, je promets et je jure de la servir de même dans les fonctions administratives ; je ne suis plus aux armées parce que j'ai été compris dans la réforme survenue dans les états-majors généraux, en exécution du décret du 11 prairial an III. Les certificats dont je suis porteur et que j'ai

[1] En Seine-et-Oise, en l'an IX, le prix du myriagramme était de 2 fr. 96
[2] Arch. nat., F₁ᵦ II.

produits dans les bureaux de la guerre attestent ma moralité.
Je désire sortir de l'indigne repos dans lequel je suis las de
languir, je veux me rendre utile à mon pays ; accordez-moi
un emploi qui occupe mes loisirs ; vous trouverez en moi un
fidèle collaborateur, un partisan courageux du Gouvernement républicain, un citoyen digne de votre confiance, parce
que ses principes ont toujours eu pour base la vertu ; le lan-
gage que je vous tiens est celui de la vérité. Veuillez bien
vous faire informer sur mon compte.

> Salut et fraternité.

LEVASSEUR.

Commissaire provisoire près l'administration
nationale du canton de Rambouillet.

Levasseur était fixé, le 15 décembre, par un arrêté qui le
nommait officiellement commissaire du Directoire exécutif à
Rambouillet :

DIRECTOIRE EXÉCUTIF. — DÉPARTEMENT DE SEINE-ET-OISE.

Du 23 frimaire l'an 6 de la République française, etc.
(13 décembre 1797).

Le Directoire exécutif arrête ce qui suit :

Le citoyen Levasseur, commissaire provisoire, est nommé
commissaire du Pouvoir exécutif près l'administration municipale du canton de Rambouillet, en remplacement du citoyen
Dufour précédemment révoqué.

Le Ministre de l'Intérieur est chargé de l'exécution du
présent arrêté, qui ne sera pas imprimé.

Pour expédition conforme :

BARRAS,

Président.

Par le Directoire exécutif :
Le Secrétaire général,
LAGARDE.

Dans la séance du 28 brumaire an VI (18 novembre 1797),
les commissaires nommés à l'effet de visiter le bâtiment

national appelé « la filature » (hôpital militaire actuel) et de voir s'il y a lieu d'y loger l'instituteur qui est Sébastien Texier (le grand'père d'Edmond Texier, l'écrivain connu), font leur rapport ; ils estiment qu'il n'est pas possible de l'y installer ; les pièces du haut sont nécessaires à l'hospice et les pièces basses sont insalubres.

On répartit ensuite les contributions sur le canton ; à Rambouillet il y a 720 contribuables, les cotes personnelles s'élèvent à 2.567 fr. 18, les cotes mobilières et les taxes somptuaires à 4.617 fr., total de 7.178 fr. 18, auquel il y a à ajouter 25 centimes ou 5 sols additionnels, soit 1.794 fr. 41.

Le 2 décembre, il est décidé qu'on adjugera au rabais les travaux à faire dans le ruisseau qui conduit les eaux des différents étangs dans les canaux du parc à travers la prairie de Groussay, car ce ruisseau est embourbé.

La séance du 19 frimaire (9 décembre) présente un intérêt particulier. Des brigandages sont commis sur les routes et sur tous les points de la République ; il est de toute nécessité qu'on réorganise la garde nationale pour maintenir la tranquillité, prévenir le pillage, le vol, le meurtre et l'assassinat, qui font journellement de nouvelles victimes. Levasseur est chargé de cette réorganisation de la garde nationale, dans laquelle Dufour a échoué.

A la même séance, on désigne une armoire dans la petite pièce attenante à la grande salle des délibérations, et ayant vue sur le marché aux herbes, pour y placer les minutes de la justice de paix *intra muros*.

Dès le 13 décembre, Levasseur donne lecture de son rapport sur la réorganisation de la garde nationale, qui se compose, pour le canton, de huit compagnies, dont trois pour le chef-lieu ; à la tête du bataillon cantonal, dont le trésorier est Cugnot, on place le commandant Croiseau ; chaque compagnie a 95 hommes.

A la réunion du 26 frimaire (16 décembre), le président Boullé déclare qu'il vient d'être nommé juge de paix *intra muros* et qu'il se trouve obligé de ne plus faire partie de la municipalité. On le remplace immédiatement par Charles-François Dessommes l'aîné, qu'on va chercher, qu'on ne trouve point et qui, finalement, refuse des fonctions trop lourdes pour lui ; on insiste vainement; devant le refus persistant de Dessommes, Charles-Germain Bourgeois, économe à la Ferme nationale, réunit les suffrages, mais lui non plus n'accepte point ; aussi, le 23 décembre, est-ce l'agent de Vieille-Église, Garnier, qui préside. Ce jour-là est donnée lecture d'un arrêté du Département important pour l'hospice, dont partie des biens a été aliénée ; les immeubles de la Charité vendus par l'État seront expertisés pour que leur valeur soit restituée à l'hospice.

Le 10 nivôse (30 décembre), Levasseur est installé comme commissaire définitif et prête serment en cette qualité.

Le nouveau secrétaire de la mairie Parquin, successeur de Maclar, est autorisé à s'adjoindre Baucher, le beau-frère de Levasseur, parce qu'il a trop d'occupations.

Avis est donné, le 6 janvier 1798, que Levasseur est choisi comme agent particulier des contributions publiques par l'administration centrale.

La séance du 24 nivôse (13 janvier) est consacrée principalement à l'examen des nombreuses réclamations relativement aux patentes.

Laurent Maillet a saisi, de son côté, le Conseil d'une pétition ; ses ennemis font courir le bruit qu'il n'est point un sincère républicain, on lui attribue des opinions royalistes ; il demande au corps municipal de lui délivrer un certificat de républicanisme. Les membres du Conseil reconnaissent qu'il a toujours été attaché à la République.

Le 27 janvier, de La Motte, receveur de l'Enregistrement, prête serment en cette qualité ; le 9 février, Croiseau, nommé capitaine de gendarmerie, donne sa démission de commandant de la garde nationale ; le 10, la municipalité fixe la date de la plantation des arbres de la liberté, annonce que l'administration demande la situation des hospices et des bureaux de bienfaisance avant et après la loi du 23 messidor an III, et, enfin, un registre de souscription est ouvert pour l'emprunt contre l'Angleterre : Levasseur souscrit pour 12 francs et ajoute que c'est une souscription par pur don. Aux séances suivantes revient la question de l'emprunt organisé par le Directoire pour opérer une descente en Angleterre : les souscriptions continuent; à Rambouillet, l'emprunt produit 434 francs ; la plus forte souscription est celle de Gallard, marchand de bois, 25 francs ; un député des Cinq Cents, Paulian, qui paraît avoir des attaches à Rambouillet, grossit la souscription de 10 francs.

A la séance du 4 germinal (24 mars), on décide que des placards seront affichés, dans lesquels on dira que la population n'a qu'à avoir le plus profond mépris pour ce qui vient de l'Angleterre.

Les élections municipales et judiciaires ont eu lieu le 1er germinal ; il y a eu une certaine effervescence et la séance du 4 germinal (24 mars 1798) s'en ressent.

Levasseur annonce que pour éviter toutes critiques, il se renfermera dorénavant dans ses fonctions de commissaire du Directoire, qu'il ne veut plus s'occuper des secours aux militaires blessés ou infirmes; on connaît cependant ses sentiments confraternels pour les militaires, mais comme les formalités sont longues et nombreuses pour que ces secours arrivent à destination, que des critiques malveillantes peuvent être formulées, il ne veut pas qu'on le rende injustement responsable.

Le président de la municipalité donne avis que le Gouvernement se dispose à mettre en vente, comme bien national, la maison commune : on proteste énergiquement et on délègue Boullé, qui fera à cet égard des représentations au Ministère de l'Intérieur et au Département ; il n'est pas possible qu'on aliène la maison commune.

Le député Paulian a déposé au Corps législatif la pétition

de la municipalité tendant à la création d'un tribunal correctionnel à Rambouillet : le Conseil des Cinq Cents a passé à l'ordre du jour, sous prétexte que la pétition n'avait pas été homologuée par le Département et le Ministre de l'Intérieur ; on reprendra la question plus tard.

Les élections du 1er germinal an VII trouvent un nouvel écho dans la séance du 7 avril 1798, présidée provisoirement, par Claude-Mathurin-Bernard Lemesle-Dessommes. Le nouveau président Jean-Charles Dubosc, propriétaire, commandant de la garde nationale, a été nommé agent de Rambouillet, et Baucher son adjoint.

Il y a eu quelques irrégularités de formes dans les élections, irrégularités que grossit le groupe Dufour. Il y avait deux sections de vote, une au château, l'autre à la vénerie. Le dépouillement devait se faire à la mairie, en présence d'une commission : on a oublié de nommer la commission ; cependant le dépouillement s'est fait en présence des membres de la municipalité.

Les juges de paix Maillet et Boullé ont eu, sur 201 voix, Maillet 174 et Boullé 151 ; Dufour a réuni peu de suffrages.

Le 14 avril, on change les jours du marché, qui aura lieu les quintidi et nonidi de chaque décade ; il est défendu d'étaler sur le marché des poissons les jours d'abstinence désigné en l'ancien calendrier.

Le 8 floréal (27 avril), il est constaté que les agents qui doivent visiter les écoles du canton, une fois par mois, s'acquittent avec peu d'empressement de leur mission.

Pour une fixation définitive des jours de marché, il faudra s'entendre avec Maintenon, Épernon, Montfort, etc.

Au point de vue religieux, la tendance est à la conciliation et le 16 floréal (5 mai), les prêtres sont invités à célébrer leurs cérémonies religieuses les decadis.

Le 7 prairial (26 mai), les jours du marché sont arrêtés : il y aura des marchés les 7, 14, 22 et 29 du calendrier républicain.

Vers la même époque, Levasseur essayait de reprendre dans l'armée le poste qui lui avait été enlevé, mais le 21 prairial an VI (9 juin 1798), il était averti qu'il ne serait fait de propositions de nomination qu'en cas de vacances d'emplois; en ce moment, les cadres pour l'emploi d'adjudant général étant au complet, la commission de l'armée ne pouvait le proposer [1].

Les autres séances de prairial, non plus que celles de messidor, n'offrent rien de bien particulier.

Les 9 et 10 thermidor (27 et 28 juillet) est célébrée la fête de la Liberté. .

Un procès-verbal est dressé; Dubosc et Levasseur prennent la parole.

FÊTE DES 9 ET 10 THERMIDOR AN VI

ADMINISTRATION MUNICIPALE DU CANTON DE RAMBOUILLET,
CHEF-LIEU

Aujourd'hui neuf thermidor an VI de la République française une et indivisible, à l'heure de midi, en exécution de la loi du 3 brumaire an IV, de l'arrêté du Directoire exécutif du 17 messidor suivant, de la lettre de l'administration centrale du Département du 14 messidor dernier, suivant la délibération de la municipalité du 22 dudit mois de messidor.

Les vice-président, administrateurs municipaux et commissaire du Directoire exécutif près l'administration municipale, accompagnés du secrétaire en chef et des employés, les fonctionnaires publics, juges de paix, leurs assesseurs, les instituteurs et institutrices suivis de leurs élèves, se sont rendus sur la grande place publique dudit Rambouillet, lieu indiqué par sa délibération suscitée, où s'étaient rendus à l'avance, sur l'invitation qui leur a été faite, les défenseurs de la patrie, la compagnie des vétérans nationaux cantonnée en ce lieu, une partie des gendarmes en station à

____
[1] Arch. de la guerre.

qui leur service a permis de venir, les gardes forestiers
commandés par leur inspecteur, un détachement de la garde
nationale ayant à sa tête les commandants et autres officiers,
drapeau déployé, tambour battant.

Le cortège, à l'instant, s'est mis en marche pour se rendre
près l'autel de la patrie, décoré et entouré d'arbres, arbustes,
sabres, haches, massues et un faisceau de plusieurs drapeaux
aux trois couleurs.

Le vice-président a prononcé un discours qui peint la
haine la plus prononcée à la tyrannie, qui inspire le plus
grand feu à la liberté; le commissaire du Directoire exécutif
l'a remplacé, il a prononcé un discours dans le même sens.

A l'extrémité opposée de la place, un trône et les emblèmes
de la Royauté; un sceptre, une couronne, un écusson
armorié et un cahier sur lequel étaient écrits ces mots en
titre: *Constitution de* 1791.

Le vice-président a remis les armes déposées sur l'autel de
la patrie au premier groupe, qui s'est porté rapidement au
son de la musique à l'extrémité de la place, et le trône s'est
écroulé sous leurs coups redoublés, et on a rappelé que l'abolition de la Royauté est due au courage du peuple entier;
des cris répétés de haine à la tyrannie, de « vive la Liberté »
se sont mêlés au son des fanfares, qui ont été suivis par des
chants patriotiques.

Le groupe est retourné déposer ses armes sur l'autel de la
patrie; le vice-président a remis un drapeau à chacun d'eux,
en a pris un lui-même, et, accompagné du corps constitué, a été le planter sur les débris du trône.

Le cortège s'est mis en marche pour retourner à la maison
commune.

En foi de quoi le vice-président, le secrétaire en chef ont
seulement signé le présent.

DUBOSC, *vice-président.*   PARQUIN, *secrétaire.*

Et le dix thermidor an VI de la République française une

et indivisible, à la même heure et composé comme ci-dessus, le cortège s'est mis en marche avec une branche de chêne à la main pour se rendre près l'autel de la patrie, sur lequel étaient des guirlandes de feuillages, de fleurs et **un flambeau allumé**.

A l'extrémité de la place, un nouveau trône formé des débris du premier, surmonté des emblèmes de la tyrannie triumvirale, un masque, un bandeau, des poignards et des torches, et un cahier sur lequel étaient écrits ces mots en titre : *Constitution de* 1793.

Le vice-président a prononcé un discours analogue au sujet, a pris le flambeau qui était allumé sur l'autel de la patrie ; accompagné du cortège au son des tambours et des instruments, s'est porté à l'extrémité de la place, et le commissaire du Directoire exécutif a prononcé un discours qui ne laisse aucun doute sur le bonheur de la liberté et qui a été de la plus grande chaleur contre la tyrannie. A la fin, le vice-président a mis le feu au trône, pour rappeler que l'abolition de la tyrannie triumvirale est due particulièrement au courage des dépositaires de l'autorité. Des cris de haine à la tyrannie, de « Vive la Liberté ! Vive la République ! » ont été répétés de toutes parts.

Le vice-président, suivi du cortège, est retourné à l'autel de la patrie, a placé avec solennité le livre de la Constitution républicaine ; on a lu le dernier article à haute voix, le peuple et le cortège ont répondu par des cris de « vive la Constitution de l'an trois ! vive la République ! »

Le cortège s'en est retourné à la maison commune dans le même ordre qu'il était venu.

En foi de quoi le présent a été dressé, qui sera signé seulement du vice-président et du secrétaire en chef, dont expédition sur papier libre sera envoyée à l'administration centrale du Département.

A Rambouillet, les jours, mois et an que dessus.

    A. DUBOSC, *vice-président.*   PARQUIN, *secrétaire.*

Le 22 thermidor (9 août), les instituteurs sont invités à ne donner à leurs élèves de jours de repos que les décadis, et non les dimanches et fêtes.

Le conseil prend connaissance d'une pétition de la citoyenne Levasseur : elle a des propriétés dans l'île de la Guadeloupe et, pour faire valoir ses droits, elle a besoin d'un certificat de résidence, que seule la municipalité de Nantes peut lui délivrer ; sa santé ne lui permet pas d'entreprendre ce voyage.

Elle est autorisée à se faire remplacer par un fondé de pouvoir.

Le 29 thermidor (16 août), la municipalité reçoit en conformité de la loi du 1er floréal an III l'affirmation de Levasseur concernant les créances qu'il a à exercer et dont il poursuit la liquidation sur Auguste- Joseph Broglie-Revel et Françoise-Louise-Angélique de la Brousse-Verteillac.

Les écoles du canton sont peu nombreuses ; il n'y en a que quatre : deux à Rambouillet, une à Hermeray et une à Poigny.

Le 2 septembre, l'instituteur de Gazeran demande s'il peut enseigner, n'ayant pas été nommé par le Gouvernement, et le 15, son collègue de la Boissière, par suite d'une nouvelle division de territoire, sollicite l'autorisation d'exercer à Mittainville.

A la séance du 14 vendémiaire (6 octobre 1798), on lit une lettre du Gouvernement invitant les municipalités à faire réprimer les brigandages, que la scélératesse et les agents du royalisme excitaient dans les environs de Paris ; on répond à cette lettre que le canton de Rambouillet est parfaitement tranquille, on fera part de la communication du Directoire à la garde nationale rassemblée.

Le 22 vendémiaire (14 octobre), la candidature de Duclos au poste d'instituteur laissé vacant par la démission de Sébastien Texier est accueillie ; Duclos sera, comme son prédécesseur, logé au château.

Le 29 vendémiaire (21 octobre), il est donné connaissance au Conseil de la réclamation de Lafosse, locataire des canaux, qui demande une diminution de loyer.

A partir du 1er vendémiaire, les paiements se feront en francs ; le franc vaut 1 centime 1/4 ou trois deniers de plus que la livre tournois.

Le 7 brumaire (29 octobre), le Conseil autorise la location des baraques adossées à l'église, pour trois, six ou neuf années.

Le 14 brumaire (5 novembre), avis est donné à la municipalité que Lecomte, architecte du Conseil des Anciens, peut enlever les grilles du Parterre.

L'administration demande au Corps législatif une augmentation de ses centimes additionnels.

VIII

Dans la séance du 14 brumaire an VII (4 novembre 1798), la municipalité décide qu'elle s'entourera de renseignements au sujet des usages pour les congés : on veut mettre en harmonie avec l'annuaire de la République les usages suivis dans le canton. Le même jour, des commissaires sont nommés, qui ont pour mission de visiter la grande salle du ci-devant Château et dire si cette salle convient à la célébration des décadis.

Le 22 (12 novembre), on règle les réparations à faire à la deuxième baraque placée entre les piliers de l'église ; une délibération est prise qui fixe les dates des congés ; les usages pour les locations sont rappelés, les significations devront être faites par huissiers et les congés donnés pour le 1er frimaire (22 novembre), échéance de toutes les locations.

Le 19 novembre, Nicolas Péquin est agréé comme mesureur de grains sur le marché de Rambouillet.

Le 27 du même mois, les comptes de l'hospice sont présentés ; Huard, l'ancien maire en 1791-1792, n'est pas encore remboursé des avances qu'il a faites, comme maire, à cette époque ; ces avances seront examinées (Huard est le grand-père de Me Huard, membre du Conseil de l'ordre des avocats à la Cour d'appel de Paris qui vient de mourir).

Le 14 frimaire (4 décembre), l'affichage est ordonné d'une loi très importante : la loi du 11 brumaire an 7 sur le régime hypothécaire, œuvre de Lebrun.

Le 19 décembre, avis est donné qu'une société libre d'agriculture se forme à Versailles, et le 27 décembre, lecture est faite d'une lettre du ministre de la police relative à la célébration des décadis.

Le 14 nivôse (3 janvier 1799), la municipalité reçoit des exemplaires imprimés d'une lettre du général Championnet relatant ses succès en Italie et des proclamations du Directoire aux armées.

Le 11 janvier nous sommes renseignés sur les dépenses et les recettes de l'hospice et sur le recensement de la population.

Les hommes mariés et veufs sont, à Rambouillet, au nombre de 599 ; les femmes mariées et veuves au nombre de 702 ; il y a 185 garçons de 12 ans et au-dessus et 316 filles du même âge ; la population, dans laquelle ne sont pas comptés les enfants en bas âge, est de 1.802 âmes.

L'administration supérieure demande s'il existe des musulmans à Rambouillet ; le 18 janvier, on lui répond que non ; la fête de la juste punition du dernier roi des Français est fixée au 2 pluviôse.

Le 22 pluviôse (10 février), on arrête le nombre des votants aux assemblées primaires, qui se partage ainsi : 495 votants à Rambouillet et 1.317 dans le canton.

Le 25 février, la fête de la souveraineté du peuple est indiquée pour le 30 ventôse ; en 1799, il y aura deux assemblées primaires qui se réuniront au Château.

La séance du 4 mars nous apprend qu'on démolit l'ancienne vénerie, où Texier, l'instituteur, est logé ; l'agent de Rambouillet a visité la filature, le logement est trop vaste, il y a trop de réparations à faire ; d'autre part, l'hospice réclame la filature avec d'autant plus d'insistance que l'administration de la guerre veut y mettre 40 lits.

L'agent propose le Château, parce que le corridor (l'école actuelle des enfants de troupe) est à la disposition de la guerre ; dans l'aile gauche du Château, il se trouve trois chambres faisant partie des n°s 7 et 8 ; là pourra loger M. Texier ; cette proposition est adoptée.

Le 22 ventôse (12 mars 1799), la liste des citoyens devant voter aux assemblées primaires est affichée.

Le 29 ventôse (19 mars), la municipalité est avisée que les opérations électorales de l'année précédente, contre lesquelles des protestations avaient été formulées, ont été annulées par le Conseil des Anciens.

Heureusement, on est à la veille de nouvelles élections.

Le 30 mars (10 germinal an VII) a lieu la fête de la jeunesse ; sur la place publique est dressé un obélisque sur lequel sont inscrits ces mots : *Aux vertus, aux mœurs, aux talents.*

Le 27 germinal (27 mars), une lettre du Département fixe des élections pour le Corps législatif à Versailles ; les électeurs voteront au château de Versailles, dans le salon d'Hercule.

Les nouvelles mesures républicaines devront être portées à la connaissance des populations.

Le 1er floréal (20 avril), compte rendu est donné des élections de germinal : Dubosc est président de la municipalité, Lemesle-Dessommes agent pour Rambouillet, et Beaucher son adjoint.

Les élections des juges de paix et de leurs 46 assesseurs ont eu lieu également le 1er germinal.

---

[1] Maison de M. Chasles.

Les citoyens Bonnier d'Arco et Roberjot, anciens conventionnels, ministres plénipotentiaires de la République, envoyés au congrès de Rastadt ont été assassinés le 28 avril 1799 par des hussards autrichiens. Une fête funéraire est célébrée à Rambouillet le 8 juin, en signe de protestations ; à cette cérémonie funèbre assistent le receveur de la régie nationale et de l'enregistrement, les surnuméraires, les notaires, le directeur de la poste aux chevaux, l'économe de la ferme rurale, l'inspecteur des domaines, l'officier de santé de l'hospice, l'arpenteur géographe et tous les autres fonctionnaires ; ils ont à la main une branche de chêne ; un autel est dressé couvert d'inscriptions rappelant le crime des Autrichiens ; l'une d'elles est ainsi conçue : *Bénissez la Providence et maudissez l'Autriche.*

Les élections de mai 1799 ayant grossi aux Cinq Cents et aux Anciens le nombre des députés hostiles au Directoire, provoquèrent la journée du 30 prairial an VIII (18 juin), qui modifia la composition du Directoire.

A la fête de l'agriculture, le 28 juin, on proclame le nom du plus méritant des agriculteurs du canton : c'est François-Marie-Honoré Lemesle.

A la fête des vieillards, le 29 août, le citoyen Milocheau, bourrelier, reçoit la couronne de lierre décernée au vieillard le plus vertueux.

Dans la séance du 7 messidor (29 juin), de La Motte est autorisé à faire procéder économiquement aux réparations du pont placé sur les canaux.

Le 29 messidor (17 juillet), la municipalité s'émeut de ce que Paulian, l'acquéreur de la maison dite du Gouvernement, se dispose à la démolir, alors qu'il n'a point encore payé son prix d'acquisition (Il s'agit de la maison occupée aujourd'hui par M. le colonel Thomas et qui fut plus tard le Palais du roi de Rome).

Un gardien est chargé d'empêcher la démolition et l'aliénation des matériaux.

Le 25 juillet, nouvelles défenses sont faites à Paulian.

Le 9 août, on lit une lettre de l'administrateur départemental, qui se plaint du peu d'enthousiasme des fonctionnaires pour les fêtes décadaires ; Paulian est autorisé à démolir partie de l'hôtel du Gouvernement et à vendre les matériaux, sauf à justifier du paiement de son prix.

Le 7 fructidor (24 août), la municipalité désigne, pour enterrer les bestiaux morts, un endroit près de la garenne du Rondeau.

Partie de la séance du 14 fructidor (31 août) est tenue secrète. Un employé de la mairie, Brunet, a eu la malencontreuse idée de faire courir un bruit absurde ; d'après ce bruit, une liste de proscription de 45 personnes de la ville était dressée ; on devait les assassiner. La municipalité décide de placarder une affiche blâmant cette mauvaise action et démentant un pareil bruit, qui, dans ces temps troublés, pouvait avoir les conséquences les plus graves.

Le général Joubert a été tué à la bataille de Novi, le 15 août 1799. La municipalité fait une fête funéraire le 16 septembre, en mémoire de ce général. A cette fête funéraire prennent part les membres de l'administration, le commandant en chef des prisonniers de guerre casernés à Rambouillet, le détachement du 15e régiment de cavalerie, les grenadiers de la 79e brigade en stationnement dans la commune, les fonctionnaires portant un crêpe à leur bras, la garde nationale, les tambours couverts d'un drap noir, dont les roulements annoncent la perte d'un des amis de la liberté.

Sur la place de la Liberté est une pyramide peinte en noir avec cette inscription : « En l'honneur du général Joubert, mort glorieusement en défendant sa patrie. » Sur le devant de l'autel de la patrie, une urne avec ces mots : « Aux mânes de Joubert. »

En arrivant sur la place, la troupe fait une décharge de mousqueterie, pour exprimer les regrets de la perte d'un des héros de la République.

Levasseur fait un discours dans lequel il rappelle les principaux succès de Joubert à Montenotte, Mondovi, Lodi, Castiglione, Rivoli, dans le Piémont ; il loue ses vertus civiques et guerrières ; de toutes parts des cris de « vive la République ! vive la Constitution de l'an III ! » se font entendre.

IX

Le 18 brumaire. — L'affichage à Rambouillet des événements du 18 brumaire. — Levasseur commissaire du Gouvernement. — Adresse de Levasseur au Corps législatif. — La Constitution de l'an VIII. — Lebrun consul. — Le représentant Vacher. - On demande un tribunal pour Rambouillet. — Garnier préfet de Seine-et-Oise. — Le Corps municipal de Rambouillet sous le Consulat. — Levasseur écrit à Dupont. — Le conseil municipal et le budget ; la machine infernale. — Levasseur quitte le département. — Hospice, octroi, droits de place.

Le 26 mai 1799, les directeurs Treilhard, Lareveillère-Lepaux et Barras avaient écrit au général Bonaparte, alors commandant en chef de l'armée d'Orient, en Égypte, lui faisant part des efforts extraordinaires que déployaient l'Autriche et la Russie et de la tournure alarmante que prenait la guerre ; le Directoire lui exprimait le désir de le voir à la tête des armées républicaines.

Bonaparte quittait l'Égypte le 22 août et débarquait à Fréjus. Tous les endroits par lesquels il passait de Fréjus à Paris étaient illuminés le soir ; il arrivait à Paris le 16 octobre, où il était reçu avec enthousiasme.

Les hommes politiques de l'époque et les généraux se pressaient dans son petit hôtel de la rue de la Victoire. Un coup d'État fut décidé contre le Directoire et la Constitution de l'an III. On arrêta le plan suivant : suspension du Corps législatif composé des Anciens et des Cinq Cents, suppression du Directoire et nomination de trois consuls provisoires chargés de réorganiser la République.

La Constitution de l'an III (article 102) permettait au

Conseil des Anciens, en cas de danger public, de décréter la translation du Corps législatif en dehors de Paris, ce qui fut fait. On invoqua un péril jacobin et le 18 brumaire (8 novembre 1799), à sept heures du matin, les Anciens étaient invités à se rendre au lieu de leurs séances habituelles, aux Tuileries. La majorité décrétait la translation du Corps législatif à Saint-Cloud, et le même décret confiait le soin de protéger les délibérations des Conseils à Saint-Cloud au général Bonaparte, qui adressait une proclamation aux citoyens composant la garde nationale de Paris et aux soldats. Il disait à ces derniers :

« La République est mal gouvernée depuis deux ans;
« vous avez espéré que mon retour mettrait un terme à tant
« de maux ; vous l'avez célébré avec une union qui m'im-
« pose des obligations que je remplis. »

Le lendemain 19 brumaire, les Anciens et les Cinq Cents se réunissaient à Saint-Cloud ; les directeurs démissionnaient. Les détails de leurs délibérations, la séance tumultueuse du Conseil des Cinq Cents, la réponse du général Bonaparte aux députés qui lui reprochaient de violer la Constitution : « La Constitution! vous n'en n'avez plus. Vous l'avez violée « au 18 fructidor ; vous l'avez violée au 22 prairial ; vous « l'avez violée au 30 prairial! » sont trop connus pour que nous les rappellions [1].

Le Conseil des Cinq Cents votait les résolutions qui suivent. Il n'y avait plus de Directoire ; 60 membres étaient exclus des deux assemblées ; Sieyès, Roger-Ducos et Bonaparte étaient nommés consuls provisoires de la République française sans suprématie entre eux; les consuls étaient autorisés à envoyer des délégués dans les départements; le Corps législatif s'ajournait au 1er ventôse (1er février 1800); les Cinq Cents et les Anciens nommaient deux commissions de 25 membres chargées de reviser la Constitution de

---

[1] *Moniteur universel.*

l'an III ; mais les changements à la Constitution ne pouvaient avoir pour but que de consolider la République une et
indivisible, le système représentatif, la division des pouvoirs,
la liberté, l'égalité, la sûreté et la propriété ; Lebrun était
désigné comme président de la Commission des Anciens.

Les trois consuls provisoires entraient en fonctions le
20 brumaire (11 novembre) et tenaient leur dernière séance
le 24 décembre 1799 [1].

La municipalité de Rambouillet fut avisée des événements
qui venaient de s'accomplir dans sa séance du 22 brumaire
(13 novembre). Dans cette séance, lecture fut faite d'une
lettre en date du 19 brumaire et du placard joint à cette
lettre, contenant : 1º le décret qui ordonnait la translation du
Corps législatif à Saint-Cloud et l'adresse du Conseil des
Anciens qui motivait cette mesure ; 2º la proclamation du
général Bonaparte chargé de l'exécution du décret ; 3º
l'adresse de l'administration centrale de la Seine relative au
même objet [2].

Levasseur, commissaire du Directoire exécutif, prit alors
des réquisitions tendant à ce que chaque agent publiât
solennellement, en sa commune, le contenu du placard dont
il venait d'être parlé.

Mais sur l'observation du président que ce placard avait
déjà été publié et affiché dans la commune de Rambouillet,
on arrêta qu'il en serait remis un exemplaire à chaque agent,
qui, accompagné de quatre hommes de la garde nationale,
le proclamerait dans sa commune et l'afficherait ; un autre
exemplaire resterait aux archives.

Dans la séance du 29 brumaire (20 novembre), lecture est
donnée de deux placards : l'un, une adresse au peuple français sur la journée du 18 brumaire, et l'autre sur la suppression du Directoire, l'établissement des consuls et la destitution de 60 membres du Corps législatif.

---

[1] M. Aulard en a publié les procès-verbaux.
[2] Archives de la municipalité cantonale, registres des délibérations.

Chaque agent est prié de publier et d'afficher ces placards dans sa commune respective.

A cette séance, Levasseur prend le titre de commissaire du Gouvernement. Le président prévient qu'un nouveau serment sera prêté le lendemain dans le temple des catholiques, et la municipalité invite ses agents à se trouver au temple le lendemain; les fonctionnaires seront avisés; Levasseur rédigera une adresse au Corps législatif sur l'heureux changement qui s'est opéré le 18 brumaire.

Le 7 frimaire (28 novembre), les membres de la municipalité prêtent le serment suivant :

Je jure d'être fidèle à la République une et indivisible, fondée sur la liberté, l'égalité et le système représentatif.

On approuve l'adresse préparée par Levasseur aux commissaires provisoires du Corps législatif, et qui est ainsi conçue :

Rambouillet, le 4 frimaire an VIII (25 novembre 1799).

Citoyens,

La municipalité de Rambouillet, profondément affligée des maux qui assiégeaient la patrie et menaçaient le corps social d'une prochaine et entière dissolution, a reçu avec l'allégresse la mieux sentie la nouvelle des événements des 18 et 19 brumaire. Elle en conçoit les plus heureuses espérances pour le rétablissement de l'ordre et le retour de la paix, depuis longtemps exilée de notre malheureux pays. Elle secondera de tous ses moyens vos généreux efforts; son attachement inviolable à la République une et indivisible en est un sûr garant, et elle ose vous promettre que le canton qu'elle administre partage ses sentiments patriotiques.

Le 14 frimaire (5 décembre), avis est donné à la municipalité d'un emprunt de cent millions, qui est remplacé quelques jours après par une subvention extraordinaire de guerre.

La nouvelle Constitution, dite Constitution de l'an VIII, est terminée par les commissions législatives et les consuls le 22 frimaire; elle est soumise à la signature des consuls le 23.

D'après son article 1er, le territoire de la République française est divisé en départements et arrondissements communaux ; elle établit un Sénat conservateur, un Tribunat, un Corps législatif, un Conseil d'État ; elle crée des tribunaux de première instance et d'appel ; dans les départements, des conseils généraux, des conseils de préfecture, etc., et, au sommet de la Constitution, trois consuls : le citoyen Bonaparte, premier consul ; le citoyen Cambacérès, deuxième consul, et troisième consul, le citoyen Lebrun.

Le dernier article dit que la Constitution sera de suite offerte à l'acceptation du peuple français.

Une loi du 23 frimaire (14 décembre) règle la manière dont la Constitution lui sera présentée.

Il sera ouvert dans chaque commune des registres d'acceptation et de non-acceptation ; il y a des registres déposés aux mairies, aux justices de paix, dans les études de notaires, à Rambouillet chez Mes Thierry et Cugnot.

Le 29 frimaire (20 décembre), la municipalité de Rambouillet reçoit le bulletin des lois contenant la nouvelle Constitution, qui lui apprend que Lebrun, de Dourdan, son ancien député aux Anciens, presque compatriote de Levasseur, est consul, et un arrêté prescrivant l'ouverture d'un registre pour l'émission des votes sur la Constitution ; la Constitution sera lue dans le temple décadaire, et un registre sera immédiatement ouvert.

Dans la même séance, il est donné connaissance d'une proclamation de Vacher, député du Cantal aux Anciens, délégué des consuls dans le département de Seine-et-Oise.

Vacher a d'ailleurs envoyé aux consuls, le 5 frimaire, son rapport sur l'état des esprits en Seine-et-Oise [1] ; le délégué est satisfait de l'esprit qui anime les habitants de ce département ; les événements des 18 et 19 brumaire y ont causé une vive allégresse.

[1] Archives nationales, F¹. A. 552. Il faut lire sur ce sujet les beaux travaux de M. Aulard, qui connaît merveilleusement cette époque.

Le 4 nivôse (25 décembre) la municipalité reçoit des exemplaires de la Constitution et la loi qui règle sa présentation au peuple.

Le 14 nivôse (4 janvier 1800), l'assemblée municipale, dont l'attention a été appelée sur les changements que les formes du Gouvernement vont entraîner dans les remaniements territoriaux, invite Levasseur et Boullé à se rendre à Paris pour prendre connaissance du nouveau travail sur les arrondissements et solliciter auprès de qui de droit les établissements qu'ils croiront avantageux à la commune de Rambouillet.

Les délégués demandèrent que Rambouillet fût chef-lieu d'arrondissement et qu'il eût un Tribunal de première instance.

Le 24 nivôse (15 janvier), Mme Levasseur accouchait d'une seconde fille, Cornélie-Marthe-Louise; les témoins étaient la citoyenne Marthe Galipaud, veuve de Jean Tessier, à tort indiquée comme décédée en l'acte de mariage de Levasseur en 1794, sa belle-mère et son beau-frère Jean-Louis Tessier; les témoins, qui habitaient Nantes, avaient donné leur procuration à Baucher et à sa femme Geneviève-Ursule Levasseur.

Dans la réunion du 29 nivôse (19 janvier 1800), lecture est faite d'une proclamation du Ministre de l'Intérieur, tendant à ramener l'union et la concorde et à retirer le fruit qu'on doit attendre de la journée du 18 brumaire.

Le 22 pluviôse an VIII (17 février 1800) était promulguée la loi qui divisait la France en départements et en arrondissements, en préfectures et en sous-préfectures; Rambouillet ne figurait pas dans la liste des sous-préfectures, mais était compris dans l'arrondissement de Versailles.

La nouvelle loi abolissait les municipalités cantonales; elle donnait à Rambouillet un maire, deux adjoints et vingt conseillers municipaux; maire, adjoints et conseillers municipaux devaient être nommés par le préfet.

La municipalité cantonale resta en fonctions jusqu'au 14 germinal (4 avril 1800).

Le 29 ventôse (20 mars), elle était avisée que Germain Garnier, ancien procureur au Châtelet, ancien président de l'administration du Département, membre de l'Institut national, économiste distingué, était nommé préfet de Seine-et-Oise et qu'il avait été installé le 25 ; Peyronet, ex-secrétaire du Département, était son secrétaire général ; au Conseil de préfecture, que créait la Constitution de l'an VIII, allaient siéger Richaut, Binois, ex-procureur, syndic du district de Dourdan, au Conseil général, Lebrun fils, de Dourdan, Segretier, de Bissy, près de Dourdan.

Henry Levasseur fut nommé maire de Rambouillet ; ses deux adjoints furent Lemesle-Dessommes, propriétaire, et Baucher, son beau-frère.

Il fut chargé par le préfet de dresser la liste des citoyens qui lui paraissaient le mieux qualifiés pour composer le Conseil municipal de Rambouillet.

Le 15 thermidor (4 juillet 1800), Levasseur dressa une liste de vingt noms, puis le 21 thermidor (10 juillet), une liste de trente noms ; voici cette liste complète (Nous avons ajouté aux noms un certain nombre d'indications [1]).

Boullé (Nicolas), juge de paix *extra muros*, ancien président de la municipalité cantonale, 48 ans, né à Gallardon.

Grosse (Louis-Claude), marchand épicier, 63 ans, né à Magny-les-Hameaux.

Beaurain (Jacques), marchand de bois et plâtre, 46 ans, né près d'Épernon.

Enguehard (Louis-Toussaint), entrepreneur de charpentes, 48 ans, né à Saint-Germain-en-Laye.

Tessier (Mathurin), ex-cultivateur, 78 ans, né à Saint-Symphorien, près Gallardon.

[1] Archives municipales, registre n° 12.

Thierry (Jacques), notaire public, ancien maire, 52 ans, né à Saulmory.

Cugnot (Mathieu), notaire, 40 ans, né à Beaumont, près de Sédan.

Dessommes (Charles-François), propriétaire, 48 ans, né à Nogent-sur-Marne.

Bourgeois (Charles-Germain), économe de la Ferme, 43 ans, né à Ablis.

Lettu (Antoine-François), tapissier, 53 ans, né à Paris.

Boullé jeune (Jean-Marie), ex-militaire, ex-notaire, 28 ans.

Maillet (Laurent), juge de paix *intra muros*, 56 ans, né à Altroff.

Dubosc (Jean-Charles), propriétaire, ancien président de la municipalité cantonale, 29 ans, né à Orcemont.

Sanson (Nicolas), marchand épicier, 48 ans, né à Ablis.

Laisné (Guillaume), marchand de vins en gros.

Huard (Christophle-Noël), propriétaire, ancien maire, 61 ans, né à Villedieu (Manche).

Ringuenoire (André-Vincent), entrepreneur de couvertures en tuiles et ardoises, 65 ans, né à Rambouillet.

Richard (René), serrurier, 58 ans, né au Perray.

Parquin (Henry-Antoine), propriétaire.

Lemesle (François-Marie-Honoré), maitre de poste.

Périneau (Louis), cultivateur.

Guillemet (Pierre-Adrien), menuisier.

Gallard (Michel), marchand de bois.

Guyot (Jacques), cultivateur.

Pigeon (Louis-Thomas), vitrier.

Champeaux (Jean-Pierre-Théodore), huissier.

Lair (Urbain), marchand de bois.

Doisneau (Jacques-François), boulanger.

Renoux (Louis-Antoine), propriétaire.

Gouffier (Jacques), cultivateur.

Le préfet choisissait les vingt premiers noms ; le 4 fructidor an VIII (22 août 1800), les vingt premiers inscrits étaient

nommés ; tous les anciens maires et anciens présidents de
la municipalité cantonale de Rambouillet encore vivants, à
l'exception de Dufour et de Gallard, ce dernier présenté,
entraient dans le Conseil. Le préfet invitait les membres du
Conseil à se rendre à leur poste aux époques fixées par la
loi, et lorsqu'ils seraient convoqués extraordinairement par
le préfet.

Le Conseil municipal du Consulat s'assembla la première
fois le 13 fructidor (31 août); le 16 floréal (6 mai 1800), le
premier consul avait quitté Paris pour se rendre à l'armée
d'Italie.

Entre temps, Levasseur avait tenté un dernier effort pour
rentrer aux armées. Après la bataille de Marengo (14 juin 1800),
au succès de laquelle il contribua pour une large part, le
général Dupont, son ami, avait été revêtu du titre de ministre
extraordinaire chargé de réorganiser la République cisalpine ;
c'est à ce moment que le nouveau maire de Rambouillet
écrivit à son ancien camarade, lui demandant à servir sous
ses ordres, s'il était possible.

Le général Dupont répondit de Turin, le 11 messidor an
VIII (30 juillet 1800), qu'il ne pouvait lui donner satisfaction.

RÉPUBLIQUE FRANÇAISE — LIBERTÉ — ÉGALITÉ

Turin, le 11 messidor an VIII (30 juillet 1800) de la
République française une et indivisible.

DUPONT,

Général de division,
Ministre extraordinaire du Gouvernement
français à Turin.

Au citoyen Levasseur,

J'ai reçu ici ta lettre du 27 (16 juillet). La campagne de
l'armée de réserve est finie, et cette armée est réunie à celle
d'Italie. Je me trouve revêtu de nouvelles fonctions et je ne
suis plus en mesure, comme tu vois, de seconder tes projets.

Il m'eût été bien agréable de me trouver encore avec toi dans la belle campagne que nous venons de faire.

Salut et amitié [1].

Signé: Dupont.

La première question dont le Conseil municipal eut à s'occuper, dans la séance du 12 fructidor, après avoir prêté serment à la Constitution de l'an VIII et désigné Louis-Jean-Marie Boullé comme secrétaire, fut celle d'étudier les moyens les plus sûrs et les moins dispendieux pour soutenir l'hospice et le maintenir aux frais du Gouvernement, car la ville ne se sentait pas assez riche pour subvenir elle-même aux frais que cet établissement entraînait. La deuxième question était relative aux dépenses municipales de l'an IX, qu'il y avait lieu de fixer.

Ces deux questions ne furent point tranchées, mais ajournées. Un membre du Conseil, M. Boullé l'aîné, fut prié de s'entendre avec M. Delamotte au sujet de la résiliation de la location de l'hôtel de la municipalité, afin de diminuer d'autant les charges de la ville. Il était recommandé au négociateur de ne pas se départir des prétentions de la commune sur l'hôtel de ville. A cette époque, la ville de Rambouillet soutenait qu'elle était propriétaire de l'hôtel de ville, qui lui avait été donné par le roi Louis XVI; mais cette propriété était contestée par l'État.

A la deuxième séance, qui avait lieu le 17 fructidor an VIII (4 septembre) et qui était présidée par Levasseur, comme la première, l'hospice revenait en discussion. Une loi du 5 ventôse an VIII (24 février 1800) faisait à la ville une obligation du maintien de l'hospice, qui se trouvait lié à la création d'un octroi municipal; cette loi disait qu'il serait établi des octrois municipaux et de bienfaisance sur les objets de consommation locale dans les villes dont les hospices n'avaient pas de revenus suffisants pour leurs

---

[1] Papiers de M. Levasseur.

besoins ; les conseils municipaux étaient invités à présenter
à l'administration supérieure des projets de tarifs pour les
octrois. En présence de textes aussi précis, la municipalité
décidait le maintien de l'hospice et nommait une commission
pour fixer les bases des perceptions de l'octroi [1].

Les dépenses municipales pour l'an IX étaient de   2.028 75
Les recettes prévues formées par les centimes
additionnels du principal des contributions fon-
cières, mobilières et de l'impôt de patentes
n'étaient que de.............................   1.287 »»

De sorte qu'il y avait un déficit de...........   741 75
que l'octroi municipal devait combler.

Les séances qui suivent sont toujours consacrées à l'hospice
et à l'octroi. Les uns combattent l'octroi comme étant impra-
ticable dans une ville ouverte de toutes parts ; d'autres
préconisent, pour l'entretien de l'hospice, une taxe personnelle
supplémentaire à la contribution mobilière ; d'autres enfin
une taxe sur les denrées. Mais la conclusion est que la
commune ne peut soutenir son hospice et que Levasseur
aura de nouvelles démarches à faire auprès du Gouvernement.

Tout le monde est d'accord, dans la séance du 26 pluviôse
an IX (15 février 1801). Le citoyen Jumilhac a demandé à la
Société d'agriculture de Seine-et-Oise de vouloir bien
appuyer la création, à Rambouillet, d'une foire annuelle qui
serait consacrée à la vente des moutons et particulièrement
affectée à celle de ces bêtes de race métisse ou pure espagnole ;
cette foire, qui commencerait le 13 prairial (2 juin), et finirait
le 14, au soleil couchant, devait précéder la vente des laines
de la Ferme nationale, qui se faisait à cette époque de
l'année.

Le Conseil approuve des deux mains l'idée du citoyen
Jumilhac et lui vote des félicitations. Au lieu de primes en
argent, ses membres estiment qu'il convient de donner aux

---

[1] Archives municipales que nous analysons.

meilleurs bergers des manteaux de drap fin avec agréments variés.

Le vote du Conseil fut sanctionné des arrêtés des consuls du 3 germinal an X (24 mars 1802), qui créa en prairial une foire destinée à la vente des laines et des bêtes à laine.

Il n'y a point d'argent au budget pour la réparation des chemins ; plusieurs communes du département ont fait ces réparations au moyen de souscriptions volontaires. Rambouillet imitera cet exemple ; un registre de souscription est ouvert, et le premier chemin réparé sera le chemin de Grenonvilliers.

La séance du 10 germinal an IX (31 mars 1801) est consacrée à la nomination de commissaires chargés d'établir l'état des citoyens de la municipalité ayant droit de voter dans l'arrondissement communal ; les citoyens Champeaux et Perthüy père sont chargés de recenser la maison commune, la partie droite de la grande rue, y compris la place du Marché jusqu'à la maison de Beaurain et celle de Dufour ; Sanson et Ducoret parcourront la partie gauche de la grande rue (aujourd'hui rue Nationale) depuis la maison Ducoret jusqu'au temple ; Cant Martin recensera la rue des Juifs (aujourd'hui rue de Paris) depuis la maison du Chaffot jusqu'à la maison de Dupuis ; Boullé et Enguehard, le carrefour Maillet, la rue du Hasard, la rue Troussevache (rue Lachaux), le Bel-Air et la rue de la Corne (rue de Penthièvre) ; Ringuenoire a dans ses attributions la rue des Remparts (rue d'Angivillier), la rue des Petits-Champs, les ruelles des Vignes ; un autre a Groussay en totalité jusqu'à la barrière ; deux autres le Calvaire, la Louvière, la Villeneuve ; d'autres la Pierrefitte, le derrière de la Garenne, Grenonvilliers, la Guittonnerie, la Ferme, le Parc, les Écuries, le Château, le Corridor (école des enfants de troupe).

La liste des habitants pouvant voter comprend 600 personnes, dont 598 présents et 71 absents.

Au mois de janvier, 8 pluviôse an IX (28 janvier), avait été promulguée une loi portant réduction des justices de paix et réagissant ainsi contre le décret des 16-24 août 1790, qui en avait multiplié le nombre ; aux termes de la loi nouvelle, il ne devait plus y avoir pour tout le territoire européen de la République que 3.000 justices de paix au moins et 3.600 au plus. La population moyenne d'un arrondissement de paix était fixée à 10.000 habitants et ne pouvait dépasser 15.000 : la moyenne étendue territoriale était dorénavant de 250 kilomètres carrés. La loi du 8 pluviôse an IX était mise à exécution dans le département de Seine-et-Oise par un arrêté du 30 brumaire an X (25 octobre 1801), qui réduisait de deux à un les juges de paix de Rambouillet et donnait à celui qui restait les communes suivantes : Auffargis, La Boissière, Les Bréviaires, Émancé, Les Essarts, Gambaiseuil, Gazeran, Hermeray, Mittainville, Orcemont, Le Perray, Poigny, Rambouillet, Raizeux, Saint-Hilarion, Saint-Léger, Vieille-Église.

La ville de Dourdan était divisée en deux arrondissements de justice de paix, dont l'arrêté indiquait les limites précises.

Le même mois d'octobre 1801, le 11 vendémiaire (30 octobre), Henry Levasseur avait un fils à qui étaient donnés les prénoms de Henry-Séverin-Prosper ; un parent de Nantes du côté de Mme Levasseur, Jean-Henry Haentjens, se faisait représenter, comme témoin, par un mandataire, pour la déclaration de naissance ; l'autre témoin était Marguerite-Séverine Lemesle, épouse de Charles-François Dessommes.

Le 11 brumaire an X (2 novembre 1801), le Conseil est appelé à se prononcer sur la question de savoir s'il doit maintenir l'hospice à ses frais, au moyen d'un octroi, ou au contraire si cet hospice doit cesser d'exister, auquel cas il y aura lieu de pourvoir à la subsistance des infirmes jusqu'à sa fermeture [1].

Dans sa délibération, le Conseil regrette que le Gouvernement ne prenne pas à sa charge l'entretien de l'hospice, qui rend les plus grands services non seulement aux indigents

[1] Nous continuons à analyser les registres de là municipalité.

de la contrée, mais encore au premier régiment de cavalerie qui stationne dans cette ville; il ajoute que l'approche de l'hiver rendrait plus pénible la fermeture de cet établissement, que l'on s'adressera à la générosité publique; les avances qui seront faites seront remboursées par la vente du mobilier assez considérable de cette maison; on demandera au Gouvernement compte de la vente qu'il a faite d'une ferme appartenant à l'hospice et qui était louée, avant la Révolution, 432 francs.

En attendant une décision définitive, le maire invitera la Commission de l'hospice à ne pas recevoir de nouveaux malades civils; les militaires n'y seront plus admis que jusqu'au 10 frimaire (1er décembre 1801); on demandera au préfet de suspendre la fermeture de l'hospice jusqu'au 1er germinal (22 mars 1802); d'ici là, le Conseil cherchera les moyens d'éviter sa destruction.

L'année précédente, avait eu lieu l'explosion de la machine infernale de la rue Nicaise, ainsi racontée dans le *Moniteur universel* du 4 nivôse an IX (25 décembre 1800) :

Paris, 3 nivôse (24 décembre).

Aujourd'hui, le premier Consul se rendait à l'Opéra avec son piquet de garde. Arrivé à la rue Nicaise, une mauvaise charrette attelée d'un petit cheval se trouvait placée de manière à embarrasser le passage. Le cocher, quoiqu'allant extrêmement vite, a eu l'adresse de l'éviter. Peu d'instants après une explosion terrible a cassé les vitres de la voiture, blessé le cheval du dernier homme du piquet, brisé toutes les vitres du quartier, tué trois femmes, un marchand épicier et un enfant. Le nombre des blessés connus jusqu'à présent est de quinze.

Il paraît que cette charrette contenait une espèce de machine infernale.

Le 14 nivôse (4 janvier 1801), le même journal citait parmi les blessés, lors de l'attentat contre la vie du premier Consul, le citoyen Trepsat, architecte.

Quelques années plus tard, Trepsat recevra un dédommagement et sera nommé architecte du château de Rambouillet, devenu résidence impériale.

Dans la séance municipale du 13 pluviôse an X (2 février 1802), le Conseil délibère sur les moyens propres à entretenir l'hospice. Le préfet demande au Conseil un avis sur la nécessité de percevoir des taxes sur les denrées mises en vente, le tableau des anciens droits perçus avant la Révolution, des états de situation des recettes et dépenses tant de la commune que de l'hospice. Il s'agit toujours de savoir si la ville peut subvenir aux frais de l'hospice et comment ; des commissions sont nommées sur tous ces points.

Le 15 pluviôse (4 février), on décide que l'orme de la Villeneuve, qui est extrêmement vieux et dépérit annuellement, sera abattu et vendu, que le prix .servira à planter quatre tilleuls sur la place qu'il occupe et à réparer les chemins qui environnent le hameau.

A la séance du 23 pluviôse (12 février), le Conseil donne satisfaction à Mmes Forestier et Roger, institutrices de la ville, qui ont demandé à ne pas payer de loyer de la maison communale qu'elles habitent, à condition qu'elles acquitteront les contributions et instruiront gratuitement les pauvres.

Les maisons de Rambouillet ne portent point encore de numéros ; à l'avenir elles seront numérotées, et les frais de numérotage seront à la charge des propriétaires.

Un bureau de pesage, mesurage et jaugeage est créé, et le premier titulaire est Louis-Claude Grosse.

Le 25 pluviôse (14 février), les commissaires nommés le 13 pluviôse ont terminé leur travail, que Levasseur aura à condenser.

Le 30 pluviôse (19 février), délibération importante et décisive au point de vue de l'hospice.

L'hospice est nécessaire dans une contrée sans industrie. Ceux qui profitent de l'exploitation de la forêt sont des marchands de bois étrangers au pays. Les habitants qui travaillent en forêt ne sont que des bûcherons exploitant, à la sueur de leur front, les bois appartenant à la République. Rambouillet est trop loin de Versailles et de Chartres pour ne pas posséder une maison de secours nécessaire aux voyageurs surpris par la maladie ou des accidents graves. Le Ministre de l'Intérieur donne bien l'espoir que le Gouvernement pourra aider l'hospice, mais il est nécessaire que l'on recherche dans les localités, dit le préfet, les ressources qu'elles peuvent offrir, comme à défaut d'octroi, les locations de places dans les marchés.

Le Conseil déclare qu'il a le désir de soulager l'humanité et qu'il est prêt à voter une taxe, bien que, jusqu'à présent, l'hospice ait été alimenté depuis sa fondation par les propriétaires du domaine de Rambouillet.

Un tarif est voté de taxes à percevoir sur les places publiques le jours de foire et de marché ; le produit en est destiné à l'hospice.

Le budget de l'an X, examiné dans la même séance, ne diffère pas sensiblement du budget de l'an IX.

Mais, à la séance du 15 fructidor (2 septembre 1802), le budget de l'an XI comprend en recettes une somme de 5.180 francs représentant la location des places aux foires et marchés, et en dépenses une somme de 4.800 francs pour l'entretien de l'hospice.

Les dépenses totales sont de.............	6.344 fr. 60
Les recettes totales de..................	6.442 95

Nous sommes loin du budget de l'an IX.

Les ressources de l'hospice comportent, outre les 4.800 fr. de la ville.................................	4.800 fr.
du blé fourni par le Gouvernement évalué......	1.200 »
et une rente sur l'État de....................	68 »
Total[1]...................	6.068 »

---

[1] Le budget de Rambouillet de 1898 s'élève en recettes à 125.181 fr.; dans ce chiffre les recettes de l'octroi entrent pour 70.000 francs.

Le **19** vendémiaire an XI (11 octobre 1802), le Conseil s'occupe **d'un** échange à faire avec l'État ; il s'agirait que la ville donnât à l'**État** un bâtiment dépendant de l'hospice civil et qu'elle reçût en échange l'hôtel de ville construit par Louis XVI ; ce serait un grand avantage pour la ville et en même temps pour l'hospice, qui bénéficierait des revenus que tirerait la ville de cette situation.

Les quatre séances qui suivent, 29 nivôse (19 janvier 1803), 20 pluviôse (9 février), 25 pluviôse (14 février), 30 pluviôse (19 février), sont présidées par Huard, premier adjoint.

La séance du 29 nivôse est entièrement consacrée à la question du logement du curé, dont le Conseil a été saisi par le préfet. Le curé de Rambouillet est logé dans l'hospice. La ville, dit le préfet, ne peut ainsi disposer du bien des pauvres. Le curé n'est pas chez lui dans un établissement ouvert à tout venant. La commune est invitée à procurer un logement à son curé, soit en lui louant une maison, soit en rachetant l'ancien presbytère.

Le Conseil n'est pas de l'avis du préfet. Il trouve, au contraire, que le curé est parfaitement logé à l'hospice, qu'il est au milieu de ses pauvres, que la ville, avec ses ressources si faibles, ne saurait faire plus, qu'enfin l'ancien presbytère est devenu une auberge (aujourd'hui maison Amy) représentant une valeur locative de 800 à 900 francs.

A la séance du 20 pluviôse, lettre du préfet qui félicite le Conseil d'avoir diminué les dépenses de l'hospice, mais l'engage à augmenter eucore ses recettes en percevant des droits sur les bestiaux tués à la boucherie et sur les vins consommés aux cabarets.

Le Conseil refuse, en disant que les recettes actuelles font face aux dépenses et que la commune ne doit pas être tenue des dépenses de l'hospice du 1er vendémiaire an IX (23 septembre 1800) au 1er messidor an X (20 juin 1802), époque à laquelle seulement elle s'est chargée de son entretien.

Sur la demande du curé de Rambouillet tendant à ce que

la ville prenne à sa charge un second vicaire, le Conseil décide qu'un seul suffit. Le 23 pluviôse (12 février), M. Alidières, curé de Rambouillet, se plaint amèrement de la décision de la municipalité. Le 25 pluviôse (14 février), le Conseil persiste dans sa délibération, et, pour ne laisser aucun doute sur les sentiments du Conseil à M. le curé, ce dernier est invité à se rendre au Conseil.

La séance du 17 ventôse an XI (8 mars 1803) est présidée par Levasseur, qui s'est entretenu avec M. le curé de Rambouillet. Un second vicaire est accepté ; il aura un traitement de 200 francs, y compris la valeur de son logement. A la séance suivante du 11 prairial an XI (31 mai), ce traitement est augmenté de 500 francs et porté à 700 francs. Les souscriptions et les quêtes auxquelles on avait songé faisant pour ainsi dire double emploi, le traitement sera payé sur les recettes locales.

La séance du 17 ventôse est la dernière que préside Levasseur en qualité de maire.

On se rappelle qu'il avait tenté les derniers efforts pour rentrer dans l'armée et que ces efforts avaient échoué.

Levasseur avait peu de fortune ; ses charges de famille augmentaient : il songea à demander à l'agriculture ce que l'armée lui avait refusé.

Il acheta des moutons de race espagnole à la Ferme nationale et essaya d'implanter un établissement similaire à celui de Rambouillet dans le département d'Indre-et-Loire.

Dans le courant de mars, il faisait connaître à M. le préfet Garnier sa résolution.

Celui-ci lui répondait le 10 germinal an XI (31 mars 1803) une lettre toute entière de sa main et ainsi conçue [1] :

Versailles, le 10 germinal an XI.

Le préfet du département de Seine-et-Oise au citoyen Henry Levasseur, maire de Rambouillet.

Je reçois à l'instant, citoyen maire, votre lettre d'aujour-

[1] Archives de Versailles.

d'hui qui m'apprend la résolution où vous êtes de quitter ce département.

Je ne vous verrés pas, sans un vif regret, quitter des fonctions que vous avés remplïes avec autant de zèle et de distinction.

S'il était possible que les grâces du Gouvernement ne tombassent jamais que sur ceux qui y ont le plus de droits, par leur mérite et leurs services, vous n'auriés pas été sûrement dans le cas d'aller chercher au loin des ressources ; mais il faut plaindre les personnes en place de ce qu'elles ne peuvent pas toujours voir et apprécier par elles-mêmes les sollicitations qui leur sont faites.

Plaignés les chefs du Gouvernement, si quelquefois, malgré leurs intentions, ils sont égarés dans leur choix par les séductions de l'intrigue.

Je vous prie de mettre le comble aux bons offices que vous m'avés rendus dans mon administration en me désignant vous-même celui que vous croiés le plus propre à remplir la place que vous allés laisser vacante. Vous ajouterés encore par là aux services que vous n'avés cessé de rendre à la chose publique; mais rien ne saurait ajouter à la haute estime et au sincère attachement dont je suis pénétré pour vous.

GARNIER.

Déférant au désir de son chef, Levasseur indiquait au préfet de Seine-et-Oise, comme devant le remplacer à la mairie de Rambouillet, le plus jeune des membres du Conseil municipal, Jean-Marie Boullé, ancien militaire et ancien notaire.

Le 27 fructidor an XI (14 septembre 1803), Levasseur arrivait dans la Touraine.

Une note insérée au *Moniteur universel* du 3 vendémiaire an XII (27 septembre 1803) annonçait en ces termes l'arrivée de son troupeau :

Tours, 30 fructidor an XI (17 septembre).

Le 27 fructidor, il est arrivé un beau troupeau de 340 bêtes à laine de race pure, espèce dite mérinos d'Espagne, sous la conduite des bergers de cette nation. Il appartient à MM. Henry Grandin et Levasseur, qui forment un établissement sur le territoire de Cremilles, près de Langeais.

Nous savons peu de chose sur le séjour de Levasseur en Touraine ; il est à croire que l'établissement qu'il chercha à fonder ne réussit pas au gré de ses désirs, car nous retrouvons Levasseur à Rambouillet redevenu maire, le 9 août 1808. A Langeais, le 2 avril 1804, lui était né un second fils [1].

Dans l'intervalle, entre son départ et son retour, un événement important s'était accompli : Rambouillet était devenu résidence impériale.

X

NAPOLÉON I⁽ᵉʳ⁾ A RAMBOUILLET

Bonaparte exprime le désir d'avoir une chasse à Rambouillet. — Sa première visite à Rambouillet. — Bonaparte est nommé Empereur. — Rapport de M. de La Motte. — Trepsat. — Aménagement du château. — L'Empereur à Rambouillet en 1806. — Mᵐᵉ Hubert. — Correspondance de l'Empereur. — Fontaine, architecte du château. — Travaux à Rambouillet en 1806. — Famin.

Dès l'année 1802, Bonaparte, premier consul, exprima le désir d'avoir un rendez-vous de chasse dans la forêt de Rambouillet.

Le 21 fructidor an X (8 septembre 1802), Serracin, qui avait fait sa carrière à Rambouillet et était alors sous-inspecteur forestier et des chasses du premier consul, envoyait à d'Hennecourt, son inspecteur, un plan de terrain pour éta-

[1] Le père de M. Levasseur, trésorier-payeur.

blir un pied-à-terre destiné aux rendez-vous de chasse du premier consul : l'endroit choisi était entre la plaine des Bréviaires et les étangs de Saint-Hubert et de Pouras, au centre de la forêt ; on y accédait par la Maison-Blanche et la Ferme-aux-Bœufs ; le bois dans lequel était proposé ce rendez-vous de chasse avait une étendue de 45 hectares [1].

Nos historiens locaux fixent au 12 brumaire an XIII (4 novembre 1804) la première visite que Napoléon Ier fit à Rambouillet.

Le 18 mai précédent, le Sénat conservateur avait conféré le titre d'Empereur au citoyen premier consul, en établissant dans sa famille l'hérédité au trône impérial : le sénatus-consulte du 28 floréal an XII avait organisé l'Empire.

Le 4 novembre 1804, c'était un dimanche, l'Empereur visita le château, les jardins, le parc et les bergeries, qui fixèrent particulièrement son attention ; le même jour, M. de La Motte[2], receveur du Domaine, présenta au souverain un mémoire historique sur Rambouillet, dans lequel il résuma le passé de cette terre, rappela les noms des anciens propriétaires, des d'Angennes, du comte de Toulouse, du duc de Penthièvre, du roi Louis XVI ; il terminait son étude en établissant la consistance du Domaine de Rambouillet et l'état de ses revenus en 1804. En 1791, les revenus s'élevaient à 457.334 francs ; mais, pendant la Révolution, ils s'étaient amoindris, à raison des ventes qui avaient été faites, de sorte qu'au 28 floréal an XII, date du rétablissement de la liste civile, le Domaine ne donnait en location qu'un revenu de 1.907 francs (location de l'hôtel de ville et autres objets), mais encore susceptible d'un revenu de 369.264 francs, soit une différence de 88.070 francs avec 1791.

---

[1] Archives nationales, O², 319 et sq.

[2] Père de l'ancien avoué et maire de Rambouillet ; ses petits-fils, portant le même nom, très connus à Rambouillet, sont Georges, chef de bureau à la ville de Paris, et Gabriel, directeur de la compagnie d'assurances l'*Aigle*.

M. de La Motte ajoutait que le prix annuel des coupes de bois étant plus élevé qu'en 1791, le Domaine pouvait atteindre un revenu de 632.264 francs [1].

Dans son mémoire, le premier historien de Rambouillet indiquait l'importance du château au point de vue du logement, et des avantages de toutes sortes que cette habitation pouvait procurer ; d'après lui, les bâtiments étaient en assez bon état.

Le 30 nivôse an XIII (20 janvier 1805), deux mois environ par conséquent après la première visite de l'Empereur, l'architecte Trepsat, qui avait été chargé de faire un rapport sur le château de Rambouillet, s'exprimait différemment de de La Motte.

Le château, — disait-il dans ce rapport, — est dans un tel état de délabrement que toutes les réparations qu'on y ferait seraient en pure perte ; il ne reste donc que le parti de la démolition, en conservant la grosse tour comme ornement des jardins. Cette tour ne conviendrait pas à l'usage d'un rendez-vous de chasse, parce qu'elle est trop près du grand chemin et de la ville ; un rendez-vous de chasse n'est bien placé qu'au milieu d'un carrefour [2].

Dans ce même rapport, Trepsat indiquait les bâtiments qui appartenaient à l'État, dans Rambouillet ; c'étaient : la maison du baillage servant de mairie, laquelle était en bon état, le bâtiment des cuisines et communs appelé le Corridor, alors à l'usage du Ministère de la Guerre, l'hôpital civil, la manufacture de dentelle (hôpital militaire), la chaumière (maison De Ridder) qu'occupait la gendarmerie ; le dépôt du premier régiment de dragons logeait dans les nouvelles écuries ; Moque-Souris servait de buanderie et de grenier à

---

[1] Mémoire manuscrit.

[2] Archives nationales. Les renseignements concernant les travaux relatifs à Rambouillet et exécutés à Rambouillet sous l'Empire, que nous analysons ont été trouvés par nous dans les cartons O² 319, 320, 321, 322.

foin ; faisaient encore partie du Domaine : l'ermitage, la chaumière, le jardin anglais, le pavillon de l'île des Roches, dix maisons de portiers ; Trepsat proposait de reconstruire une arche du pont placé sur les canaux.

Le 18 ventôse an XIII (9 mars 1805), le maréchal Berthier, grand veneur, écrivait à M. de Fleurieu, intendant de la maison de l'Empereur :

L'Empereur, mon cher Fleurieu, m'a ordonné d'aller à Rambouillet pour lui arranger sur-le-champ un rendez-vous de chasse. Donnez l'ordre à quelqu'un du garde-meuble et à un architecte d'être rendu ce soir à Rambouillet, où je vais coucher ; demain, j'arrêterai les dispositions et vous ferai connaître ce que j'aurai décidé. L'Empereur paraît vouloir aller à Rambouillet mercredi ou jeudi [1].

Le 29 ventôse (18 mars), le maire, M. Boullé, lisait à son Conseil une lettre du 17 par laquelle M. le curé de Rambouillet offrait de célébrer une messe pour remercier Dieu des bienfaits de l'Empereur envers l'hospice [2].

Le Conseil chargeait le maire d'exprimer à M. le curé que le corps municipal et tous les habitants partageaient ses sentiments et participeraient avec empressement à ce témoignage public de leur reconnaissance.

Le 7 germinal (28 mars), nouvelle lettre à M. Fleurieu du grand veneur, qui dit avoir examiné le plan de Trepsat pour un rendez-vous de chasse et que Trepsat avait bien saisi les intentions de l'Empereur ; on avait prévu une dépense de 50.000 francs pour ce rendez-vous de chasse.

L'Empereur avait acheté le château de Saint-Léger et ses dépendances, moyennant 22.385 francs, le 14 mars.

Le 10 thermidor (29 juillet), l'Empereur manifestait l'in-

---

[1] Archives nationales, cartons O² 319 et sq.

[2] L'empereur avait fait fait précéder sa prise de possession par l'envoi d'une somme de 8.000 francs, qui sera suivi d'un don de 8.000 francs, de rente.

tention d'aller passer huit jours à Rambouillet et priait son
grand maréchal, Duroc, de faire hâter les travaux [1].

Saint-Cloud, 10 thermidor an XIII.

Monsieur Duroc, je désire que vous réunissiez un Conseil
composé de mon intendant général, de M. d'Hannencourt et
de M. le conseiller d'État Réal, pour s'occuper de la rédaction
de l'organisation de mes forêts ; vous me le présenterez.

Rendez vous à Rambouillet avec mon intendant et l'architecte afin de donner tous les ordres pour que cette maison
soit en état de me recevoir dans un mois ou six semaines, et
que je puisse y passer huit jours.

Le 10 fructidor (28 août), l'architecte recevait l'ordre de
faire une maison d'habitation.

Le budget de l'an XIII affectait d'abord une somme de
50.000 francs pour des travaux à faire au château de Rambouillet, qui devait être disposé en rendez-vous de chasse ;
puis le crédit fut porté à 256.000 francs, le rendez-vous de
chasse devenant une maison d'habitation.

Dans les derniers mois de l'année 1805, Duroc rendait
compte à l'Empereur de l'état d'avancement des travaux :

Votre Majesté, — disait-il, — avait ordonné, par le budget
de l'an XIII, qu'on disposât un rendez-vous de chasse dans
le château de Rambouillet. Depuis, votre Majesté a désiré
qu'on rendît le château propre à lui servir d'habitation. Les
dépenses ont été évaluées à 256.000 francs. Le château est
dans le plus grand délabrement. Une tour s'était écroulée ;
il a fallu reconstruire à neuf une partie des murs. La couverture entière a été refaite ; on a placé dans l'intérieur du
château un grand escalier qui y manquait. Tout ce qui concerne le bâtiment est terminé ; il n'y reste plus que les glaces
à poser et les meubles à placer. Les travaux, commencés au
mois de fructidor (août 1805), ont été achevés dans l'espace

[1] Correspondance de l'Empereur, tome XI, p. 50.

de trois mois ; les 256.000 francs ne seront pas dépassés [1].

Le 23 vendémiaire an XIV (15 octobre 1805), le comité de consultation des travaux avait fixé le devis des travaux à exécuter à 256.309 fr. 75, déduction faite [des matériaux en compte ; les travaux à faire s'appliquaient aux vingt-huit appartements qui devaient être augmentés de six, à la reconstruction de la tour à gauche, à la démolition de l'aile gauche du château ; il fallait aussi agrandir la cour, dégager la vue du côté de la ville, faire un grand escalier double pour aller d'un côté à l'appartement de l'Empereur et de l'autre à celui de l'Impératrice, reconstruire les passages souterrains pour accéder aux cuisines, clore la cour impériale d'un mur et d'une grille, la grande cour d'un mur de terrasse du côté du parterre avec grille ; le projet comprenait encore l'achèvement de la grille en retour du côté de la rue, la clôture en palissade du quinconce et du parterre ; il y avait des distributions à opérer dans les appartements de Sa Majesté et dans les vingt-huit appartements particuliers ; il fallait 45 glaces ; l'appartement de l'Impératrice comportait deux salons, une chambre à coucher, cabinets et garde-robe ; des poteaux seraient placés pour l'éclairage de l'avenue conduisant au château [2].

La campagne de 1805 empêcha l'Empereur de résider cette année-là à Rambouillet ; le 2 vendémiaire an XIV (24 septembre 1805) il quittait Paris et ne devait rentrer en France que le 22 janvier 1806 ; le 2 décembre 1805 il gagnait sur les Russes et les Autrichiens la fameuse bataille d'Austerlitz, et adressait le 3 sa célèbre proclamation à ses soldats, commençant par ces mots : « Soldats, je suis content de vous, »

[1] Archives nationales, cartons ci-dessus. Pour nos recherches aux archives, M. Lelong, archiviste aux Archives nationales, a été pour nous d'une obligeance inépuisable.

[2] Le 25 novembre 1805, était décédé à Dourdan César-Pierre Thibault de Verteillac, âgé de 73 ans, amnistié depuis le 12 octobre 1802, et dont Levasseur avait été l'intendant ; son fils était chambellan de l'Empereur.

et finissant ainsi : « A votre retour, mon peuple vous reverra
avec joie et il suffira de dire : J'étais à laba taille d'Austerlitz
pour qu'on dise voilà un brave. »

Le 16 frimaire an XIV, Napoléon adoptait les enfants des
militaires tués à la bataille d'Austerlitz et décidait que les
garçons seraient élevés à ses frais à Rambouillet ; une
grande maison située près de l'hospice, en face des grilles
du parc (aujourd'hui hôpital militaire), devait être affectée
à cette œuvre.

Le décret daté du camp impérial d'Austerlitz était ainsi
conçu :

> Camp impérial d'Austerlitz, 16 frimaire an XIV (7 décembre 1805).

Article 1er. — Nous adoptons tous les enfants des généraux,
officiers et soldats français morts à la bataille d'Austerlitz.

Art. 2. — Ils seront tous entretenus et élevés à nos frais,
les garçons dans notre Palais impérial de Rambouillet et les
filles dans notre Palais impérial de Saint-Germain.

Les garçons seront placés et les filles mariées par nous.

Art. 3. — Indépendamment de leurs noms de baptême et
de famille, ils auront le droit d'y joindre celui de Napoléon.

Cette idée ne devait recevoir que plus tard un commencement seulement d'exécution.

Le 30 janvier 1806, l'Empereur faisait l'acquisition d'une
maison et ses dépendances, à Groussay, moyennant le prix
de 23.000 francs.

Dans les premiers mois de cette année on s'occupa de
l'ameublement du château.

Le 28 février 1806, l'ordre suivant était donné concernant
la maison de l'Empereur :

Il n'est fait, quant à présent, disait cet ordre, aucun fonds
pour l'ameublement, de Rambouillet, attendu que Sa Majesté
y destine tous les meubles qui sont au grand Trianon ; cette
opération ne doit coûter que les frais de transport [1].

---

[1] Correspondance de l'Empereur, tome XII, p. 109.

Le 4 mars, Duroc, grand maréchal du Palais, écrivait à
Daru, intendant général : « Les meubles de Trianon pourront aller sans aucune espèce de dépenses à Rambouillet ;
demandez à Trepsat si le Palais est en état de les recevoir ;
il faudrait charger du transport et de l'arrangement quelques
valets de chambre et tapissiers. »

Le 7, l'Empereur demande que les meubles de Trianon
soient transportés à Rambouillet, et si Rambouillet est prêt.

Le 8, Trepsat propose à Daru des tentures en étoffes ; ce
qui reste à faire consiste en glaces, sonnettes à poser, en frot-
tage et cirage des parquets [1].

Le 13 mars, Trepsat se rend à Paris et dit que les glaces
ne pouvant aller à cause des dimensions, il vaudrait mieux
faire reprendre au miroitier toutes les glaces dont on ne veut
pas faire une compensation, lui en racheter d'autres pour
Rambouillet ; tout sera prêt, ajoute l'architecte, le 31 mars ;
l'appartement de l'Impératrice a été disposé pour recevoir
de la tenture au lieu de papier ; il faut que la tenture soit en
place avant de poser le meuble ; pour mettre des glaces partout on dépensera 38.288 francs.

L'Empereur prit possession du château de Rambouillet le
2 mai 1806 et y resta jusqu'au lendemain.

Le *Journal de l'Empire* du 6 mai rendit compte de ce séjour
en ces termes [2] :

L'Empereur a passé deux jours de la semaine dernière à
Rambouillet et a chassé dans la forêt. Samedi S. M. par-
courut à cheval le marché de Rambouillet, l'un des plus
considérables parmi ceux qui approvisionnent Paris ; elle
put se convaincre de tous les sentiments que lui portaient
les cultivateurs. Le prince et la princesse de Clèves [3], le

---

[1] Archives nationales, cartons ci-dessus.

[2] Les extraits que nous donnons relatifs aux voyages de l'Empereur
sont tirés du *Journal de l'Empire*.

[3] Murat, prince de Clèves, avait 35 ans, et sa femme, Annunciade Ca-
roline, sœur de l'Empereur, 23 ans.

prince et la princesse de Bade [1] accompagnaient l'Empereur.

Dans ce court passage, l'Empereur signa seulement quelques décrets dont l'un nommait un nouveau préfet de Seine-et-Oise, M. Laumond, conseiller d'État.

La présence de l'Empereur est encore, le même mois, signalée à Rambouillet le 9, à trois heures de l'après-midi, et le 2 du mois suivant.

Le *Journal de l'Empire* du 4 juin annonce, en effet, dans une note datée de la veille, que le 2 l'Empereur est parti pour Rambouillet et que S. M. sera de retour à Saint-Cloud le soir.

La question du curage des canaux se posa aussitôt après les séjours de l'Empereur à Rambouillet, au mois de mai ; Trepsat l'étudia avec soin.

Le comte de Toulouse, écrit-il dans son rapport du 29 mai 1806, fit creuser les pièces d'eau ; il a voulu ainsi procurer de la salubrité à son habitation entourée d'un sol marécageux et avoir l'agrément de plusieurs grandes pièces d'eau. Ces pièces d'eau ont existé pendant plus de soixante ans sans entraîner d'inconvénient, parce que l'on donnait de l'écoulement par les rivières anglaises ; depuis 1789 ces pièces d'eau ont été abandonnées ; les fermiers qui les ont louées ont laissé croître les roseaux ; Trepsat n'est pas d'avis de les mettre à sec, mais de les rétablir comme avant la Révolution ; il propose de commencer les travaux en octobre et en novembre 1806 ; ces travaux s'élèveront à environ 160.000 francs.

A la même époque est commencée l'appropriation du grand commun ; un crédit de 124.454 francs est affecté à ces tra-

---

[1] Stéphanie-Adrienne-Louise Napoléon, cousine de l'Impératrice Joséphine et fille adoptive de l'Empereur, avait épousé le 7 avril 1806 le prince de Bade ; ils faisaient alors leur voyage de noces ; la jeune princesse avait 19 ans; jolie, aimable, spirituelle, on lui aurait supposé 15 ans ; le mari avait un teint blanc et rose qui lui donnait l'air un peu poupard (Mme Avrillon, tome 1er, p. 270).

vaux ; ce bâtiment a été longtemps occupé par un hôpital militaire et a ensuite servi au casernement des troupes ; il est dans un lamentable état de dévastation, mais il a 36 mètres de pourtour, 500 mètres de profondeur, 3 étages, et est percé sur l'avenue de Versailles de 52 croisées à chaque étage.

Un crédit de 43.214 fr. 39 suffira pour le quartier, qui servira de remises et d'écuries au Château, et n'a rien de commun avec le grand corridor dont il est séparé d'un demi-quart de lieue ; le 16 juillet, l'Empereur met à la disposition de Trepsat la moitié du grand quartier pour y exécuter des travaux ; l'architecte a reçu des ordres du grand maréchal pour les chevaux et les voitures de Sa Majesté qui sont destinés au grand quartier.

Au mois d'août 1806, l'Empereur resta dix jours à Rambouillet, du 16 au 25. Son projet primitif était de n'y résider que deux jours, avec l'impératrice Joséphine ; en effet, le journal de l'Empire du 18 août publiait une note datée de Paris, 17, et conçue en ces termes :

LL. MM. sont parties hier (samedi 16) pour Rambouillet, où l'on croit qu'elles passeront deux jours [1].

La veille (le vendredi 15) avait été célébrée à Paris, pour la première fois, la fête de la Saint-Napoléon, anniversaire du Concordat.

Quelques jours après le départ de l'Empereur de Paris, une note du *Journal de l'Empire* du mardi 21, annonçait que l'Empereur prolongeait son séjour à Rambouillet.

L'Empereur, — disait cette note, — restera plus longtemps au château de Rambouillet qu'on ne l'avait cru ; on ne l'attend pas à Paris avant la fin de la semaine. Dans cette retraite, S. M. est occupée comme à Saint-Cloud. Le Ministre secrétaire d'État (Maret) est parti ce matin pour travailler avec elle.

[1] A ce premier séjour à Rambouillet de l'Impératrice, S. M. avait 42 ans et l'Empereur 36 ans.

Le même journal du vendredi 22 ajoutait :

On dit que S. M. l'Empereur restera à Rambouillet jusqu'aux premiers jours de la semaine prochaine.

Cette note était suivie du fait divers suivant, concernant Rambouillet :

On vient d'amener de Rambouillet et de placer dans une enceinte séparée (au Jardin des Plantes), à l'extrémité de la vallée suisse, un taureau et une vache d'Asie, tout blancs et sans cornes. Le taureau est beau ; la vache est petite ; elle ne donne pas de lait. L'impatience qu'elle fait pour s'échapper lorsqu'on veut la traire, lui font perdre le lait aussitôt que le lait est sevré. C'est un défaut commun aux vaches d'Asie de ne point se prêter à l'extraction du lait, et de priver leurs possesseurs d'une précieuse ressource que les vaches d'Europe fournissent si abondamment.

Le 20 août il y avait un conseil des ministres à Rambouillet [1]. Les ministres d'alors étaient, entre autres, outre H.-B. Maret, ministre secrétaire d'État ; Talleyrand, ministre des relations extérieures ; Champagny, ministre de l'Intérieur ; Berthier, ministre de la Guerre ; vice-amiral Decrès, ministre de la Marine ; Fouché, ministre de la Police générale ; Portalis, ministre des Cultes ; Mollien, ministre du Trésor.

Le journal du samedi 23 publiait une correspondance datée de Paris 22, signalant leur retour :

Tous les ministres de S. M. I., qui s'étaient rendus avant-hier à Rambouillet pour suivre leurs travaux respectifs, sont revenus le lendemain à Paris.

Le lundi 25 août, l'Empereur et l'Impératrice revenaient à

---

[1] Le conseil des ministres du 20 août 1806 fut le premier qui se tint à Rambouillet.

En 1806 étaient : gouverneur des Tuileries, M. de Fleurieu, sénateur ; sous-gouverneur de Versailles, le colonel Deriot ; grand-veneur, le maréchal Berthier ; capitaine des chasses, d'Hannencourt ; intendant-général de la maison, Daru : grand-maréchal du Palais, le général de division Duroc ; architecte du Palais du Louvre et des Tuileries, Fontaine. (Almanach de 1806).

Saint-Cloud, ainsi que l'indique le journal du 27, publiant une note portant la date du 26 :

LL. MM. II. et RR. sont revenues hier de Rambouillet à Saint-Cloud.

Un incident s'était produit le 25, à Saint-Arnoult, au passage de l'Empereur revenant à Saint-Cloud ; il est ainsi raconté dans le journal du 28 août :

En revenant de Rambouillet à Saint-Cloud, LL. MM. passèrent par la commune de Saint-Arnoult, où demeure Mme Hubert, mère de six enfants et veuve d'un capitaine de vaisseau mort au combat de Trafalgar (21 octobre 1805), où il commandait l'*Indomptable*. Mme Hubert, réduite pour toute fortune, à une pension de 600 francs, profite du passage de l'Empereur et veut lui présenter une pétition : elle accourt, les voitures passent rapidement, elle perd connaissance. La situation de cette respectable mère de famille cause un mouvement dont l'Empereur s'aperçoit ; il veut en connaître la cause : « Soyez tranquille, Madame, lui dit S. M., dès ce moment je porte votre pension à 1.500 francs, et je prends soin de vos enfants. »

Pendant son séjour à Rambouillet, l'Empereur eut une correspondance très active.

Le 17 août 1806, il écrit de Rambouillet à son frère Joseph, roi de Naples et de Sicile depuis le 30 mars précédent [1] :

Je désirerais bien que la canaille de Naples se révoltât. Tant que vous n'en aurez pas fait un exemple, vous n'en serez pas maître. A tout peuple conquis il faut une révolte, et je regarderai une révolte à Naples comme un père de famille voit une petite vérole à ses enfants, pourvu qu'elle

---

[1] Correspondance de l'Empereur à sa date. Il ne nous paraît pas utile de donner les volumes et les numéros des lettres qui sont faciles à retrouver dans la correspondance générale de l'Empereur publiée sous le second Empire en 32 volumes, en les recherchant à leur date. Nous devons des remerciements à M. Paul Marmottan et à M. Georges Bertin, qui nous ont donné d'utiles indications sur la bibliographie impériale.

n'affaiblisse pas trop le malade. C'est une crise salutaire. C'est donc dans cette vue que les châteaux doivent être armés et approvisionnés.

Je suis venu passer ces huit jours à Rambouillet. Je fais lever partout la conscription, et j'en fais diriger près de la moitié sur mes dépôts des armées de Naples et d'Italie. Ménagez vos fusils : 4 ou 5.000 hommes, avant la fin de novembre, vont vous sortir des hôpitaux, et si les corps n'ont pas eu soin de leurs fusils, vous en aurez une grande pénurie. Les négociations avec l'Angleterre continuent à se traîner.

Le même jour, c'est-à-dire le lendemain de son arrivée, après avoir jeté un coup d'œil sur les travaux effectués, il n'est pas satisfait et s'en explique à M. Daru, intendant général de sa maison :

MONSIEUR DARU,

Les travaux qui se font et se feront encore à Rambouillet sont assez considérables pour nécessiter un architecte particulier. Celui de Versailles n'y est jamais ou est quatre mois sans y venir, et tout s'y fait mal. Je pense que la meilleure manière est d'avoir un architecte, jeune homme qui débuterait dans la carrière et qui travaillerait sous M. Fontaine, mon premier architecte, et qui reverrait tous les plans. Il faudrait que ce fût un homme d'un mérite à devenir un jour premier architecte.

M. Villesurarce n'a encore rien fait à Rambouillet. Donnez-lui des ordres pour l'arrangement du jardin anglais et pour planter des arbres où cela est nécessaire, pour rétablir les allées dans le même ordre où elles étaient.

Il est important que M. Trepsat ne soit plus chargé de Rambouillet et qu'un architecte particulier surveille les travaux [1].

---

[1] Correspondance de l'Empereur, tome XIII, 39 lettres.

On se rappelle que Trepsat était cet architecte qui avait eu la cuisse cassée lors de l'explosion de la machine infernale de la rue Nicaise ; l'Empereur, par la suite, l'avait décoré et fait architecte des Invalides, en lui disant qu'il y avait assez longtemps qu'il était le plus invalide des architectes.

Le 23 brumaire an XII (16 novembre 1804), Trepsat avait cessé ses fonctions aux Invalides pour devenir architecte du château de Versailles, du grand et du petit Trianon ; c'est à ce dernier titre qu'il fut chargé des travaux du château de Rambouillet en 1805 et jusqu'au mois de septembre 1806.

Un de nos historiens locaux, M. Moutié, prétend que l'Empereur ne voulut pas conserver Trepsat à Rambouillet, parce que cet architecte n'avait pas su consolider l'aile gauche du château : « L'aile gauche du château, dit-il, dans laquelle quelques lézardes s'étaient manifestées, était étayée depuis quelques années. Trepsat arrive, trouve que cette aile est menacée d'une ruine imminente et au lieu de chercher à la réparer, sans en référer à des ordres supérieurs, fait immédiatement procéder à sa démolition. Il ne fallut rien moins que la poudre à canon pour disjoindre les assises retenues par un ciment séculaire. L'Empereur, justement irrité de cet acte d'ignorance et de vandalisme, pourvut immédiatement au remplacement de ce malencontreux démolisseur. »

Le 17 août, l'Empereur écrit encore trois lettres, l'une à Talleyrand, la seconde au maréchal Berthier et la troisième à Eugène de Beauharnais, vice-roi d'Italie, son beau-fils :

Il dit à M. de Talleyrand :

M. le prince de Bénévent, répondez à M. de Metternich que vous m'avez mis sous les yeux sa note du 16 août, que j'ai sur-le-champ donné des ordres pour la rentrée de l'armée française en France et pour que les prisonniers autrichiens soient reconduits aux frontières d'Autriche.

Au maréchal Berthier :

Mon cousin, je suis venu passer quelques jours à Rambouillet. Il faut songer sérieusement au retour de la Grande Armée, puisqu'il me paraît que tous les doutes de l'Allemagne sont levés. Je crois qu'il n'y a aucun inconvénient à ce que vous fassiez continuer leur marche aux prisonniers prussiens. Vous pouvez annoncer que l'armée va se mettre en marche, mais dans le fait je ne veux rendre Braunau que quand je saurai si le traité avec la Russie a été ratifié. Il a dû l'être le 15 août, ainsi dans dix jours j'en aurai la nouvelle ; cependant il faut cesser tout préparatif de guerre.

L'Empereur écrit la troisième lettre, datée du 17 août 1806, au prince Eugène de Beauharnais, vice-roi d'Italie. Il lui dit :

Mon fils, j'ai désiré que tous les chefs-d'œuvre d'art restassent à Venise pour ne pas humilier cette ville... Tous les chefs-d'œuvre qui ne sont pas propriété particulière, faites-les prendre par l'intendant général de la Couronne, et alors vous serez le maître de les porter où vous voudrez.

Le 18 août, il se plaint à son Ministre des Affaires Étrangères qu'une nomination ne lui ait pas été communiquée, et il ajoute :

Je ne veux point conserver de liaison avec l'Angleterre si elle ne fait pas la paix. Je sais fort bien que Londres est un coin du monde et que Paris en est le centre, et qu'il serait avantageux pour l'Angleterre d'y avoir un agent même en temps de guerre. Je compte rester toute la semaine à Rambouillet. « L'Empereur chasse, il ne reviendra qu'à la fin de la semaine, » voilà la réponse à faire à l'ambassadeur d'Angleterre. Il faut même marquer cette allure lente et pesante jusque dans les passeports à donner à lord Yarmouth.

Le 18, lettre assez vive au général Lemarois, gouverneur

des Marches d'Ancône, son ancien aide de camp, qui fut témoin à son mariage avec Joséphine :

Je reçois votre lettre du 10 août. Je ne suis pas content du rapport que vous me faites sur Pescara et sur les Abruzzes. Vous n'écrivez pas assez en détail. Donnez-moi des renseignements détaillés sur la situation des corps, sur l'état des hôpitaux, sur la nature des routes depuis Ancône jusqu'à Pescara. Vous savez que j'aime les détails.

Le même jour, lettre au roi de Naples [1] :

Le 1er régiment de ligne, qui est un des meilleurs de l'armée, est à Pescara et ne fait rien : appelez-le à Naples et sans délai.

Le 20 août, dans un mot à Fouché, il se plaint des déclamations du département de la Loire-Inférieure, qui cherche à lui donner des préventions contre la gendarmerie, « partie importante de la force publique ».

A la même date, une note ainsi conçue est envoyée au Ministre de la Guerre :

La nécessité de relever les fortifications de la ville d'Anvers s'impose. L'Empereur redemande les anciens plans de cette ville pour les étudier à Rambouillet.

Encore le 20, lettre au général Dejean, ministre directeur de l'administration de la guerre. Il lui exprime le désir que tous les trophées de la Grande Armée soient exposés au musée Napoléon ; il prie le même de donner l'ordre au prince Borghèse, son beau-frère, colonel du 1er régiment de carabiniers, de se rendre au camp de Meudon. Puis, conseils au prince Eugène :

Recommandez, dit-il, aux généraux Scalfort et Duprés de faire exercer leurs troupes à pied. L'un et l'autre ont été à

---

[1] Correspondance.

la Grande Armée et savent comment j'entends que les troupes manœuvrent.

Toujours le 20, avis intéressants donnés au roi de Naples, Joseph :

MON FRÈRE,

Que faites de vous de toute votre cavalerie ? L'automne va donner de la vigueur et de la gaieté à vos soldats ; vos malades vont guérir ; l'agitation de la mer rendra les Anglais plus circonspects et leurs opérations plus difficiles.

Réunissez tous vos soldats et faites-en une réserve.

La bonne situation de mes armées vient de ce que je m'en occupe tous les jours une heure ou deux, et lorsqu'on m'envoie chaque mois les états de mes troupes et de mes flottes, ce qui forme une vingtaine de gros livrets, je quitte tout autre occupation pour les lire en détail, pour voir la différence qu'il y a entre un mois et l'autre. Je prends plus de plaisir à cette lecture qu'une jeune fille n'en prend à lire un roman.

Aujourd'hui la question est toute entière dans la Calabre. Il faut que tout le monde soit dans la conscience qu'on y est assis de manière à ne pouvoir être ébranlé.

Suit un projet de placement de l'armée de Naples.

Il autorise les généraux Dedon et Campredon à passer au service de son frère :

On vous reproche, dit-il, de parler trop de vos affaires à trop de monde. Si vous pouviez vous attacher Masséna, ce serait un bien.

Le 21, il écrit à Talleyrand [1] :

Il est indispensable, pour éviter toute difficulté avec la cour de Vienne, de déterminer nos limites en Italie.

---

[1] Correspondance de l'Empereur.

Le même jour, il demande un budget à M. Mollien, Ministre du Trésor.

Puis nouveaux et sages conseils au prince Eugène :

Vous avez toute la vivacité du jeune âge ; il faut être lent dans la délibération et vif dans l'exécution.

Ne perdez pas de vue vos manœuvres d'infanterie et de cavalerie, et tout le détail des troupes ; mais nous n'aurons pas de guerre de tout ce temps-ci.

Aussitôt après, l'Empereur reproche à son frère Louis, roi de Hollande, depuis le 5 juin, sa précipitation :

Il ne faut pas dégarnir la Hollande d'officiers d'artillerie ; vous êtes animé par de trop petites vues ; vous croyez avoir tout fait quand vous avez économisé 100.000 francs.

Les lettres continuent à être datées de Rambouillet.

Le 22 août 1806, correspondance avec Talleyrand au sujet de la Confédération du Rhin :

Mon intention, dit l'Empereur, est qu'aucun Prussien, ni autre, ne puisse passer sur le territoire de la Confédération, et qu'aucun confédéré n'accorde le passage sans le consentement de tous.

Dans une autre lettre, il règle avec le même la question de la suppression de l'ordre de Malte :

L'ordre de Malte peut être considéré comme détruit. Le roi de Naples s'emparera de toutes les commanderies, et lui aura le droit de conférer l'ordre. Il n'y a plus de grand-maître de l'ordre.

En 1807, les juifs se réunissent en grand sanhédrin. De nombreuses questions doivent être discutées. L'Empereur adresse une note à son ministre de l'Intérieur, M. de Champagny, dans laquelle il indique comment il entend que les questions posées soient résolues [1] :

____

[1] Correspondance.

Les juifs ne peuvent épouser qu'une femme.

Le divorce ne saurait avoir lieu que dans les termes du Code.

Il faut recommander le mariage des juifs avec les Français.

Les Français sont frères.

Les juifs devront défendre la France comme Jérusalem.

Le 23 août, ordres énergiques, violents même, donnés en ces termes à Fouché :

Écrivez au général Menou que lorsqu'il arrive qu'un homme arrêté pour avoir tenu des propos contre le Gouvernement ou tenté de troubler la tranquillité générale, est acquitté par les tribunaux, il le fasse sur-le-champ écrouer de nouveau et vous en rende compte.

Au même courrier, au général Dejan, il redemande les plans de Brest, de Toulon, de Lorient, de Cherbourg, avec les devis et le temps nécessaire pour les exécuter :

Nous sommes tranquilles, mais il faut songer à l'avenir ; une ligue de plusieurs puissances est toujours formée par l'Angleterre.

C'est un ouvrage de longue haleine qu'il désire.

Il donne ordre au général Chasseloup de se rendre à Venise et de visiter les forêts, au Ministre de la Marine de s'occuper de l'état des transports qui existent dans ses villes maritimes, au prince Eugène des instructions pour envoyer des troupes à Naples, au maréchal Berthier des indications pour la Confédération du Rhin. Le roi de Naples reçoit un mot un peu sec :

Je suis fâché, lui dit l'Empereur, que vous croyiez ne pouvoir retrouver votre frère qu'aux Champs-Élysées ; il est tout simple qu'à 40 ans il n'ait pas pour vous les mêmes sentiments qu'à 12 ans ; mais il a pour vous des sentiments plus réels et plus forts ; son amitié a les traits de son âme.

Le roi de Hollande est avisé que son couronnement ne peut avoir lieu qu'à la paix maritime.

Une lettre est adressée encore au prince Eugène :

Mon fils, lui dit son père adoptif, vous voyez les choses avec trop de vivacité. J'ai désiré connaître la législation des jeux en Italie ; vous dites que ne vous en êtes pas occupé ; tant pis, vous devez vous mêler de tout et surveiller toutes les branches de l'administration.

D'autres lettres, qui viennent d'être publiées par M. Le cestre, avaient été écrites par l'Empereur en 1806.

Le 19 août 1806, lettre à Fouché ainsi conçue :

Mon intention est que si vous savez où est le général D... vous le fassiez venir pour l'interroger sur une femme K... qu'il aurait épousée deux mois avant d'enlever Mlle d'E... Il m'est impossible de lier la main aux tribunaux et il faut qu'une justice exemplaire soit faite d'un crime aussi honteux.

Ce général sait-il qu'il sera condamné aux galères par la cour criminelle !

Il y a là-dedans quelque chose de bien humiliant pour le militaire français.

Le 23 août au prince Eugène, il disait ceci :

La lettre que vous avez reçue du secrétaire de la princesse Pauline est du radotage d'homme d'affaires, auquel il ne faut apporter aucune attention.

XI

Napoléon Ier à Rambouillet en 1807 et en 1808. — Un conseil des
ministres à Rambouillet. — Séjours de l'Empereur. — Levasseur
revient à Rambouillet. — La fête de l'Empereur. — Levasseur
redevient maire. — Travaux à Rambouillet.

Pendant son séjour du 16 au 25 août, l'Empereur avait
reçu M. Boullé, maire de Rambouillet, et lui avait annoncé
qu'il faisait à l'hospice don de 8.000 francs de rente, et à la
ville cadeau de l'hôtel de la municipalité.

Une note, en ce sens, paraissait dans le *Journal de
l'Empire* du 13 septembre 1806 :

Paris, 12 septembre 1806.

L'Empereur vient de témoigner par de nouveaux bienfaits l'intérêt qu'il prend à Rambouillet et à ses habitants.
S. M. a doté l'hospice de ce lieu de 8.000 francs de rente.

Elle a, d'ailleurs, augmenté les revenus de la commune
en lui faisant don de l'hôtel de ville, pour lequel elle payait
un loyer annuel de 1.157 francs.

Le loyer de l'hôtel de ville et la subvention accordée à
l'hospice constituaient, depuis plusieurs années, les deux
articles importants du budget des dépenses de Rambouillet.
La question de la propriété de la maison commune n'avait
jamais été nettement tranchée ; la Ville avait toujours soutenu qu'elle en était propriétaire ; cependant, si, dans le
budget de l'an IX, aucun chiffre n'est porté pour ce loyer,
pour les deux années réunies de l'an IX et de l'an X, une
somme de 100 francs est indiquée, puis les budgets de l'an
XI, de l'an XII et de l'an XIII élèvent à 900 francs le chiffre
de ce loyer, qui, finalement, en l'an XIV et en 1806, atteint
1.157 francs. Quant à l'hospice, la subvention annuelle
depuis l'an XI était de 4.800 francs.

Ces deux donations de l'Empereur, bien qu'annoncées en septembre 1806, ne furent régularisées qu'au mois de mars 1810.

L'ordre donné par lui, le 17 août, à Daru, de nommer à Rambouillet un architecte spécial, avait été rapidement suivi d'effet.

Quelques jours après cet ordre, le poste de Trepsat était donné à un homme jeune et plein d'avenir, Auguste-Pierre-Sainte-Marie Famin.

Famin était né à Paris en 1776 et, conséquemment, avait environ 30 ans ; après avoir fait de bonnes études au collège de Navarre, à Paris, le jeune Famin avait étudié l'architecture sous Berlier et Fontaine, obtenu des médailles à l'Académie d'architecture, des prix dans les concours publics, puis remporté le grand prix de Rome en 1801.

Une note du *Journal des Débats* avait, en ces termes, consacré son succès à cette époque :

INSTITUT NATIONAL

15 vendémiaire an X (7 octobre 1801).

Noms des artistes qui, au jugement de l'Institut national des sciences et arts, ont remporté les grands prix..... d'architecture de l'an IX de la République.

Le sujet du concours était : forum ou place publique, dédié à la paix et décoré d'un arc de triomphe à la gloire des armées françaises, et de deux palais destinés, l'un au Ministère de la Guerre, l'autre à celui des relations extérieures.

Grand prix : Auguste-Pierre-Sainte-Marie Famin [1], de Paris, âgé de 24 ans, élève du citoyen Percier.

Les élèves qui ont remporté les grands prix seront

---

[1] Le fils de M. Famin (Charles-Victor), ancien prix de Rome, ami de M. le général Duchemin, habite Chartres; il est âgé de 90 ans ; il a eu l'obligeance de nous communiquer un portrait de son père, que nous reproduisons.

envoyés à l'école française des beaux-arts pour continuer
leurs études aux frais de la République.

Famin était ensuite parti pour Rome et avait passé ses
quatre années en Italie, comme pensionnaire de l'Académie ;
il venait de rentrer et d'exposer au Salon de 1806. Cette
même année, avec Granjean de Montigny, il publiait un
ouvrage ayant pour titre : *Architecture de la Toscane.*

Famin est déjà en fonctions le 2 septembre 1806, car, à
cette date, ayant reçu des instructions de Trepsat pour continuer les travaux commencés par son prédécesseur, il
demande à M. Daru s'il doit s'adresser à M. Fontaine ou
à lui.

Le 8 septembre, Daru lui répond qu'il aura affaire à
Fontaine, architecte du Palais du Louvre et des Tuileries ;
il lui fixe les règles qu'il suivra ; tous les cinq jours, il
lui rendra compte de l'état des travaux et de l'évaluation des
dépenses.

Le séjour de l'Empereur à Rambouillet a eu pour résultat
de stimuler les travaux ; une note de Duroc, du 25 août,
indique ce qu'il reste à faire pour compléter l'établissement
du Palais ; il faut encore achever un escalier commencé,
déplacer les conduits des latrines, accrocher les tableaux,
établir une communication des chambres de l'Empereur aux
appartements de l'Impératrice, nettoyer les fossés, rétablir
la Laiterie, les bateaux, installer une baignoire à côté de la
chambre à coucher de l'Empereur, reconstituer la salle de
bain et la baignoire du rez-de-chaussée ; le bureau topographique sera situé au rez-de-chaussée, là où est la bibliothèque ; les ponts seront restaurés ainsi que les vannes et
fabriques du jardin anglais ; des cygnes de Saint-Cloud
sont destinés aux pièces d'eau du Parc ; l'architecte devra
présenter un devis des ouvrages à exécuter pour le perce-
ment d'un passage à travers le gros mur de la tour de
François Ier au premier étage, pour communiquer de la

salle de bain au cabinet de travail de l'Empereur. Le total des travaux atteindra 531.778 fr. 89 ; pour le rétablissement de la Laiterie, le nettoyage des pièces d'eau, la réparation des canaux, les travaux à exécuter dans le parterre, dans le jardin anglais s'élèveront à 206.467 francs.

Le 26, Daru écrivait au grand maréchal du Palais et l'entretenait de la plantation des gazons entourant le château et de la suppression du conduit des latrines qui passait près des fenêtres de l'Impératrice.

Dès le 6 septembre Famin adressait à Fontaine, le devis des travaux à faire pour le changement de ce conduit qui sera encastré dans le mur : le 15, Fontaine approuve les devis ; la décision de l'Empereur intervient, le 23 et le 26 un crédit de 2.088 francs est accordé.

Avec le nouvel architecte, les travaux devaient recevoir une vive impulsion [1].

Le 3 septembre, il avait adressé à M. Daru, conseiller d'État, intendant de la maison de l'Empereur, le devis des travaux à faire pour le rétablissement de l'ancien Gouvernement (maison de M. le colonel Thomas).

Ce devis estimatif s'élevait à 141.796 francs.

M. Famin ajoutait qu'il y avait urgence à prendre possession de ce bien qui restait en quelque sorte abandonné sous la surveillance des Domaines nationaux, qui en avaient repris possession par suite de la déchéance de M. Paulian ; les Domaines regardaient désormais cet hôtel comme sorti de leurs attributions par suite de la décision de Sa Majesté, qui le faisait rentrer dans la liste civile. Le 30 octobre, Fontaine donnait son approbation, et le lendemain on était avisé que le crédit demandé serait porté au budget de 1807.

Quelques jours après, le Ministre de la Guerre prévient qu'il y a lieu de préparer la maison dite « la Filature » (aujour-

---

[1] Archives nationales, cartons ci-dessus indiqués.

d'hui hôpital militaire) pour servir d'hôpital militaire ; il va falloir déplacer les magasins qui s'y trouvent.

Le 15 septembre, Famin écrit à ce sujet à **M. Daru** :

Cette maison jusqu'ici a servi de magasin pour les bâtiments ; elle appartient à la ville comme dépendant de l'hôpital ; les magasins seraient bien placés dans le logement de l'ancien sous-inspecteur des chasses, qui est occupé en ce moment par le jardinier ; il propose pour le jardinier soit l'ancien logement de jardiniers près l'hôtel du Gouvernement, soit la Laiterie [1].

Mais il faut consulter préalablement M. de La Motte, le receveur des Domaines, qui donne, le 24 septembre, sa réponse et fait l'historique de l'ancienne filature ; il rappelle la fondation de l'hôpital, en 1731 par la comtesse de Toulouse, et l'établissement de la filature de dentelle et de coton par le duc de Penthièvre en 1778.

Il ajoute :

Les choses restèrent en l'état jusqu'en 1792 ; un décret du 23 messidor an II ayant déclaré nationaux et aliénables les biens des hospices, la manufacture fut fermée ; un autre décret du 2 brumaire an IV rendit aux établissements de bienfaisance leurs revenus, et la loi du 16 vendémiaire an V leur laissa la libre disposition de leurs biens ; mais l'hospice sans dotation et ne pouvant se suffire n'avait aucun moyen de rétablir la manufacture, qui resta vacante.

Le magasin du bâtiment des Domaines était autrefois dans une maison qui dépend encore de la liste civile, située rue de l'Hôpital. On l'affecta en l'an VI au casernement de la brigade de gendarmerie qui y loge encore ; il fallut la vider ; je fis vendre les matériaux inutiles et je fis transporter au commun ce qui était bon à conserver.

L'année passée (1803), quand M. Trepsat commença à faire nettoyer le commun, il demanda, pour y déposer les

---

[1] Archives nationales, cartons ci-dessus.

matériaux encombrants, la manufacture, à la réserve d'une chambre contenant des grains et des farines. A l'occasion de troupes se réunissant à Paris, le Ministre de la Guerre a demandé au préfet de Seine-et-Oise de faire préparer dans les hospices plus de lits que de coutume ; l'hospice a été taxé à vingt-sept lits d'augmentation ; on a dû recourir à la manufacture faute de places, mais les troupes ne viennent pas.

Il y a intérêt à débarrasser cette manufacture : le maire de Rambouillet a eu une audience de l'Empereur et lui a expliqué le bien que faisait la manufacture ; l'Empereur a offert les premières avances pour la recréer.

La maison dont parle l'architecte a été acquise de la dame Commirey ; elle convient parfaitement.

Fourneau ne tient pas à la Laiterie, trop éloignée de la ville ; il vaudrait mieux lui donner l'ancienne maison dans le potager.

Les conclusions de M. de La Motte sont adoptées.

En conséquence, le 5 décembre, le grand maréchal du Palais, Duroc, avise M. Daru qu'il donne des ordres à M. Deriot, sous-gouverneur des Palais de Versailles et de Rambouillet, pour qu'il arrange les logements de l'architecte, du jardinier, et le magasin des bâtiments. A la même époque, le jardin est planté ; dans le courant de décembre, Lesieur, jardinier, écrit : « Les gazons ne pourront être semés qu'après les gelées ; tout le parterre sera planté, en quelques jours, de massifs ; les trois quarts des plantations du jardin pittoresque de Rambouillet sont terminées. »

Le devis pour l'entier rétablissement des bâtiments dits de la Vénerie est fait ; ce rétablissement coûtera 24.588 fr. 51.

' Au commencement de l'hiver 1806-1807, les travaux de curage des canaux ont été entrepris ; un rapport du mois de décembre 1806 indique leur état d'avancement :

Les travaux de curage marchent ; il y a trois cents ouvriers

occupés au grand canal ; les fermiers des environs enlèvent les
terres ; la moitié de cette opération sera terminée avant le
printemps ; les ponts, les vannes et les rigoles sont nettoyés ;
le Miroir est curé ; le Rondeau vient d'être vidé.

Le Ministre de la Guerre a mis trois cents prisonniers
prussiens à la disposition des entrepreneurs ; ils sont
attendus pour le 20 janvier 1807 [1].

Les prisonniers prussiens arrivent, et un second rapport
de la fin de janvier indique la bonne continuation du curage :

Le curage est très avancé, les prisonniers prussiens ont
déblayé les vases, les ont transportées et ont égalisé le
terrain ; leurs travaux seront terminés avant la fin de février ;
le canal a été curé à vif fond ; l'air est assaini ; on ne dépas-
sera pas 116.000 francs, et tout sera achevé en 1808.

Le 23 février, la portion afférente à l'année 1807 était
finie.

L'Empereur avait quitté Paris au début d'octobre 1806, il
ne devait rentrer en France qu'après la paix de Tilsitt, le
29 juillet 1807 ; la Prusse déclare la guerre à la France le
6 octobre ; le 14 l'Empereur gagne contre les Prussiens la
bataille d'Iéna, Erfurt capitule, Leipsick, puis Berlin sont
occupés par nos troupes ; le 9 novembre Napoléon frappe
une contribution de 150 millions sur les États prussiens et
sur les alliés de la Prusse ; un décret daté de Berlin du
21 novembre porte que les Iles Britanniques sont déclarées en
état de blocus ; la lutte continue contre les russes ; Berna-
dotte les bat, le 25 décembre, à Mofrungen ; le 1er janvier 1807
les armées se reposent à cause de la rigueur de la saison,
puis les hostilités reprennent ; la ville de Breslau est prisonnière ; le 8 janvier notre armée remporte la victoire
d'Eylau ; le 14 juin celle de Friedland ; à la fin de juin un
armistice est conclu ; le 7 juillet un traité de paix est signé

______

[1] Archives nationales.

Famin.

entre la France et la Russie, et le 9 avec la Prusse; le 29 juillet l'Empereur rentre à Paris, où il est acclamé.

Les préoccupations au point de vue de l'hygiène, à l'occasion du curage des canaux qui avaient pendant un moment inquiété Rambouillet, avaient été rapidement dissipées; il y avait eu dans la ville moins de malades que d'habitude pendant l'hiver 1806-1807, et la puanteur résultant du mouvement des vases avait été supportable.

Au retour de la campagne de Prusse, Napoléon devait trouver sa résidence impériale de Rambouillet transformée. Le commencement de l'année 1807 avait été employé à l'achèvement et à la mise en état du château, des communs, de la vénerie ou quartier; les canaux et les divers étangs qui déversaient leurs eaux aux canaux avaient été curés partiellement; les ouvriers avaient travaillé aux gondoles, aux chaloupes et bateaux, qui avaient été peints et pourvus de tendelets et de barres de gouvernails; un crédit de 23.000 francs avait été affecté, pour cette même année, au rétablissement de la Laiterie; une somme de 14.400 francs était inscrite au budget pour le revêtissement en marbre des soubassements, pour la taille des pavés avec compartiments en marbre de couleurs, pour les sculptures des consoles, soubassements, pavés et consoles destinés à cet édifice; des ponts, grands et petits, des vannes, des barrières, des fabriques avaient été construits dans le jardin anglais: la maison de l'ermitage avait été réparée; les bancs à dossiers en bois de chêne répandus dans le jardin avaient coûté 5.060 francs; des jeux de bagues, des balançoires avaient été établis; des travaux étaient exécutés, dans la cabane aux coquilles, qui, ainsi que l'ermitage, recevait une couverture; le 5 mai 1807, M. Famin avait transmis à M. Clément de Ris le désir, exprimé par l'Empereur, de revoir replacée à la Laiterie la nymphe à la chèvre de Julien; M. Famin s'était préoccupé aussi d'avoir des cygnes pour les pièces d'eau; il s'était adressé à un oiseleur de Paris qui les lui offrait à raison de 72 francs la

paire, puis finalement il avait traité avec Anwerberkez,
marchand à Bruxelles, qui lui avait vendu treize cygnes de
Laken ; cinq bateaux avaient été amenés de Versailles ; les
offices avaient été emménagés, la lingerie était arrivée du
garde-meuble ; l'architecte avait installé la salle de bains de
l'Empereur et créé un passage pour communiquer de la
chambre de S. M. à son cabinet de travail, puis un petit
escalier pour aller de son cabinet de travail au cabinet
topographique.

L'Empereur revint à Rambouillet au mois de septembre
avec l'Impératrice ; le *Journal de l'Empire* du 6 septembre
annonçait ainsi leur arrivée :

La Cour doit partir aujourd'hui pour Rambouillet ; on croit
que LL. MM. II. et RR. y passeront une huitaine de jours.

Le journal du 8 ajoutait qu'il y aurait, le mercredi 9, un
Conseil des Ministres à Rambouillet, et que S. A. I. le
prince primat [1] et LL. AA. le grand-duc de Wurtzbourg [2] et
le grand-duc héréditaire de Bade [3] étaient partis le matin
même pour Rambouillet.

Le journal du 12 publiait l'information suivante, datée
du 11 :

Les ministres qui s'étaient rendus à Rambouillet pour le
Conseil de mercredi dernier sont tous arrivés, hier soir
(jeudi 10) à Paris.

Au Conseil des ministres tenu le 9 septembre 1807, assis-
taient : le ministre de l'Intérieur (Crétet), le ministre du
Trésor (Mollien), le ministre de la Marine (Decrès), le
ministre de la Direction de la guerre (Dejean), le ministre

---

[1] Le prince primat Charles était archevêque, grand-duc, prince souverain
d'Aschaffenbourg, Francfort, etc. ; il avait 63 ans.

[2] Ferdinand Joseph-Jean, archiduc d'Autriche, âgé de 56 ans, frère de
l'empereur d'Autriche.

[3] Charles-Louis-Frédéric, marié à Louise-Adrienne Napoléon ; il était
âgé de 21 ans. (Voir p. 394).

des Cultes (Portalis [1]), le ministre de la Guerre (Clarke), le grand juge (Regnier), le ministre des Finances (Gaudin [2]).

Maret, ministre secrétaire d'État, tenait la plume.

Étaient absents : de Champagny, ministre des relations extérieures, et Fouché, ministre de la Police générale. Le Ministère avait été remanié le 14 août précédent : de Champigny avait quitté le Ministère de l'Intérieur et avait remplacé M. de Talleyrand aux Affaires Étrangères ; Clarke avait succédé au Ministère de la Guerre à Berthier.

Les Ministres de l'Intérieur et de la Guerre présentèrent des décrets de nominations, dans le personnel de leurs départements, à la signature de l'Empereur ; l'Empereur recommande à M. Crétet de s'occuper de l'approvisionnement de Paris en bois, charbon et farine, à raison de l'hiver rigoureux qu'il prévoyait.

La question la plus importante qui paraît avoir été examinée par le Conseil fut la question de l'organisation des séminaires ; Portalis avait préparé un long rapport, qui servit de base à une note étendue que dicta l'Empereur.

Le séjour de la Cour, qu'accompagnait Paër, directeur et compositeur de musique de S. M. l'Empereur et Roi [3], se prolongea jusqu'au 16 septembre.

Il y eut concert, chasse à tir sur les canaux et chasse à courre dans la forêt ; le fusil de l'Empereur était chargé, à la chasse à tir, par son mameluck, Roustan [4].

Le *Journal de l'Empire* du 15 septembre rend compte des journées de l'Empereur à Rambouillet :

---

[1] Joseph-Marie Portalis, secrétaire général du ministère des Cultes, intérimaire depuis le décès de son père mort le 25 août.

[2] Arc. nat. AF iv 952. Feuille de travail de l'Empereur avec ses ministres.

[3] Arch. nat. O² 36.

[4] Roustan, qui avait été très fidèle à l'Empereur, refusa de l'accompagner après l'abdication de Fontainebleau ; il mourut à Dourdan, le 7 décembre 1845.

Paris, 14 septembre.

Il paraît que la Cour restera quelques jours à Rambouillet. Jeudi dernier 10 septembre, Sa Majesté est montée dans une gondole vénitienne richement drapée, et a chassé à tir sur les canaux de Rambouillet. Le lendemain, il y a eu grande chasse dans les bois du domaine de la Couronne. Dès les onze heures du matin, tous les équipages se trouvaient au rendez-vous. Les habitants des environs, attirés par le désir de voir S. M., attendaient impatiemment son arrivée; mais l'Empereur, qui était enfermé depuis le matin dans son cabinet, n'est sorti de son palais qu'à quatre heures après midi. Cependant la chasse était ouverte, et les spectateurs craignaient que l'approche de la nuit n'empêchât de poursuivre le cerf; mais l'un d'eux répondit par cette observation, aussi juste que piquante : « Croyez-vous que l'Empereur ne soit à Rambouillet que pour ses plaisirs ; s'il n'arrive pas de bonne heure à la chasse, c'est qu'ils sort tard de son Conseil. »

Le journal du 17 fait connaître le retour de la Cour.

Paris, 16 septembre.

La Cour revient demain jeudi à Saint-Cloud. Il y aura le matin Conseil des ministres et, le soir, tragédie. La Cour est restée douze jours à Rambouillet. Le prince primat, le grand-duc de Wurtzbourg et le prince de Dessau [1] ont chassé plusieurs fois avec LL. MM.

Enfin, le journal du 18 nous apprend que les équipages impériaux sont revenus à Paris [2].

Paris, 17 septembre.

Les équipages de campagne de S. M. l'Empereur, au nombre de deux berlines et environ vingt fourgons, attelés

---

[1] Léopold-Frédéric-François, prince d'Anhalt-Desseau, âgé de 67 ans.

[2] Voir aussi pour les séjours de l'Empereur *le Spectateur militaire* du 15 mai 1842 ; ce numéro contient tous les séjours de l'Empereur autant que possible depuis sa naissance jusqu'à sa mort.

chacun de six chevaux, sont arrivés hier matin à Paris, sous l'escorte d'un détachement de gendarmerie d'élite.

La correspondance de l'Empereur, datée de Rambouillet, du 7 au 16 septembre, indique qu'il n'était pas venu à la campagne uniquement pour se reposer, mais qu'il avait l'œil à tout. Le but qu'il poursuit, c'est de chasser les Anglais du continent; la Russie est l'objet de ses avances; il cherche à gagner à sa cause l'Espagne et le Portugal[1].

Le 7, il écrit à son Ministre des Affaires étrangères :

Le Ministre plénipotentiaire (près du roi de Hollande), Dupont-Chaumont a envoyé une lettre obscure semblant indiquer que les Anglais sont tout-puissants auprès du roi de Hollande ; l'Empereur n'en veut rien croire ; il demande des détails, la vérité sans secret, ni réticence.

Lachevardière, consul à Dantzig (ancien jacobin), est arrivé à son poste ; il y a lieu de lui recommander de veiller à ce que tout se passe autour de lui avec probité. Rédigez votre lettre d'un style mystérieux et qui fasse connaître à cet individu que s'il continue le tonnerre gronde sur sa tête ; faites mettre dans les journaux les différents détails des bulletins d'Alep et de Syrie.

Le même jour, il signale à Gaudin une grosse irrégularité dans les finances :

Il y a, — dit-il, — un écart de plus de deux millions entre le produit de la taxe pour l'entretien des routes du 1ᵉʳ prairial an VIII jusqu'au 22 septembre 1806 et ce qu'a touché le trésor ; jusqu'à preuve du contraire, il restera dans l'opinion que c'est trois millions que retiennent les receveurs. Il existe une autre différence de 300.000 francs sur les droits de navigation. Qui est-ce qui prend cet argent-là ?

Il ordonne au même Ministre de mettre en détention les régisseurs de l'octroi de Marseille qui ont malversé, jusqu'à

[1] Correspondance, tome XVI, 48 lettres datées de Rambouillet.

ce qu'ils aient déposé une caution de 600.000 francs ; il est très mécontent du préfet, qui a soutenu les régisseurs.

Par un mot, il dissipe un malentendu avec Mollien, dont les services le satisfont entièrement.

Le même jour, l'Empereur écrit encore au Ministre de la Marine, à qui il annonce la prise de Corfou, où il désirerait avoir quelques frégates, quelques corvettes, car il est très important d'avoir une escadre dans l'Adriatique ; au prince Eugène, qu'il n'a pas admis le cardinal Litta :

Nous verrons, — dit-il, — ce que feront ces prêtres.

Il ajoute :

Votre aide de camp Bataille m'a perdu mes dépêches, mettez-le pour quelques jours aux arrêts ; un aide de camp peut perdre en route ses culottes, mais il ne doit perdre ni ses lettres, ni son sabre. Tous ces gaillards-là sont des freluquets.

Il avise le même d'une arrivée de troupes à Corfou, et le prie de protéger les communications avec Naples ; il invite également son frère Joseph à s'emparer de Reggio et de Scilla :

Il est honteux que les Anglais aient un pied sur le continent ; je ne saurais le souffrir.

Une décision impériale du 7 autorise les prisonniers russes à se fixer en France.

Le 8 septembre, le courrier emporte quatre lettres de l'Empereur datées de Rambouillet.

Il avise le prince de Neufchâtel, major général de la grande armée, que la contribution levée en ce moment sur la ville de Dantzig doit être comptée dans les dix millions que cette ville doit payer ; il demande à Fouché le nom de l'auteur d'un article paru dans le *Journal de Paris;* il écrit à Charles IV, roi d'Espagne :

Monsieur mon frère, le choix du duc de Frias est agréé ;

je vous remercie d'avoir été mon allié; il faut arracher le Portugal à l'influence de l'Angleterre et à l'infant Jean, régent de Portugal. Monsieur mon frère et cousin, je veux arriver à la paix du continent, mais il faut marcher d'accord avec moi.

Le 9, dans une note destinée à Gaudin, il manifeste son mécontentement d'une négociation d'argent de Bourrienne ; dans une autre pour Decrès, il recommande d'appliquer le blocus à tous les pavillons, même aux pavillons sans considération, qui, une fois entrés, ne pourront sortir; dans une troisième pour Portalis, il approuve son projet de décret sur les séminaires métropolitains.

Un payeur a tardé de payer la solde de la retraite et de réformes bien qu'ayant les fonds; il est destitué; l'Empereur veut que sa destitution soit insérée au *Moniteur*.

Le 10, il se plaint à Clarke que la cavalerie ne soit pas assez instruite; elle ne sait pas assez monter à cheval; il lui demande un rapport sur les moyens de faire de bons écuyers.

Dans une note l'Empereur règle définitivement la question des séminaires.

Le 11, il prescrit au général Dejean d'arrêter les officiers du 75e qui ont participé à des dilapidations.

Il revient sur cette affaire dans une autre note :

Il faut, — dit-il, — éclaircir cette affaire, chercher le coupable, qui est le capitaine d'habillement, le garde-magasin ou le tailleur; faites retenir les appointements et prendre inscription sur les biens.

Le prince de Hohenzollern demande une prorogation de congé ; il faut le prévenir qu'il aura à commander au premier jour.

Le 13, il ordonne à Decrès de partir le lendemain à Boulogne, de passer en revue la flottille, les magasins, de donner des ordres pour que la flotte prenne mer le

15 octobre; lui même ira à Boulogne dans quinze jours ; il demande que son ministre lui écrive tous les jours.

Le 14 septembre, il donne ses instructions à de Champagny au sujet de la maison d'Autriche, qu'il faut empêcher de ressaisir une influence quelconque en Allemagne ; — à Daru, intendant général de la grande armée : il le prie de faire connaître aux plénipotentiaires prussiens que si, au 1er octobre, tout ce qui est relatif aux conventions n'est pas stipulé, il s'emparera des revenus courants :

Quoique ma nombreuse armée, — dit-il, — soit nourrie en Prusse, cependant cet état de choses m'empêche de désarmer et me porte à de grandes dépenses.

Cette correspondance doit être complétée par la suivante :

Le 7 septembre l'Empereur critique des dépenses secrètes du Ministère des relations extérieures, des agents secrets.

Mon intention, dit-il, est que votre traitement y compris l'entretien de la maison soit de 400.000 francs.

Le même jour, à la nouvelle qu'à Kœnisgsberg, des comédiens habillés en uniforme d'officiers français ont été sifflés, il demande qu'on exige que deux officiers prussiens soient fusillés; il réclame au roi de Prusse réparation de l'incident.

Il prie Fouché de faire arrêter un prêtre qui exerce son service et même sans avoir fait sa soumission. Faites-moi un rapport, ajoute-t-il, sur les pénitents blancs, bleus, etc. ; il désire des détails, les noms de famille par famille des personnes de la noblesse qui ne sont pas allées au bal du sénateur Lamartinière ; il est bon de connaître les trois ou quatre chefs de file pour que la police les éloigne de Bordeaux.

Même jour lettre à M. de La Vallette, directeur général des postes :

M. Locré est accusé d'avoir, sous son couvert, une correspondance de plus de 80.000 lettres pour les frères Clément :

il autorise de La Valette à ouvrir les lettres pour vérifier le fait [1].

L'Empereur passa l'automne de 1807 à Fontainebleau, où fut signé, le 27 octobre, entre la France et l'Espagne, un traité secret aux termes duquel des troupes françaises, au nombre d'au moins 28.000 hommes, devaient entrer immédiatement en Espagne afin de coopérer avec les forces espagnoles à la conquête du Portugal.

Le 16 novembre, l'Empereur quitte Fontainebleau pour se rendre en Italie, à Milan, Vérone, Venise, Mantoue, Turin.

Le 1er janvier 1808, il est de retour à Paris, où il reste jusqu'à la fin de mars ; à ce moment des troubles éclatent à la cour d'Espagne et les agitations de ce royaume commencent.

Le 1er avril, l'Empereur se rend lui-même à Bayonne, où il arrive le 14 ; le 5 mai, par un traité, le roi Charles IV cède à Napoléon tous ses titres sur les Espagnes, et lui résigne expressément le droit de transmettre la couronne à qui il jugera à propos ; Joseph Napoléon est nommé roi d'Espagne, mais le peuple espagnol ne tient pas compte de l'abdication de Charles IV.

Au commencement d'avril, Madrid s'est insurgé contre les troupes françaises ; le 27 mai, c'est Cadix qui se soulève ; le 14 juin, les rebelles espagnols se rendent maîtres de la flotte française, retirée à Cadix depuis la défaite de Trafalgar ; le 22 juin, le général Dupont [2] signe la désastreuse capitulation de Baylen, qui est le commencement de nos revers.

En juillet, Napoléon quitte Bayonne, visite Tarbes, Toulouse, Agen, Bordeaux, Rochefort, Niort ; il est à Nantes le 8 août ; au retour de son voyage en Vendée, il s'arrêtera à Rambouillet.

---

[1] Correspondance de l'Empereur, publiée par Lecestre, 1897.

[2] L'ami de Levasseur, la générale Dupont, habita, après Lebrun, Sainte-Mesme ; le 1er mars 1812 le général Dupont fut destitué de son grade et toutes ses décorations lui furent enlevées.

Après avoir traversé Angers le 11, Tours le 12, atteint Blois le 13, l'Empereur, accompagné de l'Impératrice Joséphine, est reçu à Rambouillet le 14, à onze heures et demie du matin.

Le journal des 16 et 17 août rend compte de l'accueil qui est fait à l'Empereur et à l'Impératrice à Rambouillet.

Rambouillet, 14 août.

LL. MM. sont arrivées aujourd'hui à Rambouillet, à onze heures et demie ; elles ont daigné s'arrêter sous un arc de triomphe que les habitants avaient élevé à la porte du Parc. L'adjudant général Levasseur, maire, à la tête des autorités constituées a eu l'honneur d'adresser à LL. MM. un discours dont elles ont paru satisfaites.

Des groupes d'enfants des deux sexes ont présenté des fleurs à LL. MM., qui ont accueilli avec bonté cet hommage sentimental.

L'Empereur a demandé si les récoltes étaient abondantes, et si elles n'avaient point souffert des mauvais temps ?

LL. MM. ont remercié le maire et ont continué leur route. Les acclamations des habitants les ont accompagnées jusqu'à leur palais, où elles sont descendues à midi.

Après avoir entendu la messe dans leur chapelle, LL. MM. ont déjeuné et sont parties pour Saint-Cloud, à deux heures [1].

Le journal du même jour ajoute :

LL. MM. II. et RR. sont arrivées le 14, à 4 heures après midi, à Saint-Cloud.

La Saint-Napoléon fut fêtée, en 1808, d'une façon toute particulière à Rambouillet, ainsi qu'en témoigne le procès-verbal qui nous a été conservé :

[1] A Rambouillet l'Empereur avait presque toujours avec lui Daru, Duroc et le prince de Wagram ; il se levait à 7 heures, donnait son lever et déjeunait ; on dînait à 6 heures ; souvent une promenade en calèche précédait le dîner.

*Procès-verbal de la fête Saint-Napoléon, du rétablissement
de la religion en France et de la naissance de l'Empereur
célébrée le 15 août 1808.*

A dix heures du matin, les autorités constituées, la gendarmerie étaient réunies à l'hôtel de ville.

Elles se sont rendues ensuite en cortège à l'église, où elles ont entendu l'office, accompagnées des officiers attachés à la maison de S. M., des gardes-chasse et différents employés.

A trois heures, même réunion à l'église, à la procession, au *Te Deum* et au salut.

Le soir, illumination générale, différents jeux et bals champêtres dans le parc, des feux d'artifice sur les places publiques.

Partout régnaient le bon ordre et la joie la plus franche ; les habitants se sont promenés dans les rues jusqu'à minuit à la lueur des illuminations et présentaient le spectacle attendrissant d'une seule et même fête de famille, enchantés de célébrer la fête du père commun.

Signé : LEVASSEUR, DE LA MOTTE, HUARD.

Après quatre années de séjour à Langeais, où il avait essayé d'acclimater les moutons mérinos, Levasseur était revenu à Rambouillet, en 1807 ; il songea immédiatement à reprendre son projet, qui avait échoué en 1800 : l'érection de Rambouillet en chef-lieu d'arrondissement, projet que les circonstances nouvelles rendaient plus réalisable.

En qualité de président de l'Assemblée électorale du canton de Rambouillet, il s'empressa de saisir, dès 1807 ou commencement de 1808, la Préfecture de cette question. Le 27 janvier 1808, M. Laumond, qui était alors préfet de Seine-et-Oise, écrivait la lettre suivante, de nature à ne pas décourager les espérances de Levasseur, à M. Boullé, maire[1] :

[1] Archives de Versailles, dossier de Levasseur, maire.

Au Maire de la commune de Rambouillet

J'ai reçu et examiné, Monsieur, le projet proposé par M. Levasseur, président de votre canton, d'ériger la commune de Rambouillet en chef-lieu de Sous-Préfecture. Son exécution pourrait, sans doute, contribuer puissamment à la célérité dans l'expédition des affaires, et la correspondance acquérerait plus de rapidité et de régularité. Mais je ne vous dissimule point que je ne présume pas que, dans ce moment, le Gouvernement ait la pensée de s'occuper de nouvelles circonscriptions de territoire de l'Empire. Je crois donc qu'il serait inutile, quant à présent, de lui proposer votre projet ; mais vous pouvez être assuré, Monsieur le Maire, *que je ne l'oublierai pas quand les circonstances permettront de le présenter avec l'espoir de quelque succès, que je me ferai un plaisir de l'appuyer* et que je ne perdrai pas de vue que M. Levasseur est recommandable par ses qualités personnelles et par les services qu'il a rendus à la chose publique.

J'ai l'honneur de vous saluer.

Signé : LAUMOND [1].

En même temps, M. Levasseur avait écrit à M. Lacuée, ministre d'État, le priant d'appuyer sa candidature au poste de sous-préfet. M. Lacuée lui répondait, le 12 janvier 1808 :

Paris, le 12 janvier 1808.

J.-G. Lacuée, ministre d'État, à M. Levasseur,

J'ai reçu, Monsieur, la lettre que vous m'avez écrite pour me prier d'appuyer la demande que vous vous proposez d'adresser à Sa Majesté l'Empereur. J'ai transmis votre placet au comité des pétitions et, si l'occasion s'en présente, je

---

[1] Archives de Versailles, dossier de Levasseur, maire. Laumond fut préfet, du 3 mai 1806 au 7 août 1810 avec un léger intérim de Richaud.

ferai valoir les titres que vous avez à la bienveillance de Sa
Majesté.

J'ai l'honneur de vous saluer.

Signé : J.-G. Lacuée.

En 1808, M. Boullé donna sa démission de maire de Rambouillet pour redevenir notaire ; il fut remplacé par Levasseur.

M. Louis-Jean-Marie Boullé, maire de Rambouillet, assisté
de Christophle-Noël Huard et de Louis-Joachim Baucher, ses
adjoints, en présence du Conseil municipal, du juge de paix,
de l'un de ses suppléants et de son greffier, de la gendarmerie et d'un assez grand nombre d'habitants, convoqués
pour le 29 mai, annonça ce jour-là qu'il allait procéder à l'installation de Henry-Alexis Levasseur comme devant le remplacer en qualité de maire de la commune. Il donna connaissance de la lettre de M. le Préfet du 1ᵉʳ mai, nommant comme
maire M. Levasseur et comme adjoints M. Huard et
M. Charles-Borromée Mauquest de La Motte, payeur de la
Couronne, ce dernier deuxième adjoint ; il lut les trois
arrêtés relatifs à ces nominations ; puis il prononça un discours, où il exposa que pendant les cinq années de son
exercice il n'avait pas eu d'autres vues que de se rendre
utile à ses concitoyens, que la justice et la probité avaient
toujours été la règle de sa conduite, que son seul regret avait
été de n'avoir pu faire tout le bien désirable, enfin que son
changement de domicile hors de la commune ne lui ferait
jamais oublier qu'il lui avait appartenu par suite de l'attachement qu'il lui avait voué.

Ce discours fut goûté, — dit le procès-verbal, — par tous
ceux qui savaient apprécier un administrateur éclairé et
probe. Puis il invita M. Levasseur à venir prêter le serment
prescrit et à prendre au bureau la place à laquelle il était
appelé. M. Levasseur, après la prestation de serment, revêtu
de son écharpe, prononça un discours où il manifesta son

désir de répondre à la confiance dont M. le Préfet venait de l'honorer et à celle de ses concitoyens, auxquels il renouvela les assurances de son ancien attachement et ses sentiments d'amour et de vénération pour S. M. l'Empereur. Il procéda ensuite à la réception de MM. les adjoints.

M. de La Motte prononça aussi un discours qui exprimait son dévouement bien connu à la chose publique, son zèle à concourir par tous les moyens au bien-être de cette commune, son admiration pour Napoléon le Grand et ses vœux pour la prospérité de son pays.

M. Huard témoigna la même bonne volonté et les mêmes sentiments [1].

Le 29 mai 1808, Levasseur reprenait donc ses fonctions de maire de Rambouillet, que son absence seule lui avait fait abandonner. Une nouvelle municipalité était installée. A la séance du 9 août étaient présents : MM. Levasseur, Beaurain, Champeau, Enguehard, Gallard, Lair, Maillet, Parquin, Serracin, Thierry aîné et Thierry jeune. Le Conseil était complété par le préfet des noms suivants : Morin, juge de paix ; Besnard [2], médecin ; Périneau, cultivateur ; Laisné, propriétaire ; Laslier, propriétaire, et Delorme, notaire. Le Conseil, ainsi complété, reprenait l'œuvre de l'ancien Conseil, qui, depuis 1804, avait principalement consisté à améliorer la vicinalité et à augmenter les droits de place à percevoir sur les foires et marchés ; ces droits furent, à la fin d'octobre, l'objet d'un tarif comprenant 22 articles.

Bien qu'il ne fût resté à Rambouillet que deux heures et demie le 14 août, l'Empereur avait pu s'entretenir avec M. Famin, l'architecte du château ; le décret daté d'Austerlitz qui plaçait à Rambouillet, pour y être élevés, les enfants des militaires morts dans la bataille, n'avait point reçu son exécution ; le 14 août, l'Empereur demanda à M. Famin s'il ne se trouvait pas, à Rambouillet, quelque bâtiment qui pût

---

[1] Archives municipales.

[2] Le grand'père de notre Ministre de la Marine.

recevoir l'affectation prévue au décret du 16 frimaire an XIII.

Famin répondit à Daru, le 29 septembre, que le seul bâtiment convenable était la manufacture, qu'on regardait comme une dépendance de l'hôpital ; mais ce bâtiment ne figurait pas sur l'état des bâtiments du Domaine remis en 1804 [1].

Cette manufacture, disait M. Famin, fondée par le duc de Penthièvre, a fait partie du Domaine de la Couronne ; pendant la Révolution, l'hospice était considéré comme appartenant à la commune ; la loi du 23 messidor a déclaré nationaux les hospices ; la loi du 16 vendémiaire an V porte que les hospices sont conservés dans la jouissance de leurs biens ; le sénatus-consulte du 28 floréal an XII ayant rétabli la liste civile dans l'état où celle-ci se trouvait le 26 mai 1791, M. Famin en concluait que S. M. se trouvait propriétaire de la manufacture, qui n'avait pas été vendue par la Révolution ; cependant il était d'avis qu'il valait mieux engager la commune de Rambouillet à abandonner la jouissance de ce bâtiment.

Le point de droit étant résolu, l'architecte déclarait que le rez-de-chaussée, ou souterrain, pouvait servir aux cuisines, réfectoires ; le premier étage, au niveau des jardins, aux salles d'études ; le deuxième et le troisième étages aux dortoirs et aux chambres des maîtres ; la dépense était évaluée à 50.055 francs, et cinquante élèves trouveraient facilement place dans la manufacture transformée en école.

Cette même année, au mois de juin, M. Famin avait fait connaître à Daru l'état des travaux en cours et l'époque de leur entier achèvement ; le rendez-vous de chasse de l'étang de la Tour devait être terminé le 15 juin, et le rendez-vous de Pourras le 20 juillet ; les travaux de réparation de la Vénerie et de construction de l'hôtel du Gouvernement continuaient ; il réclamait des meubles ; au mois d'octobre, il

---

[1] Archives nationales, O², 319.

demandait un crédit de 32.500 francs, à l'effet de réparer la chaussée de Pourras sur les étangs de Saint-Hubert.

Au mois d'octobre 1808, Alexandre, empereur de Russie, vient fraterniser à Erfurth avec Napoléon ; les deux empereurs restent dix-huit jours ensemble, au milieu des fêtes. Au retour d'Erfurth, l'Empereur revint à Paris le 27 octobre ; les nouvelles de la Péninsule sont alarmantes ; Napoléon se décide de paraître de sa personne en Espagne.

Il s'éloigne de Paris le 27 octobre et repasse à Rambouillet. Le journal du 30 octobre annonce son départ :

Paris, 29 octobre.

L'Empereur est parti, ce matin, à onze heures (à midi, d'après le *Moniteur*) pour Rambouillet, d'où l'on croit que S. M. se rendra à Bayonne. S. M. l'Impératrice accompagne son auguste époux jusqu'à Rambouillet.

Le journal du 1er novembre complétait cette information en disant :

S. M. l'Empereur a couché samedi (29) à Rambouillet et en est repartie dimanche à quatre heures du matin.

Le journal du 4 novembre 1808 signalait un petit incident qui s'était produit dans les environs de Rambouillet :

S. M. ayant rencontré à deux lieues de Rambouillet le beau régiment polonais commandé par le comte Potocki[1], est descendue de voiture et en a passé la revue sur la grande route. S M. a paru extrêmement satisfaite de la tenue de ces troupes et, en arrivant à Rambouillet, elle a ordonné qu'il fût distribué, le soir, une bouteille de vin à chaque soldat.

Pendant son court passage à Rambouillet, l'Empereur écrit trois lettres, deux au général Clarke et une au prince Eugène.

---

[1] Probablement le comte Wladimir.

Il disait au Ministre de la Guerre :

Monsieur le général Clarke, vous donnerez deux jours de séjour aux 4ᵉ, 7ᵉ et 9ᵉ régiments polonais, qui se rendent à Bordeaux, pour qu'ils aient le temps d'y recevoir les effets d'habillement qui vont y être envoyés.

Le 4ᵉ régiment, qui a aujourd'hui une grande marche à faire, n'est parti de Versailles qu'à neuf heures, tandis qu'il aurait dû partir à six heures du matin. Tirez cela au clair. ·

Au prince Eugène de Beauharnais, il recommandait de mettre en état de défense Osoppe.

Le 29 octobre, les premières troupes anglaises venant au secours des insurgés espagnols entrent en Espagne. L'Empereur arrive le 11 novembre à Burgos, dont les maréchaux Soult et Bessières se sont emparés la veille. Le 16, en passant la revue de l'avant-garde des corps de la grande armée, Napoléon lui adresse cette harangue :

..... Soldats, j'ai besoin de vous. La présence du léopard souille les continents d'Espagne et de Portugal. Qu'à votre aspect, il fuie épouvanté. Portons nos aigles triomphants jusqu'aux colonnes d'Hercule. Un vrai français ne peut, ne doit pas prendre de repos jusqu'à ce que les mers soient ouvertes et affranchies ..

Le 12 à Espinosa, le 23 à Tudéla, notre armée est victorieuse ; le 4 décembre, Madrid se rend.

Le 7, Napoléon fait une proclamation violente et menace l'Espagne, si elle persiste à ne pas reconnaître le roi Joseph.

Je mettrai alors, dit-il, la couronne d'Espagne sur ma tête et je saurai la faire respecter des méchants, car Dieu m'a donné la force et la volonté nécessaires pour surmonter tous les obstacles.

Le 6 janvier 1809, un traité d'alliance est conclu entre le roi d'Angleterre et les insurgés espagnols ; le 19, devant la

Corogne, les Anglais sont battus par Soult ; le 21, Saragosse est prise, mais la fureur des Espagnols, loin de s'apaiser, augmente.

L'Empereur a quitté Burgos le 18 et, le 23 janvier, il est revenu aux Tuileries.

XII

Napoléon à Rambouillet en 1809. — Sa correspondance. — Il donne à
    Rambouillet un hôtel de ville. — Don de 8.000 francs de rente à l'hos-
    pice.

Au mois de février 1809, notre armée s'empare de Saragosse ; le général Gouvion-Saint-Cyr gagne le combat de Vals.

Le 1ᵉʳ mars, le congrès américain prohibe les relations de commerce entre les États-Unis et la Grande-Bretagne et la France jusqu'à ce que l'une ou l'autre de ces deux nations révoque et modifie ses décrets, de manière à cesser de violer la neutralité des États-Unis.

Quelques jours avant que la cinquième coalition continentale, ayant à sa tête l'Autriche, se déchaîne contre la France, l'Empereur se rend à Rambouillet.

Il y arrive le 10 mars. Le journal du 12 mars annonce ainsi son arrivée :

S. M. est partie hier vendredi, après le Conseil d'État, pour Rambouillet. S. M. sera de retour à Paris dans les premiers jours de la semaine.

Le numéro du 16 complète cette information :

Rambouillet, le 13 mars 1809.

L'Empereur est arrivé ici le 10, à huit heures du soir. L'Impératrice avait précédé S. M. de quelques heures.

Le lendemain, LL.. MM. sont sorties en calèche. Le prince

Kourakin [1] était dans la calèche de LL. MM. Il y a eu une chasse à tir qui a duré plusieurs heures. On a remarqué au nombre des chasseurs et près de S. M. l'Empereur le prince Wolkonkoy, aide de camp de l'Empereur de Russie. Le prince Kourakin a toujours été dans la calèche de l'Impératrice.

Le 12, il y a eu chasse au cerf ; le cerf, après avoir traversé l'étang de Saint-Hubert, a été tiré et tué par l'Empereur.

Le soir, il y a eu concert à la Cour, où Mme Grassini [2] et M. Crescentini [3] ont chanté.

M. Talma [4] a fait une lecture.

Le *Journal de Versailles*, du 16 mars, ajoutait ce renseignement :

M. Randon d'Haneucourt, capitaine général des chasses, a été blessé d'une chute de cheval.

De graves événements se préparent, car l'ambassadeur de France à Vienne, l'aide de camp de l'Empereur de Russie, rejoignent à Rambouillet l'Empereur ; les représentants de la Russie étaient très entourés et choyés, à raison du concours qu'on espérait de leur nation dans la prochaine guerre.

Rambouillet, le 14 mars 1809.

Le général Andréossi [5], ambassadeur de France à Vienne, est arrivé à Paris par congé. Aussitôt après son arrivée à Paris, le général Andréossi s'est rendu à Rambouillet, où il a obtenu une longue audience de S. M. l'Empereur.

---

[1] Né en 1752, ami de Paul Ier, son vice-chancelier en 1796, chargé en 1807 de négocier la paix de Tilsitt, ambassadeur à Paris en 1808.

[2] Née en Lombardie en 1773, chanta après Marengo devant Bonaparte ; depuis 1804 attachée aux concerts impériaux, maîtresse de l'Empereur.

[3] Célèbre sopraniste né en 1766, engagé par Napoléon en 1806.

[4] Talma ne lut pas Janne Grey, comme on a prétendu. Nous ne savons quelle lecture il fit.

[5] Né en 1761, général de division, associé à la compagnie d'Égypte et au 18 brumaire, ambassadeur à Londres, puis à Vienne.

Le colonel Gorgoli, aide de camp de S. M. l'Empereur de
toutes les Russies, est arrivé ce matin ; il était parti de
Pétersbourg le 1er mars, il a fait une diligence extraordinaire. Au moment de son arrivée, S. M. partait pour aller
chasser le cerf, et M. de Gorgoli a suivi toute cette chasse
à cheval ; il a eu le même jour l'honneur de dîner avec S. M.

Paër [1], le directeur et compositeur de musique de la Cour
impériale, est resté six jours à Rambouillet, avec sa troupe.

Pendant son séjour à Rambouillet, qui fut le dernier de
l'Impératrice Joséphine, l'Empereur écrit le 11 mars au prince
Eugène :

Faites partir le 1er régiment de cuirassiers, qui est à
Brescia, pour Augsbourg. Faites-moi connaître comment les
régiments qui sont en Italie se procurent des souliers. Les
souliers sont-ils bons en Italie ? Sont-ils chers ?

A Louis Napoléon, roi de Hollande :

Pourvoyez à la défense de la Hollande afin de mettre votre
pays à l'abri de toute incursion, car la guerre est imminente.

Le 12 mars, avec Clarke, l'Empereur traite de l'organisation de l'armée du Rhin, qui, complétée, aura 69.000 hommes ;
le corps d'Oudinot aura, au 1er avril, 31.740 hommes, quand
tout sera au complet. L'aperçu de la situation de nos armées
en Allemagne peut se résumer de trois manières : au 1er avril
nous aurons 117.420 hommes, et quand tout sera au complet
136.860 hommes. Il approuve l'organisation de l'artillerie du
corps d'observation du Rhin avec quelques modifications ; il
demande au même un travail sur les chevaux existant en
France, sur les selles ; il donne des ordres pour diriger des
troupes sur Strasbourg ; il veut qu'on lui présente à la parade
une compagnie de chacun des bataillons des 32e et 58e de

---

[1] Archives nationales, O², 38. Paër avait écrit pour Grassini le rôle
de Didon, où elle excellait, et pour Crescentini, Numa Pompilio, etc. ;
Crescentini triomphait surtout dans Roméo.

ligne, qu'on lui fournisse le nombre des conscrits de 1810 arrivés au corps et le nombre de ceux qui sont habillés ; il réclame aussi, pour la parade, les chasseurs du grand duché de Berg, s'ils sont en état de paraître.

Une lettre datée du 13, minuit, et toujours à l'adresse du Ministre de la Guerre, envisage l'organisation d'un corps de réserve ; il faut à l'Empereur le total de ses armées en Allemagne au 1er avril 1809 ; par là il verra ce qu'il reste à faire pour compléter ; il lui faut cet état pour le mercredi suivant.

Le 14 mars il critique, dans une lettre à M. de Champagny, ministre des Affaires extérieures, les armements de l'Autriche, qui autoriseront nos troupes à se porter de l'intérieur de la France au-delà du Rhin pour protéger les alliés et les confédérés.

L'opinion de la presse le préoccupe : qu'on lui envoie les gazettes de Vienne, de Presbourg, de Cracovie, depuis le 1er avril 1808.

Il réclame à Clarke une carte des étapes d'Allemagne depuis le Rhin jusqu'à Austerlitz et la Vistule [1].

Le même jour Décrès, ministre de la Marine, est chargé de réunir 2.000 hommes de marine à l'armée du Rhin ; des marins sont indispensables pour servir au passage et à la navigation des rivières.

Alexandre, prince de Neufchâtel, fera un projet pour l'organisation de l'arme du génie répartie entre les trois corps : armée du Rhin, corps du général Oudinot, corps d'observation du Rhin.

Le maréchal Davoust, duc d'Auerstaedt, commandant l'armée du Rhin à Erfurth, est prié de lui adresser un itinéraire des routes qui depuis la Bohême aboutissent sur le Danube, depuis Passau jusqu'à Ulm ; une note sur la situation actuelle des fortifications de Prague lui est utile.

---

[1] C'est probablement cette carte que l'Empereur déploya sur la pierre placée près des Coquillages et non la carte de Russie comme le veut la légende qui est fausse partiellement.

Il écrit au vice-roi d'Italie :

Il n'y a pas grand'chose à craindre des Autrichiens; les maladies sont plus redoutables. Avisez le général Marmont de prendre position sur les frontières, de façon à menacer les Autrichiens ; au moindre événement, la guerre déclarée, il doit envahir tout le pays et marcher à la rencontre des Autrichiens.

Son frère reçoit de lui une lettre dans laquelle il lui fait connaître ses dernières dispositions : Bamberg, Wursbourg et Baireuth sont les points de réunion des troupes ; du 20 au 30 mars, toutes ses armées seront concentrées ; toutes les troupes de la Confédération seront également réunies et prêtes à recevoir les Autrichiens ; il critique le prince royal qui ne peut faire la guerre.

La correspondance que l'Empereur échange de Rambouillet, le 15 et le 16 mars, est dans le même ordre d'idées : la guerre.

Le 15 mars, il déclare ceci à son beau-fils Eugène de Beauharnais :

Les Autrichiens vont opposer à l'armée d'Italie deux corps ; il faut trouver un officier d'état-major intelligent, établi à l'extrémité de la frontière du côté de Pontebba, qui puisse nous renseigner.

Le même jour à Jérôme :

Vous croyez que je suis mécontent de votre luxe, et en cela vous ne vous trompez pas ; il est impolitique et ruineux pour l'État. Ne faites point de folles dépenses. Le roi de Prusse n'a jamais mangé plus de trois millions. Vienne a encore un état de dépenses qui ne va pas à la moitié du vôtre.

Il signale à Eugène les travaux à faire sur la tête du pont du Tagliamento.

Le 16 mars, des ordres sont donnés par lui pour des départs de troupes ; le troisième régiment entrera en ligne le 15 avril.

Tel est le résumé des vingt lettres écrites par l'Empereur, de Rambouillet, du 11 au 16 mars 1809.

Une légende erronée prétend que Napoléon Ier prépara la campagne de Russie à Rambouillet ; mais l'histoire vraie peut dire, d'après une correspondance indéniable, que la campagne d'Allemagne de 1809 fut dans cette ville l'objet de ses soins et de ses préoccupations.

Le voyage de l'Empereur à Rambouillet en mars 1809 eut une conséquence importante pour la ville : la régularisation du don qu'il avait fait antérieurement de l'hôtel de ville et des 8.000 francs de rente à l'hospice.

Le brevet, qui fut signé par lui-même le 24 mars 1809, en ce qui concernerait l'hôtel de ville, était ainsi conçu :

BREVET pour le don de l'hôtel de ville de Rambouillet et ses dépendances aux habitants de la commune de Rambouillet, département de Seine-et-Oise [1].

Aujourd'hui le 24e jour du mois de mars 1809, l'Empereur et Roi étant à Paris, Sa Majesté voulant donner aux habitants de Rambouillet une preuve de sa bienfaisance, leur a accordé, à titre de don, l'hôtel de ville de Rambouillet et ses dépendances, savoir :

1° Un principal corps de bâtiment contenant salles d'assemblées, bureaux, halles et 24 chambres à grains, cour, au midi, clause par une grille, 8 boutiques derrière cet édifice, joignant, au midi, la terrasse ou parterre de Sa Majesté, au nord, la grande rue, à l'est, la petite place du marché aux légumes et le bâtiment ci-après, à l'ouest, la grande place du marché aux grains ;

2° Un bâtiment en arrière-corps servant de prison, d'archives et de resserre, tenant, du midi, au jardin des héritiers

---

[1] Archives de la ville de Rambouillet.

Becquet, du nord, à la petite place ci-dessus, de l'est, à Guillaume Laisné, de l'ouest, à l'hôtel de ville ;

3° Les deux places du marché aux légumes et du marché
aux grains.

Le tout dépendant du domaine Impérial de Rambouillet,
qui fait partie de la liste civile, pour, par les habitants de
Rambouillet, jouir des objets ci-dessus désignés comme d'un
bien communal à compter de ce jour.

Sa Majesté se réserve :

1° La propriété du mur de clôture surmonté d'une grille
qui entoure la grande place et la cour ci-dessus, et qui les
sépare de la terrasse du parterre Impérial ;

2° La jouissance de la salle d'assemblées pour les adjudications publiques à donner, soit pour les forêts de la Couronne, soit pour les domaines Impériaux, soit pour les divers
services de la maison de Sa Majesté ;

3° La jouissance du cabinet des archives du domaine Impérial ;

4° Le droit d'user des poids et des balances publics pour
tous les services de la maison de Sa Majesté, sans payer
aucune rétribution.

Sa Majesté entend qu'il ne puisse être fait aucune construction sur les places et cours ci-dessus désignées, qu'aucun
des bâtiments existant ne soit exhaussé, qu'il n'y soit ouvert
aucun nouveau jour qui puisse être vu du palais et des jardins Impériaux, et enfin qu'en un mot les bâtiments soient
entretenus par la commune et conservés dans leur état actuel,
conformément au plan annexé au présent brevet et qui
demeurera déposé aux archives de la liste civile.

Sa Majesté accorde la résiliation pure et simple du bail à
loyer de l'hôtel de ville de Rambouillet à partir du 1ᵉʳ janvier 1809.

Mande et ordonne Sa Majesté, au sieur Pierre-Antoine-
Noël-Bruno Daru, conseiller d'État, commandeur de la
Légion d'honneur, comte de l'Empire, Intendant général de

sa maison, de tenir la main à l'exécution du présent brevet, que, pour assurance de sa volonté, Sa Majesté a signé de sa main et fait contre-signer par son ministre secrétaire d'État.

Signé : NAPOLÉON.

Par l'Empereur :
Le Ministre secrétaire d'Etat,
Signé : Hugues-B. MARET.

Vu par nous :
Archichancelier de l'Empire,
Signé : CAMBACÉRÈS.

Pour ampliation :
L'Intendant général de la Maison de l'Empereur,
Signé : DARU.

On se rappelle que la rente de 8.000 francs à l'hospice avait été donnée en 1806 ; aussi les administrateurs trouvaient-ils qu'elle se faisait un peu attendre.

En 1808, ils s'étaient adressés timidement à M. Goulard, administrateur général des domaines de la Couronne, à qui ils avaient écrit [1] :

Monsieur,

L'Empereur, avant de venir prendre possession de son domaine de Rambouillet, avait daigné s'y faire précéder par une somme de 8.000 francs, remise à l'hospice, et ce bienfait nous avait donné l'espoir de voir bientôt cette utile maison reprendre l'importance qu'elle avait autrefois. Nous dûmes l'espérer encore bien plus lorsqu'en 1806. Sa Majesté annonça à M. le Maire qu'elle accordait à notre hospice une rente annuelle de 8.000 francs et qu'elle avait ordonné à son Intendant d'en dresser le brevet de constitution.

Nous avons fait célébrer un service d'action de grâces en reconnaissance de ce bienfait, qui a été même inséré dans les journaux.

Par une fatalité sans exemple, nous n'en avons point encore

[1] Archives de l'hospice, dossier du don de 8.000 fr.).

joui, et la correspondance que M. le Maire de cette commune a eue avec M. l'Intendant général de la Maison de l'Empereur n'a produit aucun effet. Il en résulte que notre établissement, réduit aux seules ressources que la commune peut lui procurer, ne fait pas la moitié du bien qui en résulterait si nous avions un peu plus d'argent pour l'entretenir.

Lorsque vous êtes venu, Monsieur, l'été dernier à l'hospice, nous vous avons exprimé notre chagrin de voir que les intentions de Sa Majesté, annoncées par elle-même et publiquement, n'étaient point exécutées.

Vous nous avez promis vos bons offices auprès de M. Daru, et nous ne doutons pas que vous n'ayez pris la peine de lui écrire sur cette affaire ; mais nous vous prions de vouloir bien la lui rappeler comme un objet urgent.

Nous vous aurons infiniment d'obligation de cette démarche en faveur des pauvres malades.

Les administrateurs de l'hospice recevaient enfin une réponse de M. Daru, intendant général de la Maison de l'Empereur annonçant la réalisation de la bonne promesse :

Paris, le 28 mars 1809.

Messieurs les Administrateurs,

J'ai l'honneur de vous adresser l'expédition d'un brevet signé par Sa Majesté, et par lequel elle fait don à l'hospice de Rambouillet d'une rente annuelle et perpétuelle de huit mille francs. Elle lui sera délivrée en une inscription de pareille somme sur le Grand-Livre de la dette publique. Mais, en attendant que cette remise puisse avoir lieu, sa Majesté ne veut pas retarder pour vous la jouissance de ses bienfaits, et elle commencera à dater du premier avril prochain. Sa Majesté n'y met qu'une seule condition, c'est que l'hospice entretienne une salle particulière de vingt lits pour y recevoir gratuitement les malades attachés au service de sa Maison.

Ainsi l'hospice de Rambouillet, en même temps qu'il

acquiert un revenu de huit mille francs, est mis au rang des
Infirmeries Impériales.

Recevez, etc.   Signé : DARU.

Le brevet était libellé en ces termes :

*BREVET pour le don d'une rente annuelle et perpétuelle de
huit mille francs à l'hospice de Rambouillet.*

Aujourd'hui le vingt-quatrième jour du mois de mars
mil huit cent neuf, l'Empereur et Roi étant à Paris, Sa
Majesté voulant donner une marque particulière de sa bienfaisance aux habitants de Rambouillet et spécialement aux
pauvres infirmes de cette ville, accorde et constitue à l'hospice de Rambouillet une rente annuelle et perpétuelle de
huit mille francs, laquelle sera fournie en inscription de
pareille somme sur le Grand-Livre de la dette publique ; jusqu'à la remise de ladite inscription, cette rente de huit mille
francs sera acquittée sur les revenus du domaine de Rambouillet, à compter du premier avril de la présente année.
L'hospice de Rambouillet sera tenu d'entretenir une salle
particulière de vingt lits pour y recevoir et traiter gratuitement les personnes attachées au service de la maison de Sa
Majesté.

Mande et ordonne, Sa Majesté, au sieur Pierre-Antoine-
Noël-Bruno Daru, conseiller d'État, commandeur de la
Légion d'honneur, comte de l'Empire, intendant général de
sa Maison, de tenir la main à l'exécution du présent brevet,
que, pour assurance de sa volonté, Sa Majesté a signé de sa
main et fait contresigner par son ministre secrétaire d'État.

                               Signé : NAPOLÉON.

     Par l'Empereur :
       Le ministre secrétaire d'État,
     Signé : Hugues-B. MARET.

                 Vu par nous, Archichancelier de l'Empire,
                       Signé : CAMBACÉRÈS [1].

[1] Archives municipales.

Le 31 mai 1809, les membres de la Commission de l'hospice remerciaient M. Daru :

Nous avons reçu la lettre que vous nous avez fait l'honneur de nous écrire le 28 de ce mois, contenant l'ampliation du brevet, par laquelle Sa Majesté constituait à notre hospice 8.000 francs de rente, — écrivaient-ils à M. Daru.

Quoiqu'il soit très difficile d'exprimer les sentiments que nous éprouvons en ce moment, nous vous prions de vouloir bien, Monsieur, mettre sous les yeux de notre cher Empereur la supplique ci-jointe et d'être notre interprète auprès de son auguste personne :

> *A Sa Majesté l'Empereur des Français, roi d'Italie, protecteur de la Confédération du Rhin :*
>
> SIRE,
>
> Les administrateurs de l'hospice civil de Rambouillet, recevant le brevet par lequel Votre Majesté a daigné accorder à cet établissement 8.000 francs de rente, s'empressent de déposer aux pieds de votre auguste trône l'hommage des sentiments de reconnaissance dont ils sont pénétrés pour un si grand bienfait. Quoiqu'il soit spécialement destiné aux pauvres, toutes les classes de leurs concitoyens partagent leurs sentiments et s'unissent pour bénir un prince qui, couvert de tous les genres de gloire et occupé des plus grands intérêts, pense à soulager les malheureux d'une petite ville de son vaste Empire[1].
>
> Nous avons l'honneur, etc.

Le *Journal de Versailles*, dans son numéro du 6 avril 1809, avait porté à la connaissance du Département ces actes de libéralité de l'Empereur.

Par décision du 4 mars dernier, — disait cette feuille, — Sa Majesté Impériale et Royale a fait don à la commune de

---

[1] Archives de l'hospice.

Rambouillet du bâtiment servant d'hôtel de ville, et d'une rente annuelle de 8.000 francs à l'hospice de la même commune [1].

Moins d'un mois après le départ de l'Empereur de Rambouillet, le 6 avril, la guerre était déclarée par l'Autriche.

L'Empereur d'Autriche adressait à ses sujets une proclamation dans laquelle il reprochait à Napoléon son ambition : l'archiduc Charles justifiait ainsi, auprès des Allemands, l'ouverture des hostilités : « L'Empereur d'Autriche se voit forcé de prendre les armes, parce que les armées de l'Empereur des Français et de ses alliés, qui ne sont que ses vassaux, se mettent en mouvement contre l'Autriche. »

L'Autriche a sous les armes plus de 550.000 hommes, et la France en a à peine 200.000 à lui opposer.

Le 15 avril 1809, les Autrichiens, commandés par l'archiduc Ferdinand, envahissent le grand duché de Warsovie ; le 16, les Français, commandés par Eugène de Beauharnais, perdent la bataille de Sacile.

Le 19 ont eu lieu les premières rencontres de la nouvelle guerre en Allemagne ; du 19 au 21 se succèdent les batailles de Pfaffenhofen, d'Abensberg, de Landshut, qui sont gagnées par les Français.

Le 22, les Autrichiens sont défaits à Eckmühl par l'Empereur, qui s'écrie : « La maison de Lorraine a cessé de régner. »

Le 23, Ratisbonne est enlevée d'assaut.

Le 28, le 29 et le 30 avril, l'armée française effectue le passage de la Salza.

Le 3 mai la Russie déclare la guerre à l'Autriche. Une armée russe entre en Galicie ; le 4, combat et attaque d'Ebersberg ; un décret du 17 mai porte réunion des états romains à l'Empire français ; le 21 et le 22, brillante bataille

---

[1] Par suite des conversions, le titre de rente de 8.000 francs, donné par l'empereur, est réduit aujourd'hui à 7.000 francs.

d'Esling, gagnée par Napoléon sur l'archiduc Charles ;
le 26, l'armée d'Italie opère sa jonction avec l'armée d'Allemagne ; le 11 juin, l'Empereur est excommunié par le pape
Pie VII ; le 5 et le 6 juin est livrée et gagnée la grande
bataille de Wagram ; le 12, un armistice est signé et, le
14 août, un traité de paix est conclu à Vienne entre la France
et l'Autriche vaincue.

Chaque voyage de l'Empereur provoquait de nouveaux
travaux dans le château ; c'est ainsi que la lingerie de l'Impératrice laissant à désirer, M. Famin, l'architecte, établissait
un devis pour remédier à cet état de choses le 12 mars ;
le 9 juin, des armoires étaient placées dans cette lingerie
par ses soins.

L'Empereur, en 1809, était revenu à Rambouillet à une
époque moins avancée que les autres années ; il avait trouvé
que les appartements n'étaient pas assez chauffés. Le
16 mars, M. Famin écrit :

S. M. ayant paru très sensible au froid, je propose
d'établir des tuyaux de chaleur qui échaufferont le vestibule,
les escaliers et tout l'étage de représentation du Palais ; il
sera facile, — ajoute-t-il, — d'établir, même autour des
pièces parquetées, des chemins couverts en marbre : il y
aura une chaleur douce et égale dans tout le Palais. La
dépense sera peut-être considérable, il s'agit de 22.620 francs ;
mais on regagnera cela plus tard par l'économie du combustible [1].

Au mois de juin, M. Famin rend compte à son chef de
l'état de certains travaux, du rétablissement de l'hôtel du
Gouvernement, de l'achèvement de l'île des Roches, de
Pourras, de la Couverie, du Chenil, travaux pour lesquels
un crédit de 67.840 francs a été employé.

Le 7 juin, il demande un bloc de marbre pour faire les

____
[1] Archives nationales, O², 321.

chapiteaux et les bases des colonnes de marbre du Languedoc
pour décorer l'hôtel du Gouvernement ; le 21 juin, il est
autorisé à prendre quelques blocs à Chaillot et à Versailles.

Le même jour est dressé, par lui, un devis pour faire
placer une glace dans le salon du déjeuner de S. M., et trois
autres glaces dans les salons de MM. les officiers ; le crédit
sollicité est de 4.821 fr. 36 ; et un autre devis pour l'établissement des conduites de chaleur dans le Palais pour chauffer
les appartements d'honneur de LL. MM.

Le lendemain il écrit :

Il n'y a jamais eu de boiseries au-dessus des portes et
glaces du grand appartement de S. M., mais il y avait là
des tableaux qui ont été vendus par la Révolution.

M. Trepsat, son prédécesseur, a fait mettre des toiles
peintes ; lui, va chercher des panneaux sculptés en sujets de
chasse [1].

Le 9 juin, il propose un chiffre de 9.940 francs pour la
pose d'un réservoir, pour les armoires de la lingerie, pour,
enfin, des fourneaux à installer dans la cuisine ; et, le 10, le
chiffre de 2.350 francs pour des guérites mobiles destinées à
deux vedettes à cheval.

Le rapport du 10 août de l'architecte à l'intendant des
bâtiments est fort intéressant ; les travaux entrepris sont
terminés ; M. Famin a vu les tableaux qui ornent l'île des
Roches ; le plafond est peint par M. de Juinne, qui a
remporté le prix de l'Académie ; il représente le triomphe de
Vénus ; on voit dans les arabesques, des colombes faisant
leur nid dans le casque de Mars ; M. Vasserot a représenté
quatre vues, les vues de Schœnbrunn, de Sans-Souci,
d'Aranjuez et d'un site d'Égypte.

La Faisanderie, la Couverie sont terminées ; la chaussée
de Saint-Hubert est refaite ; l'hôtel du Gouvernement est
monté à la hauteur du premier étage ; S. M. consacre

---

[1] Arch. nat., O², 321.

25.000 francs par an au Gouvernement ; Famin voudrait un nouveau crédit de 30.000 francs afin de couvrir le bâtiment avant la mauvaise saison [1].

Le 4 septembre, dans une lettre à M. Daru, l'architecte écrit :

Pendant son séjour, en mars, l'Empereur m'ordonna de m'occuper de la restauration du Château et de lui soumettre dessins et devis ; pour faire une addition à l'aile droite en prolongation des appartements de LL. MM. l'Empereur et l'Impératrice, c'est-à-dire pour neuf pièces composées de salons, chambre à coucher, cabinet de travail, salle de bains, la dépense s'élèvera à 373.861 fr. 52.

Dans une lettre au même, du 6, M. Famin rend compte des travaux de rétablissement du Gouvernement, de l'achèvement de l'île des Roches, du pavillon de Pourras, etc. Les travaux de l'île des Roches, ajoute-t-il, sont terminés ; tout est ciré et frotté ; il faudrait des meubles faits exprès à cause de la forme circulaire du pavillon ; les rideaux de vitrage surtout sont nécessaires pour détruire l'effet des luisants sur les paysages ; à la Couverie, tout sera en état dans dix jours ; le Chenil est fini ; la chaussée de Pourras étant refaite, l'Empereur pourrait arriver au pavillon par cette chaussée.

Rambouillet est prêt à recevoir S. M., mais il faudrait que les chemins des communs fussent réparés.

Le 31 octobre, M. Famin envoie un devis pour l'établissement d'une chambre de discipline, et il annonce, le 16 décembre, que le poêle chauffant le cabinet topographique et le cabinet particulier marche bien.

Le 16 décembre avait été rendu un sénatus-consulte portant dissolution du mariage de Napoléon avec Joséphine Tascher de la Pagerie, mère du prince Eugène de Beauharnais, vice-roi d'Italie.

---

[1] Deux sarcophages antiques reproduits dans l'ouvrage de Delaborde placés au milieu du jardin anglais y produisaient un effet très pittoresque.

Le 21 août 1809, le Préfet félicitait Levasseur de son zèle à former des bataillons mobiles et à servir la patrie.

Versailles, le 21 août 1809.

Le Conseiller d'État,

L'un des commandeurs de la Légion d'honneur, *Préfet du Département de Seine-et-Oise*,

A Monsieur le Maire de la commune de Rambouillet.

J'ai reçu, Monsieur, votre lettre du 19 de ce mois, par laquelle vous me faites part des mesures que vous avez prises pour assurer la prompte exécution des opérations relatives à la formation des bataillons mobiles; je n'attendais pas moins de votre zèle, recevez-en le témoignage de ma satisfaction.

J'applaudis, Monsieur, à votre dévouement patriotique; il appartenait à un brave militaire comme vous de désirer de rentrer dans les rangs et de concourir à repousser les ennemis éternels de la gloire et de la prospérité de la France. C'est avec plaisir que j'inscrirai votre nom avec ceux qui déjà figurent sur la liste honorable des habitans de mon département qui ont montré le même zèle. S'il arrivait, Monsieur, que vos services ne fussent point utiles dans cette circonstance, votre nom n'en sera pas moins mis par mes soins sous les yeux de Sa Majesté.

J'ai l'honneur de vous saluer [1].

XIII

Napoléon 1er à Rambouillet en 1810. — Son divorce. — Son second mariage. — Sa demande en mariage datée de Rambouillet. — Correspondance de l'Empereur. — La Hollande. — Lebrun. — Travaux à Rambouillet.

Le 18 janvier 1810, l'officialité diocésaine de Paris déclarait nul, quant au lien spirituel, le mariage de l'Empereur avec l'Impératrice Joséphine.

[1] Papiers de M. Levasseur. Le 12 décembre 1809 le conseil municipal alloue, à Levasseur, 59 fr. 40 pour déboursés à raison de ses démarches pour une sous-préfecture à Rambouillet. Arch. nat.

Au commencement du mois suivant, nos troupes, toujours occupées par la guerre d'Espagne, s'emparaient de Séville[1].

Le 7 février, une convention de mariage entre Napoléon et l'archiduchesse Marie-Louise, fille de l'Empereur d'Autriche, était signée.

A la fin de février, l'Empereur venait passer trois jours à Rambouillet ; le 22, le *Journal des Débats* annonçait son départ pour cette ville.

Paris, 21 février.

On assure que S. M. l'Empereur et Roi se propose de passer quelques jours à Rambouillet.

Il s'y rendit effectivement le mercredi 21, mais, au lieu de rester jusqu'au samedi 24, il repartit le vendredi 23, car le même journal nous informe qu'il reçut à Paris le vendredi, à son retour de Rambouillet.

Pendant ces trois jours, l'Empereur écrivit quatorze lettres, dont deux notamment très intéressantes.

Le 21, il avise Clarke, duc de Feltre, que nos troupes sont entrées à Séville, où l'on a trouvé une immense quantité d'artillerie de siège. « Inutile, — dit-il, — de diriger une plus grande quantité de matériel sur le midi de mon Empire ; il faut économiser de l'argent. »

Le même jour, il annonce également au duc de Castiglione l'entrée de notre armée à Séville ; il lui dit : « L'armée que vous commandez est l'armée de Catalogne, et vous ne devez recevoir des ordres que de moi. »

Au prince de Neufchâtel et de Wagram, major de l'armée d'Espagne, à Paris, il fait part de la même nouvelle ; il lui donne ses ordres : « Le général Suchet assiégera Lérida, et le duc d'Abrantès ira au secours du duc d'Elchingen. »

Le 22, il écrit à M. de Champagny : « Je ne puis adhérer à ce que je n'aie pas le thalweg du Rhin. » Le principe fon-

---

[1] Le 1er février, Levasseur perd sa mère.

damental de l'Empire est d'avoir le thalweg du Rhin pour
limite. Dans une autre lettre, il le prie de se rendre au Sénat
pour porter le traité de paix entre la France et la Suède ;
dans une troisième lettre, il lui recommande de donner à
Mᵉˡˡᵉ Paterson tout l'argent dont elle a besoin.

Julie Napoléon, reine d'Espagne, est invitée à rejoindre ses
enfants, car les affaires d'Espagne se pacifient.

Sa correspondance du 23 février contient deux lettres concernant son mariage. Dans l'une il demande à l'Empereur
d'Autriche la main de sa fille, et l'autre est destinée à
l'Archiduchesse elle-même :

A François II, empereur d'Autriche, à Vienne.

Rambouillet, 23 février 1810.

Monsieur mon frère, je fais partir demain mon cousin le
vice connétable, prince de Neufchâtel, pour demander à
Votre Majesté Impériale l'Archiduchesse Marie-Louise, sa
fille, en mariage. Les hautes qualités qui distinguent si
éminemment cette princesse, l'avange précieux qu'elle a de
lui appartenir, me font désirer vivement cette union. On me
fait espérer que Votre Majesté voudra y consentir. Je ne
tarde donc pas un moment et j'expédie le comte Lauriston,
mon aide de camp, déjà connu de V. M. pour lui porter cette
lettre. Je le charge de lui faire connaître le prix que je mets
à cette alliance ; j'en attends pour moi et pour mes peuples
beaucoup de bonheur.

A l'Archiduchesse Marie-Louise d'Autriche, à Vienne.

Rambouillet, 23 février 1810.

Ma cousine, les brillantes qualités qui distinguent votre
personne nous ont inspiré le désir de la servir et honorer.
En nous adressant à l'Empereur votre père pour vous prier
de nous confier le bonheur de Votre Altesse Impériale,
pouvons-nous espérer qu'elle agréera les sentiments qui
nous portent à cette démarche ? Pouvons-nous nous flatter

qu'elle ne sera pas déterminée uniquement par le devoir de
l'obéissance à ses parents? Pour peu que les sentiments de
V. A. I. aient de la partialité pour nous, nous voulons les
cultiver avec tant de soins et prendre à tâche si constamment
de lui complaire en tout, que nous nous flattons de réussir à
lui être agréable un jour ; c'est le but où nous voulons
arriver et pour lequel nous prions Votre Altesse de nous être
favorable.

Le 1ᵉʳ avril le mariage civil fut célébré à Saint-Cloud, et le
lendemain eut lieu, dans la grande galerie du Louvre, le mariage religieux. Des fêtes furent données à Rambouillet; le
14 mars Famin écrivait à Costaz; quand je serai chargé de
fêtes publiques, je ne ferai placer aucun emblème sans en
avoir reçu l'ordre ; en même temps il demandait, pour les
fêtes du mariage de l'Empereur, que des illuminations rap-
pelassent que ces lieux (Rambouillet) servaient aussi à
l'habitation du Souverain.

Au mois de juillet 1810 la nouvelle Impératrice, Marie-
Louise, dans tout l'éclat de ses dix-neuf ans, accompagnait l'Empereur à Rambouillet.

Le *Journal de l'Empire* du dimanche 8 juillet annonçait
ainsi la prochaine arrivée du couple impérial :

Paris, le 7 juillet.

LL. MM. II. et RR. ont quitté hier le Palais de
Saint-Cloud pour aller habiter, pendant quelques jours, le
château de Rambouillet.

Leur séjour se prolongea jusqu'au 17. Le journal du
dimanche 15 faisait prévoir leur retour dans quelques jours,
en ces termes :

LL. MM. reviennent, à ce qu'on assure, vers le commencement de la semaine prochaine, du Palais de Rambouillet
et viennent probablement habiter le palais de Trianon.

Cette information était complétée le mardi 17, sous la rubrique :

Paris, 16 juillet.

LL. MM. arrivent demain à Saint-Cloud, venant de Rambouillet.

Un événement important s'était accompli pendant ce voyage de l'Empereur à Rambouillet : la réunion de la Hollande à la France.

La nombreuse correspondance de l'Empereur, datée de Rambouillet, a surtout pour objet l'organisation du royaume de Hollande [1].

Le 8 juillet, il écrit au général Clarke :

Je réunis décidément la Hollande. Il est convenable qu'un officier de génie discret et intelligent se rende auprès du duc de Reggio et corresponde avec vous pour les renseignements sur le personnel du génie, de l'artillerie, la situation des places fortes, etc.

A Decrès, il dit :

Je viens de signer l'acte de réunir la Hollande à la France. Il est indispensable que vous envoyiez quelqu'un pour reconnaître l'état de la marine hollandaise et que vous me proposiez sa réorganisation.

Au prince Lebrun [2] :

Mon cousin, j'ai besoin de vos services en Hollande, faites préparer vos équipages et rendez-vous le plus tôt possible à Rambouillet pour y prendre vos instructions. Il est indispensable que vous partiez de Paris, demain soir, pour vous rendre à Amsterdam.

Le 9, il consigne par écrit les instructions destinées à l'architrésorier.

Le prince architrésorier arrivera le 11 de ce mois à

---

[1] Correspondance de l'Empereur, lettres n°s 16613 et sq.

[2] Lebrun habitait le château de Sainte-Mesme près de Dourdan (vol. X de nos *Mémoires*).

Bruxelles, le 12 à Nimègue ou à Utrecht, le 13 à Amsterdam.

Dès les premiers moments de son arrivée, l'architrésorier fera prêter serment aux membres du gouvernement, aux troupes de terre et de mer... L'architrésorier me fera connaître ce qui a été reçu et dépensé au 1ᵉʳ juillet... Mon intention est de gouverner moi-même le pays. Mon lieutenant général sera là pour tout voir, m'instruire de tout, recevoir directement mes ordres pour les faire exécuter.

Quant au jeune prince, il est probable qu'avant l'arrivée de l'architrésorier, il ne sera plus en Hollande. Mon intention est que l'architrésorier reçoive 100.000 francs par mois à dater de ce jour pour ses dépenses.

Le même jour, il donne ses ordres au président de la commission du Gouvernement à Amsterdam :

Je ne puis donner mon consentement à ce que le grand-duc de Berg, mon neveu et pupille, soit roi de Hollande. Je désire que vous communiquiez mes résolutions au Corps législatif...

Le 10, il écrit au nouveau lieutenant général :

Je viens d'expédier le comte de Lauriston, mon aide de camp, à Amsterdam, pour ramener à Paris le grand-duc de Berg.

Le premier besoin que vous éprouverez en arrivant à Amsterdam est d'avoir un bon ministre de la police.

En même temps, ses généraux en Espagne reçoivent ses instructions.

Une lettre au maréchal Oudinot, duc de Reggio, commandant le corps d'observation de la Hollande à Amsterdam, règle la situation du grand-duc de Berg.

Mon cousin, dit l'Empereur, j'envoie à Amsterdam, mon aide-de-camp auquel vous remettrez le grand-duc de Berg ; il le conduira ici près de moi. Passez la revue des troupes hollandaises, chassez les mauvais sujets, s'il y en a, donnez-leur des aigles.

Eugène Napoléon à Genève est prié par l'Empereur

d'avoir soin de déplacer celles de ses troupes qui seraient dans des pays malsains et de les faire remonter du côté des montagnes.

Le 11 juillet était signé à Rambouillet le décret de réunion de la Hollande, il était ainsi conçu :

Art. 1er. — La Hollande est réunie à l'Empire.

Art. 2e — La ville d'Amsterdam sera la troisième ville de l'Empire.

Le même jour Napoléon demande au Ministre de la Justice un rapport sur un acquittement, par la cour criminelle de Foix (Ariège) qui l'étonne ; les assassins d'un maire ont été acquittés. Dans une lettre du 12, il conteste l'utilité de trois officiers d'artillerie dans une compagnie, et recommande des constructions de canaux ; la société de charité maternelle éveille ses soupçons ; il réclame au Ministre des Cultes la liste des personnes inscrites à cette société ; son avis est que la gendarmerie des départements de l'Ouest soit diminuée.

Le 13, il écrit ceci au comte de Montalivet :

Vous trouverez ci-joint le décret par lequel je fonde des maisons d'orphelins ; il faut en former d'abord trois dans des forêts, une à Saint-Germain, l'autre à Fontainebleau et la troisième dans la forêt de Rambouillet.

A la reine de Hollande à Plombières :

Ma fille, je reçois votre courrier du 11. Je vois que les lettres de Hollande vous sont enfin arrivées. On n'a point de nouvelles du roi. Je vous envoie les lettres que je pense que vous devez écrire au président du Corps législatif et au président du Conseil du Gouvernement.

Le 14, lettre de l'Empereur au comte Defermont, intendant général du Domaine extraordinaire de la Couronne, auquel il demande de vouloir bien s'occuper sérieusement du domaine extraordinaire.

Jusqu'ici, lui reproche-t-il, vous n'avez rien fait, les affaires en souffrent, les particuliers en souffrent.

Une lettre du même jour au comte Daru fait allusion à
Rambouillet; Napoléon veut connaitre le budget des recettes
des forêts et domaines pour 1806, 1807, 1808, 1809 et 1810 ;
il ajoute :

En général, je désirerais porter mon budget ordinaire
à 30 millions. Je pense que je ne devrais pas en être éloigné,
et comme j'ai acheté à Rambouillet, Compiègne et Fontainebleau quelques milliers d'arpent de terre qui pourront
produire 2 à 300.000 francs de rente, cela complètera mes
revenus à 30 millions.

D'autres lettres du 14 sont écrites au comte de Montalivet,
à M. de Champagny et au comte de Mollien ; des instructions
par écrit sont en même temps données au prince de Neufchâtel et de Wagram, major général de l'armée d'Espagne
qui est à Rambouillet ; ces instructions, qui ont trait à la
guerre d'Espagne, sont transmises par le prince de Wagram
au général comte Suchet.

Le 15, l'Empereur est fort mécontent; il exprime sa mauvaise humeur dans une lettre au comte de Montalivet. On
m'assure, s'écrie-t-il, que le grand maître de l'Université
nomme l'abbé de Calonne, connu pour être un prêtre fana-
tique, principal du collège de Quimper. Faites-moi un
rapport et proposez-moi un projet pour annuler cette nomination.

Trois lettres, portant la même date, sont destinées à Clarke ;
dans l'une il réclame un plan détaillé et coté de la presqu'île
de l'Éguillette à Toulon, dans une autre il lui fait sentir
l'importance de l'île de Walcherens que la France doit saisir
avec des mains de fer, dans une autre, il lui fait passer des
notes sur Porto-Ferrajo, sur Rochefort.

Le général Savary aura à lui remettre les comptes de la
police de 1809 qui lui paraissent exagérés. Napoléon suppose
le prince Lebrun arrivé en Hollande et le grand-duc de Berg
en route pour la France ; il insiste le 15, auprès du prince
Lebrun, pour que les Chambres déploient la plus grande

activité. Le plus important, dit-il, est la marine. Le défaut d'argent ne peut retarder les armements.

Menou, qui est tombé en déconsidération à Venise, reviendra à Paris ; ses dettes seront payées.

Les lettres du 16 à Decrès touchent aux bataillons de marine, à l'état des constructions maritimes entreprises pour 1810, au budget des grands ports, à celui des petits ports.

Avant de quitter Rambouillet, il écrit encore à Daru qu'il désire compléter les Domaines de la couronne et il demande pourquoi cette année, à Rambouillet, on n'a pas semé la ferme.

En 1810, les travaux exécutés au château furent assez considérables ; au budget de cette année, figurent une salle à manger pour S. M. à installer, une chambre pour la duchesse de Frioull [1], la pose de tuyaux de chaleur, d'un vasistas dans les appartements de LL. MM., le placement de portières dans ces mêmes appartements, de panneaux sculptés dans le salon de l'Empereur ; des paysages, œuvre du peintre Vasserot, remplacent, dans la salle de bains, des portraits de famille à la suite d'une incartade de l'Empereur rapportée en ces termes par Constant, dans ses mémoires :

Pendant l'absence de Sa Majesté, on s'était occupé de restaurer et de meubler à neuf le château de Rambouillet ; l'Empereur alla y passer quelques jours. La première fois qu'il entra dans la salle de bains, il s'arrêta tout court à la porte et jeta les yeux autour de lui avec toutes les marques de la surprise et du mécontentement. J'en cherchai aussitôt la cause, en suivant la direction des regards de Sa Majesté, et je vis qu'ils s'arrêtaient sur divers portraits de famille que l'architecte avait fait peindre sur les murs de la salle. C'étaient ceux de Madame-Mère, des sœurs de Sa Majesté, de la reine Hortense, etc., etc. ; la vue d'une telle galerie

---

[1] Mme Duroc, femme du grand maréchal du Palais.

dans un tel lieu excita au plus haut point l'humeur de l'Empereur. « Quelle sottise ! s'écria-t-il, Constant, faites appeler le maréchal Duroc. » Lorsque le grand maréchal parut : « Quel est, dit Sa Majesté, l'imbécile qui a pu avoir une pareille idée ? Qu'on fasse venir le peintre et qu'il efface tout cela. Il faut avoir bien peu de respect pour les dames pour commettre une pareille indécence. »

Un crédit de 23.000 fr. est accordé à l'effet de mettre en état les bâtiments pour le service des écuries.

Au mois de juillet, la troisième expédition en Portugal avait été signalée par la prise de Cindad-Rodrigo ; le système continental continuait à être appliqué ; nos succès se poursuivent en Portugal jusqu'au mois de mars 1811 ; le 20 mars naît le roi de Rome[1] ; en avril et en mai notre armée de Portugal bat en retraite.

XIV

Napoléon 1er à Rambouillet en 1811. — Marie-Louise à Rambouillet. — Le roi d'Espagne. — Correspondance. — L'arrondissement de Rambouillet constitué. — Levasseur sous-préfet.

En 1811, l'Empereur, avec l'Impératrice Marie-Louise, fit deux séjours à Rambouillet, une première fois du 15 au 21 mai et une seconde fois du 6 au 12 août.

Le *Journal de l'Empire* du 11 mai 1811 nous apprend que dès le jour de son arrivée à Rambouillet l'Empereur a chassé.

Paris 17 mai 1811 (journal du 18).

S. M. a chassé avant-hier à Rambouillet. Le roi d'Espagne (le roi Joseph, frère de l'Empereur) est arrivé hier à midi (le 16) au château de Rambouillet. S. M. est venue porter elle-même à S. M. l'Empereur et Roi ses félicitations à l'occasion de la naissance du roi de Rome. Elle est partie de

---

[1] L'hôtel du Gouvernement à Rambouillet lui fut destiné et prit le nom d'hôtel du roi de Rome.

Rambouillet à 6 heures du soir pour se rendre à Paris au Palais du Luxembourg. — Le roi de Rome ayant été vacciné le 11 de ce mois continuera d'habiter le Palais de Saint-Cloud pendant le court séjour que LL. MM. feront à Rambouillet.

Le *Journal de l'Empire* du 21 mai annonce le départ, de Rambouillet, de l'Empereur.

Paris 20 mai.

On assure que l'Empereur part aujourd'hui de Rambouillet pour faire un voyage de quelques jours sur les côtes de la Manche. Le Ministre de l'Intérieur est parti pour précéder S. M.

Le journal du 23 complète cette information :

Paris 22 mai.

L.L. M.M. sont parties, ce matin, de Rambouillet pour aller à Caen et à Cherbourg. Elles seront de retour vers la fin du mois.

Le séjour de l'Empereur du 15 au 22 mai fut très important pour Rambouillet ; c'est pendant ce voyage que la création de Rambouillet, comme chef-lieu d'arrondissement, fut décidée.

La correspondance de Napoléon 1er comprend 23 lettres datées de Rambouillet du 15 au 22 mai.

La première lettre du 15 est destinée à Maret, duc de Bassano, la troisième, au général Savary, est très vive :

Vos commissaires de police d'Anvers et de Boulogne inquiètent toute la France pour des bêtises…Ordonnez bien que sous aucun prétexte ils ne communiquent rien à personne. C'est justement ce que veulent les Anglais : faire courir des bruits qui tiennent tout en mouvement.

Le 16, il adresse des reproches au général Clarke : les rênes d'un ministère doivent être tenues d'une main plus ferme. Le chef de bataillon Balson n'est pas à son poste. Il faut faire une enquête là-dessus et le traduire à une commission militaire, si le fait est vrai, ne se fût il absenté que 24 heures.

Il n'est pas plus tendre vis-à-vis de Davoust :

Mon cousin, je crains que vous ne vous occupiez pas assez du 33e régiment d'infanterie légère. On m'assure qu'il y a un grand nombre de femmes à la suite de ce régiment. Faites-moi connaître ce qui en est. Il ne faut garder que le nombre de femmes prescrit par l'ordonnance et renvoyer les autres.

La correspondance du 17 au 20 concerne des affaires de différents services.

Le 20, l'Empereur admoneste Clarke :

Les colonels, dit-il, proposent souvent des avancements qui ne sont pas mérités et qui tiennent à la faveur.

Le même jour, il écrit à Bigot-Préameneu :

Je suppose que vous travaillez à un exposé clair et simple de mes relations avec le pape qui ont amené les événements actuels.

Le lendemain récriminations contre le Ministre de la Guerre :

Je ne puis asseoir mes idées sur l'état que vous m'avez envoyé (état de l'artillerie française en Espagne); je ne le crois pas exact. Cette lettre est accompagnée de réflexions sur l'armée d'Espagne et surtout sur l'artillerie de cette armée.

Le 21 deux lettres sont adressées par l'Empereur, l'une à Élisa Napoléon, grande-duchesse de Toscane, l'autre à Joachim Napoléon, roi des Deux-Siciles. A sa sœur, il demande une description détaillée du mont Argentaris, et au roi des Deux-Siciles il exprime l'idée que jamais les circonstances ne seront plus favorables pour l'expédition de Sicile.

Les démarches que Levasseur avait faites en 1808, dans l'intérêt de Rambouillet, chef-lieu d'arrondissement, furent en 1811 couronnées de succès.

Pendant son séjour du mois de mai, l'Empereur visita les édifices où l'on se proposait d'établir les nouvelles administrations, sous-préfecture et tribunal. Il se rendit à l'hôtel de ville qui renferme une belle salle d'audience. Après avoir examiné ce local avec attention, il dit à Levasseur : C'est fort bien, mais pour le tribunal seulement. Où placera-t-on la sous-préfecture? — Chez moi, Sire, répondit le maire. L'Empereur sourit et n'insista pas. En rentrant au château Napoléon se fit représenter une carte et traça définitivement l'arrondissement de Rambouillet [1].

Deux mois après le décret constitutif de l'arrondissement de Rambouillet était délibéré en conseil d'État et soumis au Corps législatif.

Le 10 juillet, l'Empereur fixait la date de sa discussion.

Extrait des minutes de la secrétairerie d'État au Palais de Saint-Cloud, le 10 juillet 1811.

NAPOLÉON,

Nous avons décrété et décrétons ce qui suit :

Le projet de loi délibéré en Conseil d'État, concernant la division du département de Seine-et-Oise en 6 arrondissements, sera présenté au Corps législatif après demain 12 juillet S.M. nomme, pour le porter et en soutenir la discussion, MM. les comtes Regnaud de Saint-Jean-d'Angely, de Ligne et Solliver.

Sa Majesté pense que la discussion sur ce projet doit s'ouvrir le 19 dudit mois.

Signé : NAPOLÉON.

Le Ministre d'État,
comte DARU.

Certifié conforme : LOCRÉ.

Le projet était accompagné des motifs suivants [2] :

MESSIEURS,

Lorsqu'au mois de février 1800 on forma la nouvelle division de l'Empire en départements et arrondissements, sans

[1] Delorme, *Rambouillet, chef-lieu.*
[2] Archives nationales.

négliger les convenances locales, les habitudes et la commo-
dité des administrés, les facilités des administrateurs, on se
détermina cependant aussi par des vues d'économie.

On diminua donc autant qu'il fut possible le nombre des
sous-préfectures et des tribunaux.

Aujourd'hui les considérations d'économie ont perdu de
leur force, et il est permis de consulter uniquement le bien
des administrés et les avantages de l'administration.

Ces deux motifs réunis ont déterminé Sa Majesté à faire
de Rambouillet un chef-lieu de sous-préfecture.

Pour fixer l'étendue de l'arrondissement on a distrait de
celui de Versailles les cantons les plus voisins de Rambouillet,
et de l'arrondissement d'Étampes les deux cantons de
Dourdan.

Ces cantons, il est vrai, sont plus voisins d'Étampes, et
leurs habitants auront plus de chemin à parcourir pour se
rendre à Rambouillet.

Mais il est important de réunir sous la juridiction du tribunal qui siègera à Rambouillet toutes les parties de la
forêt et du domaine impérial et d'égaliser, autant que possible,
l'étendue des arrondissements de Seine-et-Oise.

Telles sont les raisons qui, malgré les observations d'un des
députés de Seine-et-Oise, ont déterminé les dispositions du
projet de loi qui nous est présenté.

Le 12 juillet, le Corps législatif arrête que le projet présenté aujourd'hui au Corps législatif par les orateurs du Conseil d'État, ainsi que le décret impérial relatif à la présentation de ce projet de loi et de l'exposé des motifs seront
communiqués à la Commission de l'Intérieur.

Le 19, M. de Girardin présentait un rapport favorable à l'établissement d'une sous-préfecture à Rambouillet.

CORPS LÉGISLATIF

RAPPORT FAIT AU NOM DE LA COMMISSION DE L'INTÉRIEUR PAR LE COMTE STANISLAS DE GIRARDIN, PRÉSIDENT DE CETTE COMMUNE, SUR LE PROJET DE LOI CONCERNANT LA DIVISION DU DÉPARTEMENT DE SEINE-ET-OISE EN 6 ARRONDISSEMENTS DE SOUS-PRÉFECTURE [1].

Séance du 19 juillet 1811.

MESSIEURS,

Votre Commission d'administration intérieure a examiné, sous tous ses rapports, le projet de loi relatif à l'établissement d'une sous-préfecture à Rambouillet, et c'est de cet examen que je vais avoir l'honneur de vous rendre compte.

Rambouillet est placé au centre de plusieurs forêts et de beaucoup de bois d'une moindre étendue. Les unes et les autres se trouvent actuellement réparties entre divers arrondissements d'administration ou de justice. Les soumettre à la surveillance de la même administration et à la juridiction d'un seul tribunal est sans doute le meilleur moyen de prévenir les délits qui pourraient s'y commettre ou en assurer la répression. Afin de bien apprécier tous les motifs qui réclament l'application d'une telle mesure au territoire de Rambouillet, il suffit de jeter un coup d'œil sur la carte de Seine-et-Oise.

Cette convenance fut pressentie par l'assemblée constituante ; mais en créant un district composé en partie des mêmes communes destinées à former aujourd'hui un nouvel arrondissement, elle ne parvint pas au but qu'elle s'était proposé, parce qu'elle plaça l'administration à Dourdan et le tribunal à Rambouillet.

Les avantages du projet de loi soumis à votre délibération ne pouvaient pas échapper à la sagacité de MM. les députés de Seine-et-Oise ; ils se sont empressés d'en recon-

---

[1] Archives nationales, AD^{XVIIIc}, 561, n° 11.

naître l'utilité, en même temps qu'ils ont proposé de légères modifications à la circonscription indiquée pour le nouvel arrondissement. Ces observations, inspirées par le zèle le plus louable, devaient être communiquées par votre commission au Conseil d'État. Elles y ont été examinées avec tout le soin qu'elles méritaient ; et si elles n'ont pas été adoptées, c'est qu'on a craint qu'elles entraînassent à perpétuer au moins en partie l'inconvénient que l'on voulait faire cesser par la création d'un 6ᵉ arrondissement dans le département de Seine-et-Oise.

Cet arrondissement comprend 6 cantons, Rambouillet, Chevreuse, Limours, Montfort distraits de la sous-préfecture de Versailles et les cantons de Dourdan distraits de celle d'Étampes.

Les administrés des 4 premiers cantons se trouveront plus près du nouveau chef-lieu qu'ils ne l'étaient de l'ancien. Ceux des deux derniers cantons se trouvent, il est vrai, plus éloignés du chef-lieu de l'arrondissement, et c'est sur cet éloignement que s'est fondée une objection présentée contre le projet de loi. On a paru craindre que la distance à parcourir habituellement par les habitants de quelques communes ne fût de près de 30 kilomètres. Elle n'est aussi considérable qu'en la calculant sur la ligne des grandes routes, mais on l'abrège d'un tiers au moins en se rendant à Rambouillet par des chemins de traverse. Ils sont déjà praticables dans presque toutes les saisons ; l'on peut vous assurer, Messieurs, qu'ils le deviendront bientôt pour les grains envoyés du département de Seine-et-Oise pour concourir à l'approvisionnement de Paris.

Rambouillet possède aussi des bergeries qui fournissent depuis longtemps aux agriculteurs l'exemple et les moyens d'une amélioration si précieuse pour l'économie rurale et l'industrie française. Tous ces moyens de prospérité garantissent l'établissement de communications faciles entre les divers cantons dont je viens de parler et le chef-lieu d'un arrondissement honoré chaque année, pendant quelques jours, par la présence du monarque qui marque toujours son passage par les bienfaits les plus utiles.

J'ai l'honneur, Messieurs, de vous proposer, au nom de votre commission d'administration intérieure, de convertir en loi le projet concernant la division du département de Seine-et-Oise en 6 arrondissements [1].

Le 19 juillet, la discussion s'ouvrait devant le corps législatif :

Journal de l'Empire du 20 *juillet* 1811.

CORPS LÉGISLATIF

Séance du 19 *juillet* 1811.

La discussion de deux projets de loi tendant à créer une sixième sous-préfecture dans chacun des départements de Seine-et-Oise et de la Manche est à l'ordre du jour. Au nom de la Commission de l'Intérieur, M. le comte Stanislas de Girardin, président de cette Commission, fait un rapport sur le premier projet ; il fait observer que Rambouillet, entouré de bois et de forêts, a particulièrement besoin d'un tribunal pour réprimer les délits qui peuvent s'y commettre ; que cette ville est d'ailleurs importante par ses nombreuses bergeries et par son marché ; que ses moyens de prospérité autorisent suffisamment un chef-lieu de sous-préfecture dans une ville qui, tous les ans, est honorée pendant quelques jours par la présence d'un monarque chéri de ses sujets. Par ces diverses considérations, M. le comte de Girardin a proposé l'adoption du projet.

Le corps législatif a procédé et voté l'adoption du projet par 283 voix contre 15 [2].

---

[1] Archives nationales.

[2] Dans notre XIe volume, nous avons donné la loi (L'hôtel de la sous-préfecture à Rambouillet). Dans un détail de la fortune des fonctionnaires du 29 août 1811 (arch. de Versailles), la fortune de Levasseur est évaluée à 120.000 francs de capital, dont la plus grande partie est située à la Guadeloupe et à Saint-Domingue.

Le 27 août, Henry Levasseur était nommé sous-préfet :

Extrait des Minutes de la Secrétairerie d'État

Au Palais Impérial de Trianon, le 27 août 1811.

NAPOLÉON, Empereur des Français, etc...

Nous avons décrété, et décrétons ce qui suit :

ART. 1er.

Le sieur Henry Levasseur, maire de Rambouillet, est nommé à la sous-préfecture de Rambouillet, département de Seine-et-Oise.

ART. 2.

Notre ministre de l'Intérieur est chargé de l'exécution du présent décret.

Signé : NAPOLÉON.

Par l'Empereur :
Le ministre secrétaire d'État,
Signé : le comte DARU.

Pour ampliation :
Le ministre de l'Intérieur, comte de l'Empire,
MONTAILLÉ.

Le 6 septembre il prêtait serment :

L'an mil huit cent onze, le mardi six septembre heure de midi, s'est présenté devant M. le Préfet du département de Seine-et-Oise M. Henry-Alexis Levasseur, nommé aux fonctions de sous-préfet de l'arrondissement de Rambouillet, par décret impérial du 27 août dernier, lequel a prêté, en cette qualité, le serment prescrit par le sénatus-consulte du 28 floréal an 12, dont la formule suit :

« Je jure obéissance aux constitutions de l'Empire et fidé-
« lité à l'Empereur. »

De laquelle prestation de serment il a été donné acte à M. Levasseur, qui a signé,

A Versailles lesdits jour et an que dessus.

Henry LEVASSEUR.

Le 22 octobre, le préfet du département invitait les maires du nouvel arrondissement à lui obéir :

LE PRÉFET du département de Seine-et-Oise, chambellan de Sa Majesté l'Empereur, membre de la Légion d'honneur, chevalier de l'ordre de Saint-Hubert et de l'Aigle-d'Or du Wurtemberg, comte de l'Empire,

A MM. les maires des Communes composant les cantons de Rambouillet, de Montfort, de Chevreuse, de Limours et de Dourdan, sud et nord.

La loi du 10 juillet dernier, a créé, Messieurs, un sixième arrondissement dans le département de Seine-et-Oise, dont le chef-lieu est la ville de Rambouillet.

Par décret impérial du 27 août suivant, M. Levasseur, ancien maire de Rambouillet, a été nommé sous-préfet du sixième arrondissement.

En conséquence, Messieurs, vous devez, à compter du premier novembre prochain, cesser toute correspondance, pour toutes les affaires de l'administration dont vous êtes chargés, avec M. le Sous-Préfet de l'arrondissement dont votre canton faisait partie, et correspondre directement avec M. le Sous-Préfet de Rambouillet. Veuillez bien en donner l'avis à vos Administrés.

J'ai l'honneur de vous saluer,

Le comte DE GAVRE [1].

Au mois de novembre le *Journal de Versailles* publiait une note ainsi conçue :

Jeudi, 4 novembre 1811.

M. le Sous-Préfet de Rambouillet a l'honneur de faire savoir à MM. ses administrés qu'il donnera ses audiences les mardis, jeudis et samedis, depuis midi jusqu'à 3 heures.

Les bureaux seront ouverts tous les jours, excepté les

---

[1] Archives de Versailles. Traitement du sous-prefet : 3.000 francs. Le comte de Gavre fut préfet du 7 août 1810 au 13 janvier 1814.

lundis, les dimanches et les fêtes, depuis midi jusqu'à 4 heures.

L'organisation du tribunal suivit celle de la sous-préfecture ; M. Delahaye, ancien procureur près le bailliage de Rambouillet, avant la Révolution, fut nommé président du nouveau tribunal ; M. Maillet, ancien chef d'institution, ancien juge de paix à Rambouillet, Hardy de Juinne, juges[1].

Le dernier voyage que l'Empereur fit à Rambouillet, avant son voyage final du 29 juin 1815, eut lieu au mois d'août 1811.

Le *Journal de l'Empire* du 4 août le fait prévoir en ces termes :

Paris, 3 août (samedi).

On assure que LL. MM. II. partiront lundi pour Rambouillet.

Cependant le départ n'eut lieu que le mardi 6 ; le journal du vendredi 9 l'indique ainsi :

Paris, 8 août.

LL. MM. sont parties mardi pour Rambouillet, où elles doivent passer quelques jours.

Le numéro du 12 août donnant une nouvelle du dimanche 11, annonce un retour prochain :

On croit que LL. MM. II. reviendront de Rambouillet à Saint-Cloud dans les premiers jours de cette semaine.

Le jeudi 15 août, une information, datée du 14, signale le retour certain de l'Empereur à Paris :

Paris, 14 août.

LL. MM. II. sont revenues hier de Rambouillet à Saint-Cloud ; elles arrivent ce soir à Paris.

La correspondance de l'Empereur renferme vingt-trois lettres écrites de Rambouillet pendant ce voyage[2].

---

[1] Six avoués étaient nommés : Rullier, Salviat, Malgras, Ganard, Aubry (grand'père du général de division Duchemin et mon prédécesseur). Pierre Masson (Procès-verbaux de la Chambre des avoués).

[2] Correspondance de l'Empereur à la date indiquée.

Le 8 août, l'Empereur écrit au comte Mollien :

— Faites-moi un rapport sur la situation des recettes en Espagne. Combien chaque receveur a-t-il écrit de lettres cette année ?

Il se plaint auprès du comte de Montalivet de ce qu'on n'a pas encore travaillé au marché Saint-Jean et au marché de la place Maubert ; il invite le général Savary à lui faire rechercher une carte de l'île de Sardaigne qui a été dans le commerce en l'an VII et en l'an VIII ; le 9 août, d'un trait de plume, il supprime les colonels surnuméraires ; le même jour, il adresse de violents reproche sau duc de Feltre : « C'est pour la dixième fois, dit-il, qu'un bataillon doit se rendre en Allemagne. Sous différents prétextes, on le retient et il n'était pas parti le 4 août. Punissez qui est coupable de n'avoir pas obéi. »

Dans plusieurs lettres à Decrès, l'Empereur s'explique sur un projet de campagne maritime pour 1811 et 1812 ; il l'engage à faire paraître tous les jours un petit bulletin de mouvement des escadres.

Napoléon refuse, le 10, au baron de la Bouillerie, de lui signer un projet de décret qu'il lui a présenté, parce qu'il critique le compte qui l'appuie.

Le 11 août, il donne des ordres à Clarke pour que son instruction sur l'exercice de la lance soit imprimée.

Le 12, il exprime à Cambacérès le désir que le nombre des commandeurs soit porté à 500 et celui des chevaliers à 5.000 ; le même jour, il réclame au comte Mollien un état des pensionnaires par département ; il en trouve trop.

La dernière lettre de l'Empereur, datée de Rambouillet, est adressée à Clarke ; le ministre est invité à faire visiter, par un inspecteur, les batteries de Toulon et de la rade des îles d'Hyères.

En 1811, des travaux de diverses natures furent exécutés au château de Rambouillet sous les ordres de M. Famin, qui pensa quitter Rambouillet en février et demanda, sans l'obtenir, Saint-Cloud.

Le 29 mars, Leblond, tailleur à Versailles, et Nangis, marchand chapelier, soumissionnent, l'un, pour faire deux habits et deux culottes de drap vert avec galons aux collets des habits et deux vestes de drap écarlate moyennant 129 francs pour chaque habit complet, et Nangis deux chapeaux avec gance en or et boutons d'or aux armes de S. M. à raison de 21 francs pièce, ces habits et ces chapeaux sont destinés à Godet et Gouju, conducteurs des bateaux de Rambouillet ; cette même année furent établis sur les canaux, la *Gondole vénitienne*, le *Va-qui-Vient* et trois autres bateaux.

Au mois d'août (le 20 août), il fut décidé qu'un balcon serait construit pour permettre à l'Empereur d'aller par les dehors de son cabinet dans tous les appartements de S. M. l'Impératrice.

Ce balcon était placé au pourtour des tourelles du Palais, y compris la grande face au droit des canaux et en retour du côté du levant.

Mais les travaux les plus importants de 1811 furent consacrés à des plantations d'arbres dans les îles et dans le voisinage du château.

Le 24 août, quelques jours après le départ de l'Empereur, Famin écrivait au baron de Costaz, intendant des bâtiments de la Couronne [1], qu'à l'automne on planterait les quatre îles contenues dans les pièces d'eau en face du Palais ; l'allée de la Laiterie, qui sert de prolongement à l'allée verte sera plantée de 400 peupliers du Canada ou blancs de Hollande ; l'allée des tilleuls du parterre du côté des canaux recevra 180 tulipiers ou platanes à cause de l'humidité ; 60.000 mètres de défonce dans les îles étaient prévus au budget de 1811 ; d'autres plantations étaient faites ainsi autour des murs de l'hôtel du Gouvernement pour cacher la vue des maisons de

---

[1] Ingénieur, né en 1767, savant attaché à l'expédition d'Égypte, préfet de la Manche en 1801.

la ville qui plongeaient dans le jardin ; plantations dans le
jardin de l'hôtel ; 50 arbres étaient destinés à l'avant-cour du
château pour empêcher le public de plonger dans les cours
et de voir ce qui s'y passait ; un treillage devait être établi
pour clore le jardin anglais du côté de la ferme ; une clôture
était également décidée du côté des bâtiments de la ferme [1].

Plusieurs anecdotes se rattachent aux séjours de Napoléon
à Rambouillet.

Mme la générale Durand raconte :

« Un jour que la Cour était à Rambouillet il y eut une
grande partie de barres, dans laquelle l'Empereur tomba
deux fois sans se faire aucun mal ; il s'élançait avec force
pour saisir son adversaire qui était le grand maréchal ; celui-
là s'esquivait toujours ; ce qui fut cause que l'Empereur alla
deux fois rouler sur le sable à quatre pas de lui ; il se releva
sans mot dire et continua la partie plus gaîment encore [2]. »

Dans un rendez-vous de chasse, M. Delorme [3], maire de
Rambouillet, vit l'Empereur lancer un noyau de cerise au
front d'un jeune garçon qui s'égosillait à crier vive l'Empereur.

A Fontainebleau, Rambouillet, dit de Bausset, lorsque
Napoléon allait chasser, il y avait toujours une tente de dressée dans la forêt pour le déjeuner auquel toutes les personnes du voyage étaient invitées ; les dames suivaient la
chasse en calèche. Ordinairement huit ou dix personnes du
voyage étaient invitées à dîner [4].

Quand l'Empereur venait à Rambouillet, il mandait le
maire et l'entretenait des intérêts et des besoins de la ville.
Il l'interrogeait aussi sur les habitudes des anciens propriétaires de Rambouillet, Louis XVI et le duc de Penthièvre.

---

[1] Archives nationales, O², 322.
[2] Mme Durand, p. 263,
[3] Delorme, *Rambouillet, chef-lieu.*
[4] De Bausset, tome 1er, p. 9.

L'Empereur appelait familièrement Levasseur « mon vieux jacobin ».

L'Empereur avait rétabli, à Groussay, l'ancienne vénerie; l'équipage impérial passait à Rambouillet mai, juin, juillet et août. L'Empereur prit part à quelques chasses à courre. (De La Motte, manuscrit [1]).

XV

RAMBOUILLET EN 1812

Dons divers de l'Empereur. — La campagne de 1812. — Don d'un lavoir à Rambouillet. — Inauguration de ce lavoir. — Discours de Delorme. — Des vers au sous-préfet.

Un décret du 13 janvier affecta cent mille hectares à la culture des betteraves, destinées à fournir du sucre indigène ; ce décret impérial contenait les dispositions suivantes :

Le ministre de l'Intérieur prendra des mesures pour faire semer dans l'étendue de l'Empire 100.000 arpents métriques de betteraves.

L'état de répartition sera imprimé et envoyé aux préfets avant le 5 février : quatre fabriques impériales seront établies en 1812 par les soins du Ministre de l'Intérieur. Ces fabriques seront disposées de manière à fabriquer avec le produit de la récolte, de 1812 à 1813, 2 millions de kilogrammes de sucre brut.

L'intendant général de la Couronne fera établir, dans le domaine impérial de Rambouillet et au profit de la Couronne, une fabrique de sucre de betterave pouvant fabriquer 20.000 kilogrammes de sucre brut avec le produit de la récolte de 1812 à 1813 [2].

---

[1] Nous donnons en appendice tous les rendez-vous de la chasse à courre sous le premier Empire.

[2] La fabrique de sucre fonctionna de 1812 à 1814 dans l'hôpital militaire actuel.

Deux mille hectares de terre en Seine-et-Oise devaient être cultivés en betteraves [1].

Les craintes que faisait naître le haut prix du blé furent conjurées à Rambouillet grâce aux dons de l'Empereur, qui fit remettre par le duc de Cadore [2] 60.000 francs pour les mois de mars à juillet 1812, au maire de Rambouillet, M. Delorme, pour sa commune et les communes environnantes.

Aux échecs de nos armées en Portugal, dont la temporisation de Wellington avait fini par triompher à la fin de 1811, allaient s'ajouter les désastres de la campagne de Russie.

Le 24 mars, la Russie s'alliait avec la Suède; le 3 mai, la Grande-Bretagne accédait au traité conclu entre ces deux puissances.

Le 9 mai, l'Empereur quitte Paris et se rend en Allemagne; le 22 juin, de son quartier général de Wilkowiski, dans la Prusse orientale, il proclame la guerre avec la Russie : Soldats, la seconde guerre de Pologne est commencée... La Russie est entraînée par la fatalité. Marchons en avant, passons le Niémen; portons la guerre sur son territoire.

Le 14 juillet, l'empereur Alexandre paraît à Moskowa, pour y exciter le zèle des habitants; le 28 juillet, les Français entrent à Witepsk.

Le 17 août, a lieu la bataille et la prise de Smolensk; le 18, la bataille de Polotsk; le 29, l'avant-garde de l'armée française entre à Wiazma; le 7 septembre, notre armée gagne la victoire de la Moskowa, le 14, Moscou est occupé par les troupes françaises et incendié par les Russes. Le 1er octobre, Levasseur, enthousiasmé par les victoires de l'Empereur, changeait les noms des rues de la ville qui s'appelaient la rue Napoléon, la rue de Moscou, la rue de Witepsk, la rue de Smolensk, la rue du Borysthène [3]; le 18 octobre, Murat

[1] 17 février 1812, décès à 80 ans de M. Bully, beau-père de Levasseur.
[2] Champagny.
[3] État civil de Rambouillet de 1813. Le 24 octobre 1812, naissance d'Alexandrine-Gabrielle Levasseur, fille du sous-préfet; témoins, le

est battu à Winskouo. A la fin d'octobre, Napoléon est obligé d'évacuer Moscou. Le 24 octobre, Eugène de Beauharnais gagne les batailles de Malo-Jaroslawetz et, le 3 novembre, celle de Wiazma ; malgré ces succès, l'armée française est en pleine retraite sur Smolensk, où la température se refroidit tout à coup ; le 16 novembre, elle évacue Smolensk, elle quitte Mensk ; du 26 au 28 novembre ont lieu le combat et le passage de la Bérésina.

Paris apprend, le 18 décembre, ce grand désastre par un bulletin de la grande armée, daté du 3.

Le 5 décembre, Napoléon confie à Murat les débris de la grande armée et revient à Paris, où il arrive le 20.

Si les dons de l'Empereur purent remédier à la cherté du blé et du pain à Rambouillet pendant l'année 1812, il ne fallut pas moins de toute l'énergie de M. Delorme, maire, et de M. Levasseur, sous-préfet, pour lutter contre la misère qui menaçait la ville.

Au château, les travaux avaient été moins considérables que les années précédentes ; l'architecte fut chargé, dans le courant de cette année, d'orner la chapelle du château ; le 21 mars, on lui faisait connaître l'avis du comité consultatif des bâtiments de la Couronne, dont les membres pensaient que la décoration projetée de la chapelle composée de trophées et de chasubles n'était point convenable, malgré Perruzzi, dans la chapelle de Saint-Saturnin à Sienne. Il faudrait, disaient-ils, un tableau qui, par ses dimensions et son sujet, pût être placé sur l'autel.

Au mois d'avril, Famin écrivait à Dejuinne, son beau-frère, alors à Rome, lequel avait eu pour maître Girodet, et le priait de lui adresser une esquisse de *la Présentation*.

Le 16 mai, Famin rendait compte à M. de Costaz de ses démarches :

Il est allé au musée Napoléon à l'effet de faire un choix

comte de Gavre, préfet, et François-Gabriel Thibaut de la Brousse de Verteillac, maire de Sainte-Mesme (Etat civil).

pour la chapelle ; il a vu le symbole de l'*Eucharistie* de Geem,
mais le ton en est trop noir ; le tableau d'*Eliezer* et de *Rebecca*
est peu convenable ; *la Vierge aux Cerises*, attribuée à Anni-
bal Carrache serait préférable, à moins qu'on ne choisisse
l'esquisse de Dejuinne qu'il a envoyée [1].

En exécution du décret sur le sucre de betterave, une
manufacture avait été créée à Rambouillet ; d'autre part, un
autre décret du 11 mai 1811 avait attribué à Rambouillet,
pour la construction d'un lavoir, une somme de 15.000 francs.

Les archives municipales contiennent l'indication suivante au sujet de ce lavoir :

Par décret rendu au Palais de Rambouillet le 20 mai 1811,
l'Empereur a ordonné qu'il serait construit un lavoir public
pour la ville de Rambouillet, et il y a affecté une somme
de 15.000 francs à prendre sur le Trésor de la Couronne.

La première pierre a été posée en reconnaissance du don
de S. M. cejourd'hui 20 juin 1812, par M. Levasseur, sous-
préfet, en présence de M. Delorme, maire de la ville, et il
sera construit sur les plans et sous la direction de M. Maria-
val, architecte du département, conformément aux ordres de
S. E. le Ministre de l'Intérieur, sur un emplacement situé
entre la ville et le faubourg à l'entrée de la prairie de
Groussay.

Signé : DELORME.

Ce lavoir fut inauguré le 28 juin 1812.

M. Delorme prononça le discours suivant [2] :

MESSIEURS,

Cette solennité est destinée à perpétuer le souvenir de
l'érection d'un édifice que la ville de Rambouillet doit à la
munificence de Sa Majesté.

Quelle fin pour nous, Messieurs, que celle qui nous réunit

1 Archives nationales, O², 322.
2 Papiers de M. Levasseur.

pour donner un témoignage public des sentiments que nous inspirent les nombreux bienfaits de l'Empereur !

Est-il un habitant de notre heureuse cité qui, à cette nouvelle marque d'une bonté tant de fois éprouvée, ne soit pénétré de la gratitude la plus vive et la plus sincère ? Non, tous se pressent autour de nous ; tous veulent payer ici le tribut de reconnaissance, de respect et de fidélité que commandent les vertus et le génie du grand Napoléon.

Monsieur le Sous-Préfet,

Jetez maintenant un coup d'œil autour de vous et jouissez, digne magistrat, jouissez du bonheur le plus vrai, le plus pur que l'homme de bien puisse jamais envier ! C'est à vous, Monsieur, que s'adressent ces témoignages sacrés ; vous avez daigné être, auprès de Sa Majesté, l'interprète des vieillards, des pauvres malades et des incendiés ; vous avez obtenu, et l'édifice dont vous allez poser la première pierre et ces grands établissements qui assurent à Rambouillet une nouvelle existence et lui donnent un éclat dont il n'avait jamais joui ; vous, enfin, qui, pendant un grand nombre d'années, avez consacré à cette ville tous vos moments précieux et qui, au milieu des soins d'une grande administration, avez encore pour elle des attentions toutes particulières.

Organe des habitants, il est doux à mon cœur d'avoir à vous proclamer ici le protecteur de la ville. C'est à ce titre qu'il vous appartient, Monsieur, de recueillir et de transmettre, au pied du trône, ces témoignages publics de notre reconnaissance et les vœux que nous formons pour la prospérité de notre puissant bienfaiteur et de son auguste famille [1].

La popularité de Levasseur lui avait valu ces hommages en prose et en vers :

---

[1] Le 18 novembre 1812 l'Empereur achète l'étang du Moulinet 7.500 (Noël, notaire à Paris). Précédemment il avait acheté la ferme de la Hogue pour avoir un tiré en plaine.

Les dates des contrats d'acquisitions nous ont été fournies par M. Gaudeul, receveur d'enregistrement des actes civils au moyen de ses répertoires.

A Monsieur le Sous-Préfet de Rambouillet,

Homme très distingué par ses belles qualités.

O Muse, donne-moi des forces pour faire des vers qui
puissent égaler mon sujet : car j'ai dessein de chanter sur un
chalumeau, quoiqu'inégal, les louanges d'un grand homme
qui, expert dans l'art de la guerre, a suivi les camps de
Mars et d'Apollon et qui, chéri des dieux, a su, par une
alliance heureuse, réunir un double laurier. Ce grand
homme nous a vu d'un œil amical, et notre gloire ne lui est
point étrangère ; car cet humble bourg qui était pauvre et
sans gloire, à sa voix s'enorgueillit d'être aujourd'huy
compté au nombre des villes ; la louange publique lui a attiré
cet honneur ; par un présage heureux, c'est pour nous que,
sous un tel guide et sous ses auspices, s'élève un si grand
honneur. A qui a-t-on jamais mieux confié le pouvoir des
affaires ? Il aime à défendre les malheureux dans leurs revers
et à rendre agréables les incommodités de la place. Aucun
plaisir ne touche son âme plus profondément que lorsque sa
main consolatrice a séché les larmes des familles. Mais,
Muse, taisez-vous, de peur que sa modestie ne soit indignée
par cette louange quoique bien méritée.

J. L.

VERS [1]

ADRESSÉS AU SOUS-PRÉFET DE RAMBOUILLET

Homme très distingué.

Muse, soutiens mes chants, accorde à tous mes vers
La force, l'harmonie et les talents divers
Qui puissent m'élever au sujet qui m'anime.
J'entreprends en ce jour, dans une faible rime

[1] Papiers de M. Levasseur.

De chanter un héros qui suivit tour à tour
Et les drapeaux de Mars et d'Apollon, la cour.
Mortel chéri des dieux, des Muses, de Bellone,
Il unit avec art une double couronne.
D'un regard amical cet homme prétieux
A soulagé nos maux et comblé tous nos vœux.
Notre gloire jamais ne lui fut étrangère,
Car le bourg qui jadis, sans nom, dans la misère,
Se perdait dans la foule et dans l'obscurité,
A sa voix, aujourd'hui, prend le nom de cité.
Aussi la voix publique et la reconnaissance
Seules ont fait sa gloire et sa puissance.
Sous ce guide, pour nous quel présage flatteur,
Quand sa main nous élève à ce degré d'honneur !
Jamais fut-il pouvoir en une main plus sage ?
Aux revers il procure ou secours ou courage.
C'est le malheur surtout qu'il aime à soulager,
Et de la place, enfin, rendre le joug léger.
Jamais plaisir plus grand n'a pénétré son âme
D'une douceur égale au désir qui l'enflamme,
Que lorsqu'il a séché des familles les pleurs,
Qu'il a par ses bienfaits effacé les malheurs.
Mais Muse, c'est assez; il est temps de se taire,
Son humble modestie aux chants veut se soustraire ;
Abandonnons l'éloge, il n'est doux que pour nous :
Quoique juste, il pourrait attirer son courroux.

XVI

RAMBOUILLET EN 1813-1814

1813 à Rambouillet. — 1814. — l'Impératrice à Rambouillet. — La reine Hortense. — Les ministres. — Les rois étrangers. — L'invasion. — Correspondance des maires avec le sous-préfet. — Les troupes étrangères à Rambouillet. — Leur départ.

L'année 1813 fut accablante pour Rambouillet ; ce sont des levées d'hommes successives, des réquisitions, des passages

de troupe constants. Le 1er mars est signé à Kalisck un traité
d'alliance entre la Russie et la Prusse ; le 3, un autre traité
entre l'Angleterre et la Suède ; le 1er avril, la France déclare
la guerre à la Prusse ; le 15, Napoléon part de Paris et se
rend à son armée en Allemagne ; le 2 mai, il remporte la victoire de Lutzen ; le 4 juin, est conclu un armistice entre
Napoléon et ses ennemis jusqu'au 20 juillet ; le 10 août,
l'armistice est dénoncé et la guerre recommence ; le 12,
l'Autriche notifie son adhésion à l'alliance de la Russie et de
la Prusse ; le 26 et le 27, Napoléon est vainqueur à la bataille
de Dresde ; le 18 et le 19 octobre, il subit une défaite à Leipsick ; le 2 novembre, fugitif, il arrive à Mayence, et le 9 il est de
retour à Saint-Cloud ; le 19, le Corps législatif est convoqué ;
le 31 décembre, il est ajourné. A la fin de novembre avait
été fait l'inventaire des statues du parc et du château [1].

Le 25 janvier 1814, Napoléon confie la régence à Marie-
Louise, son fils à la garde nationale et part pour l'armée :
il embrasse sa femme et son fils pour la dernière fois.

Le 27 un régiment de gardes d'honneur, fort de
800 hommes et 700 chevaux. s'établit à Rambouillet ; le 30,
les fourrages manquent au magasin ; le 2 février, passage à
Rambouillet en poste d'une division de l'armée d'Espagne ;
du 2 au 10, arrivée de 12 bataillons du train d'artillerie ;
leurs chevaux étaient atteints du typhus ; le 7, l'entreprise
des convois cesse son service ; le 11, le munitionnaire arrête
la fourniture du pain ; du 18 février au 30 mars, Rambouillet donne l'hospitalité à 24.000 prisonniers de guerre [2].

Le 26 mars, l'architecte du château, M. Famin, craint
d'être déplacé ; il rappelle au baron Mounier ses états de
service.

Le 29, il écrit au baron Mounier [3] : « Aujourd'hui à cinq

[1] Pièces justificatives.
[2] Delorme, *Rambouillet, chef-lieu.*
[3] Archives nationales, 0², 322. Ce carton renferme presque toute la
correspondance de Famin.

heures [1] de l'après-midi, S. M. l'Impératrice, accompagnée du roi de Rome et de sa cour, est arrivée en cette résidence; elle avait été précédée par la reine de Westphalie [2]; à sept heures les différents corps de cavalerie de la garde, au nombre d'environ 180 hommes, sont arrivés; ils accompagnaient le trésor; tous les appartements sont en bon état.

Le lendemain il avise l'intendant de la Couronne du départ de l'Impératrice qui s'est effectué le 30 à onze heures et demie.

Le 2 avril, il dit: les bâtiments du château n'ont souffert aucun dégât; il a garanti tous les objets; on a évité que les troupes ne brûlent les boiseries du palais; rien n'a souffert. L'ennemi est à quatre lieues d'ici; je resterai, ajoute-t-il, à Rambouillet jusqu'à ce qu'un état plus tranquille permette qu'il n'y ait aucun dommage; je ne quitterai que quand il y aura une garde de sûreté pour le Palais.

Le 5 avril, il avise son chef hiérarchique qu'il est resté à Rambouillet du 28 mars au 4 avril; il l'a quitté le 4 à midi; il n'a rencontré aucun poste sur la route; il a pris toutes les précautions, faisant mettre en magasin tous les objets susceptibles d'être enlevés; il demande un sauf-conduit pour assurer la conservation du Domaine de la Couronne.

Le 27 mars, l'Empereur abandonne son quartier général, près de Saint-Dizier, pour venir au secours de Paris.

Le 30 mars, après le départ de Marie-Louise, le roi Joseph arrive à Rambouillet avec plusieurs membres de la famille impériale et une nombreuse suite.

Le 31, la reine Hortense avec ses enfants [3] rejoint, au châ-

---

[1] Le 29 mars, les alliés approchant de Paris, l'impératrice avait quitté Paris suivant les instructions de l'Empereur pour ne pas tomber entre leurs mains: elle se rendit à Rambouillet où elle ne fit que passer; de là elle gagna Blois, refusa de suivre Jérôme et Joseph au-delà de la Loire: après l'abdication, elle se rendit à Orléans, puis de là à Rambouillet, enfin de Rambouillet en Autriche.

[2] La princesse Catherine de Wurtemberg, femme du roi Jérôme.

[3] Napoléon III, quand il venait à Rambouillet, rappelait son séjour, à Rambouillet, du 31 mars 1814 avec sa mère (*Souvenirs du général Duchemin*).

teau de Rambouillet, la famille impériale qui se disposait
à aller à Blois, malgré les exhortations de Mlle Cochelet qui
raconte ceci :

La reine [1] partit pour aller rejoindre l'impératrice Marie-
Louise à Rambouillet ; j'avoue que j'en fus anéantie. Lorsque
nous l'apprîmes, M. de Marmold, son écuyer, partit à l'instant pour aller la rejoindre à Louis où elle devait coucher,
lui portant toutes nos lettres et nos instances verbales. Voici
ce que je lui écrivis :

« M. de Marmold vous porte ma lettre, Madame, s'il en
est temps encore, il vous trouvera à Louis. Si vous allez à
Rambouillet, vous perdez toute votre position, l'avenir de
vos enfants : c'est le cri de tous vos amis. J'étais dans le
délire de la joie ; le prince Léopold vous avait écrit de la
part de son souverain [1], il vous engageait à venir à la Malmaison ; vous ne pouviez vous refuser à cette invitation, puisqu'il voulait aller jusqu'à Navarre ; et, au lieu de revenir
avec l'impératrice Joséphine, vous allez vous réunir à une
famille qui ne vous a jamais aimée ; vous n'avez éprouvé
là que du malheur, et vous croyez remplir un devoir dont
on ne vous saura aucun gré ; vous regretterez cette démarche,
et il ne sera plus temps. Je vous en supplie en grâce, n'allez
pas à Rambouillet !

« Votre démarche touchera peu ceux que vous allez trouver et mécontentera les alliés, qui vous portent de l'intérêt.

« L'Impératrice est tout à fait à l'Autriche, et on tient
beaucoup à ce qu'elle ne voie personne de la famille. Je
vous dis cela de la part du prince Léopold et de Madame de
Caulaincourt. Cette dernière, malgré ses vieilles années,
vous veut aller chercher si vous n'arrivez pas bientôt ; elle
me charge de vous répéter de ne point aller à Rambouillet,

---

[1] *Mémoires de Mlle Cochelet*, page 291. L'impératrice arriva d'abord à
Rambouillet (29 mars) aussitôt après les rois Jérôme et Joseph, puis
les ministres et la reine Hortense.

elle vous le défend comme votre dame d'honneur et comme
vieille amie de votre mère.

La capitulation de Paris avait été signée le 31 mars à
2 heures du matin ; plusieurs ministres étaient réunis à Rambouillet avec les frères de l'Empereur :

Nous arrivâmes[1] fort tard à Rambouillet, poursuit Mlle Cochelet. Les rois[2] y étaient à souper, leurs chevaux y avaient
rafraîchi, et ils s'apprêtaient à repartir. La reine fut intro-
duite près d'eux, et elle apprit là les événements et la capitulation de Paris. Pour nous, nous restâmes dans le premier
salon, où se trouvaient tous les ministres ; chacun avait sa
contenance particulière. Je me souviens seulement du général
Clarke, ministre de la Guerre, qui avait l'air très préoccupé
et d'un découragement qui me paraissait inouï. Au lieu de
donner des ordres pour les régiments qui faisaient léur
retraite, il semblait endormi sur sa chaise. Le comte Daru
se promenait en réfléchissant ; le duc de Gaëte, toujours si
bien poudré, semblait avoir été aidé par ses ailes de pigeon,
mieux frisées encore que de coutume, à arriver frais et dis-
pos ; le comte Decrès, gros et gras, prenait un air dégagé,
comme pour nous chanter un air de vaudeville. C'était
sans doute pour nous montrer son courage. Mais nous,
nous n'avions pas envie de rire. Tous ces messieurs n'en
revenaient pas de nous voir arriver si tard. Nous ne pouvions aller plus loin, puisque tous les chevaux de poste
étaient pris par les rois et les ministres, et que ceux de la
reine, qui nous avaient amenés, avaient besoin de repos
pour aller plus loin. Aussi ces messieurs ajoutaient-ils à cet
embarras en nous disant que, si nous ne trouvions pas le

---

[1] *Mémoires de Mlle Cochelet*, page 219. L'Empereur était à Troyes le
29 mars, le 31 mars à Fontainebleau où il reste jusqu'au 19 avril ; le
28 avril il s'embarque à Fréjus et arrive à l'île d'Elbe le 5 mai.

[2] Les rois Joseph et Jérôme, Miot de Mélitot, tome 3, p. 320 les y rencontra ainsi que Boulay de la Meurthe, et la princesse Julie, reine
d'Espagne.

moyen de partir en même temps qu'eux, nous pouvions nous attendre à voir cette nuit même arriver les cosaques.

Je voyais avec étonnement tous ces ministres si démoralisés, ne pensant à rien qu'à fuir, ne s'inquiétant pas des autres, ni des mesures à prendre pour rendre cette catastrophe moins cruelle ; et j'éprouvais plus de sécurité à me trouver à la suite de la reine qu'avec ceux qui me semblaient avoir entièrement abandonné la partie.

J'allais voir Mme Dillon, qui était là avec les enfants de sa fille, Mme Bertrand, et qui l'attendait avec une vive impatience. Elle n'avait pas encore voulu quitter Paris, espérant toujours y voir arriver son mari à la suite de l'Empereur.

Personne ne songea à nous offrir à souper, nous n'avions aucunes provisions avec nous, et la reine, qui vivait presque sans manger, ne s'en apercevait pas. J'étais si morte de fatigue et de faim que je priai Mme Dillon de me donner quelque chose ; elle n'avait plus qu'un gros morceau de pain, dont je m'emparai et que j'emportai dans ma chambre.

Je vis tout ce monde sans effroi ; et quoique nous restassions seules à Rambouillet, je me sentais plus tranquille avec la reine que si nous eussions suivi la retraite au milieu de ce *boulevari*. On lui avait conseillé de ne pas passer la nuit à Rambouillet ; on lui avait assuré que les Cosaques pouvaient y arriver d'une minute à l'autre ; mais comment partir, il n'y avait plus de chevaux ?

La reine était livrée à la plus grande incertitude ; elle nous parlait de la probabilité de voir arriver l'ennemi, ce qui, à elle, lui paraissait impossible. Les enfants étaient couchés, déjà endormis [1] ; elle tenait à les laisser reposer. D'un autre côté, tous les hommes qui venaient de partir devaient, disait-elle, mieux savoir qu'elle les dangers de la guerre ; devait-elle les croire aveuglément ? Puis elle se rassurait,

---

[1] Le futur Napoléon III avait six ans : ses deux frères douze et dix ans.

elle les avait vus si peu occupés de réunir des forces pour se
défendre qu'elle ne pouvait les croire infaillibles. « Pour-
« quoi ne se retire-t-on pas en ordre? disait-elle. Pourquoi,
« le Ministre de la Guerre est-il parti? les frères de l'Empe-
« reur doivent rejoindre le roi de Rome pour l'entourer et
« guider l'Impératrice; mais les ministres devaient rester ici.
« Est-ce qu'on cède la France sans la disputer à l'ennemi? »

L'idée que Paris serait rendu au moment où l'Empereur
allait arriver pour le défendre la mettait dans une exaspé-
ration et une méfiance qui, naturellement, lui faisait accuser les hommes de faiblesse. Alors, elle répétait qu'elle ne
faisait plus de cas de leurs conseils et qu'elle restait avec
sécurité, les Cosaques ne pouvant pas être si près de nous
atteindre.

Nous causions ainsi avec la reine et Mme d'Arjuzon [1],
lorsque nous entendîmes des voix parler très haut et avec
véhémence. M. d'Arjuzon vint dire à la reine que c'était un
colonel qui demandait le Ministre de la Guerre. La reine
sortit précipitamment de sa chambre; je la suivis et nous
vîmes le colonel Carignan qui s'emportait contre le duc de
Feltre, qu'il croyait trouver à Rambouillet, et qui était parti
sans lui donner aucun ordre sur la retraite que son régiment devait protéger. La reine lui dit : « Calmez-vous, colo-
« nel, sans contredit le Ministre de la Guerre aurait dû rester
« ici, mais puisque c'est vous qui protégez la retraite, c'est
« moi qui vais vous donner des ordres ; je reste ici avec mes
« enfants, je vous en confie la garde; veillez à ce que les
« Cosaques ne nous surprennent pas. Demain je partirai de
« bonne heure avec eux. » Le lendemain, le régiment était
parti avant nous.

J'invitai la reine à se reposer ; mais il était dit qu'elle
devait avoir tous les genres de tourment. Le roi Louis, qui
craignait pour ses enfants, envoya un officier à la reine avec

---

[1] Une des dames de compagnie de la reine ; son mari était chambellan.

l'ordre exprès de la régente même, pour qu'elle eût à venir au plus tôt se réunir à eux à Blois. La reine, en lisant cette lettre, s'écria : « Est-il possible qu'au milieu de si cruels « événements j'aie encore à redouter des persécutions parti- « culières, au lieu de l'intérêt et de la protection que j'aurais « droit d'attendre ! »

Alors, comme si ce surcroît de tourment l'eût révoltée : « J'allais à Blois, dit-elle ; mais maintenant je vais me « rendre près de ma mère à Navarre. » Elle me demanda ce qu'il fallait pour écrire, et, de son lit où elle était déjà, elle écrivit trois lettres, une à son mari, une à l'Impératrice Marie-Louise et une à l'Empereur. Je remis ces lettres à l'officier qui avait l'ordre d'accompagner S. M., mais qui partit cependant sans elle pour remplir ses ordres.

Je laissai enfin la reine se reposer, résolue à me jeter tout habillée sur mon lit, ayant à peine le temps de sommeiller deux heures : mais, loin de là, je vis entrer dans ma chambre Mmes de Raguse, de Reggio [1] et de Sainte-Aulaire ; elles avaient pris le parti de quitter Paris avant l'entrée des troupes ; par des détours et avec des chevaux qu'elles avaient pu trouver à des postes intermédiaires, elles arri- vaient à Rambouillet. Leur désolation de la reddition de Paris était aussi grande que la nôtre. Dans son désespoir, la duchesse de Raguse s'écriait: « L'Empereur va revenir sur Paris ; tout sera mis à feu et à sang ! » La duchesse de Reggio ajoutait : « Nos maris n'abandonneront pas l'Empe- reur, leur protecteur, leur général, et je les vois se faisant tuer à ses côtés sous les murs de Paris. » Mme de Sainte- Aulaire, dont le mari n'était que chambellan, s'affligeait de tous les maux qu'on redoutait. Au milieu de toutes ces lamentations, qui n'étaient que trop justifiées par la position où elles se trouvaient, elles criaient la faim, et ces femmes si recherchées, si gâtées par toutes les habitudes du luxe,

---

[1] Mme Marmont et Mme Oudinot.

furent trop heureuses de se partager les débris de mon fameux morceau de pain.

Elles voulaient toutes voir la reine; je me faisais une conscience d'aller encore interrompre ce moment de repos ; mais ces dames insistaient ; il semblait qu'elles dussent se laisser guider par elle dans ce qu'elles avaient à faire ; d'ailleurs le moment fixé pour le départ approchait.

J'entrai chez la reine, qui reçut ces dames pendant qu'elle s'habillait.

Les doléances recommencèrent ; la reine leur conseilla d'aller à Blois, se réunir à l'impératrice Marie-Louise et surtout de partir en même temps qu'elle ; car, si elle n'avait pas craint les Cosaques dans la nuit, elle pensait bien qu'ils ne pouvaient pas tarder à arriver.

La reine leur fit part de son projet d'aller à Navarre [1], et nous nous séparâmes toutes la mort dans l'âme ; où et quand nous reverrions-nous ?...

Les voitures arrivées, nous nous mîmes en marche à la surprise de chacun qui nous vit passer par la forêt de Rambouillet, au lieu de longer les bois, en suivant la route de Maintenon.

Gaudin, duc de Gaëte, dans ses *Mémoires*, raconte son passage à Rambouillet [2] :

Je me rends à Rambouillet auprès de l'Impératrice qui doit y passer quelques jours. Nous arrivâmes vers 3 heures à Versailles, où nous fîmes un court et triste dîner à la suite duquel nous nous acheminâmes vers Rambouillet, suivis de trois chevaux de selle.

Nous arrivâmes vers onze heures du soir à Rambouillet ; nous y trouvâmes tout dans la confusion. L'Impératrice en était déjà partie. Les équipages des princes qui y étaient

---

[1] Navarre, près d'Évreux : Louis, propriété de M. d'Arjuzon entre Maintenon et Évreux : l'ex-impératrice Joséphine, mère de la reine Hortense, mourut à la Malmaison, le 29 mai 1814.

[2] *Mémoires de Gaudin*, p. 75.

encore encombraient les cours, et les appartements l'étaient
également de toute leur suite. Je les vis un moment. Le
prince Joseph me dit que l'Impératrice se dirigeait vers
Chartres et qu'il partait à l'instant pour la suivre.

La nécessité de donner quelque repos et de faire prendre
de la nourriture à nos chevaux nous força de nous arrêter à
Rambouillet, où je me fis livrer des chambres dans les communs. Nous nous jetâmes deux heures sur nos lits et vers
trois heures du matin, nous nous remîmes en route vers
Chartres.

Le 11 avril [1], l'Empereur abdique et renonce pour lui et
ses héritiers aux trônes de France et d'Italie.

L'Impératrice est à Orléans ; le prince de Metternich
décide que Marie-Louise se rendra à Rambouillet, où son
père viendra la voir ; le duc de Cadore s'exprime ainsi dans
ses *Mémoires* :

Arrivèrent à Orléans le prince Paul Esterhazy et le prince
Wenzel-Lichtenstein, porteurs d'une lettre du prince de Metternich, annonçant à l'Impératrice la conclusion de l'arrangement qui devait lui fournir une preuve de la sollicitude
de l'Empereur son père pour elle et pour son fils, c'est-à-
dire la cession des duchés de Parme et Plaisance. Cette
lettre avait aussi pour objet de l'inviter à venir au château
de Rambouillet, pour y voir l'Empereur d'Autriche, qui, de
son côté, devait s'y rendre de Paris.

Les envoyés autrichiens pressèrent le départ de l'Impératrice et de son fils pour Rambouillet, et la décidèrent à se
mettre en route dès le soir du même jour. Elle n'eut que le
temps d'écrire à l'Empereur son époux, pour le prévenir du
nouveau retard apporté à sa réunion avec lui et l'informer
de l'ordre qui lui était transmis de partir sur le champ pour

---

[1] Le 31 mars, capitulation de Paris et nomination du général Sacken
comme gouverneur de Paris ; 1er avril, constitution du gouvernement
provisoire et nomination de Dupont, ministre de la guerre ; 2 avril,
déchéance de Napoléon.

Rambouillet, où elle devait avoir une entrevue avec son père.

En même temps que l'Impératrice annonçait à l'Empereur son départ pour Rambouillet, ce prince me faisait adresser la lettre suivante : « Combien l'Impératrice a dû être affligée « de la dureté qu'on a envers elle ! L'Empereur vous envoie « la copie d'une lettre écrite hier par M. de Metternich à « M. de Caulaincourt. Sa Majesté suppose que M. de Sainte-« Aulaire vous sera arrivé en droite ligne à Orléans avec des « nouvelles. Rambouillet paraît à l'Empereur un lieu bien « éloigné, et il ne voit pas d'ailleurs le besoin qu'il y a « d'aller dans une maison impériale qui ne peut que réveil-« ler des souvenirs tristes pour l'Impératrice ; c'est toutefois « à l'Impératrice à voir ce qui lui convient de faire. M. le « duc de Vicence[1] n'est pas encore arrivé avec l'arrangement ; « nous l'attendons dans la journée. Je vous expédierai sur « le champ un courrier. Ce qui paraît de plus en plus con-« venable, c'est que l'Impératrice, le roi de Rome et l'Empe-« reur voyagent ensemble... »

Copie d'une lettre que M. le duc de Vicence reçoit à l'instant de M. de Metternich, jointe à la lettre précédente :

« J'envoie MM. les princes Esterhazy et Lichtenstein près « de Sa Majesté l'Impératrice Marie-Louise, pour inviter « Sa Majesté à un rendez-vous avec son auguste père. Le « lieu de Rambouillet nous paraissant le plus convenable, « je prie Votre Excellence de s'employer à ce qu'il soit éga-« lement agréé par Sa Majesté l'Empereur Napoléon. On « aura soin de neutraliser Rambouillet et un rayon conve-« nable. L'Empereur mon maître verrait sans doute avec « grand plaisir que ce fût vous, Monsieur le duc, qui soyez « chargé d'accompagner l'Impératrice.

« Recevez, Monsieur le duc, les assurances de ma haute « considération.

« Signé : Prince DE METTERNICH.

« Paris, le 11 avril 1814. »

[1] De Caulaincourt.

Quoique M. de Metternich parût désirer avoir l'agrément de l'empereur Napoléon pour le choix du château de Rambouillet, comme lieu de rendez-vous de l'Impératrice avec son père, cependant on pressa tellement le départ de cette princesse qu'elle quittait Orléans au moment même où la dépêche de M. de Metternich au duc de Vicence parvenait à l'Empereur. Aussi, quoique l'Empereur blâmât le choix du château de Rambouillet, quand bien même sa voix eût encore été écoutée, sa désapprobation serait arrivée trop tard. Ces formes du cabinet autrichien n'étaient que dérisoires, puisqu'il avait soin de disposer les choses de telle manière que ses promesses n'étaient jamais suivies d'effet.

J'avais reçu, avant la lettre qu'on vient de lire, une autre lettre, datée du même jour, à quatre heures du matin [1]. En transcrivant ces lettres, je me refuse à penser que l'Empereur éprouvât réellement les sentiments de confiance qu'il paraissait conserver. Ces illusions apparentes n'étaient-elles pas plutôt une sanglante satire de procédés d'ennemis sans générosité, dont la conduite envers lui n'était qu'une série d'injustices, de perfidies, d'insultes à son caractère et de manquements aux égards dus à un grand homme malheureux? ou répugnait-il à sa dignité de supposer qu'ils pussent rompre les liens les plus sacrés et lui enlever sa femme et son fils?

Meneval fait le récit suivant:

Marie-Louise [2], partie d'Orléans le 12, à huit heures du

---

[1] L'Empereur, dans cette lettre, exprimait le désir que l'Impératrice vînt avec lui à petites journées, pour après cela se rendre à Parme; Corvisart conseillait les eaux d'Aix; les membres de la famille impériale se rendirent en Italie quelques jours après.

[2] Faisaient partie du voyage: 1 sous-contrôleur, 1 maître d'hôtel, 1 chef tranchant, 2 tranchants, 1 couvreur de table, 1 chef de cuisine, 1 aide de cuisine, 3 garçons de fourneau, 2 aides de pâtisserie, 2 garçons de cuisine, 2 chefs d'office, 1 garçon d'office, 1 chef de cave, 1 aide de cave, 1 aide d'argenterie, 2 garçons d'argenterie, 1 aide de porcelaine, 1 premier valet de chambre, 2 portiers, 6 valets de pieds, 6 frotteurs. O², 26 (Meneval, *Napoléon et Marie-Louise*, tome II, chap. VII).

soir, arriva le lendemain à midi à Rambouillet, exténuée de
fatigue. A Angerville, petite ville distante de dix lieues de
Rambouillet, elle rencontra les troupes russes. La garde
impériale escortait l'Impératrice depuis sa sortie d'Orléans ;
arrivée à Angerville, cette fidèle garde fut congédiée, et
alla rejoindre l'Empereur à Fontainebleau. Le général
Schouwaloff, qui accompagnait l'Impératrice dans ce
voyage, prit une escorte de vingt-cinq Cosaques qui l'amena
à Rambouillet. L'avenue et l'intérieur du château étaient
gardés par des troupes russes. L'Impératrice entra dans le
parc ; mais elle ne put éviter la vue des uniformes étrangers,
des sentinelles russes gardaient toutes les grilles. Arrivée
là, elle eut lieu de regretter la précipitation avec laquelle on
lui avait fait quitter Orléans ; elle apprit que l'Empereur
d'Autriche ne devait arriver à Paris que le 14 et qu'il ne pourrait venir à Rambouillet que le 16 ; mais les alliés connais-
saient sans doute la marche du général Cambronne et des
deux bataillons de la garde impériale, avec lesquels il
arriva à Orléans le lendemain du départ de l'Impératrice.

Cette princesse passa deux jours à Rambouillet, gardée
par les Russes et attendant impatiemment la venue de son
père, qui arriva effectivement le 16 après-midi, accompagné
du prince de Metternich. Dans la matinée de ce jour, elle fut
dans une agitation continuelle ; elle sentait que cette entrevue allait décider de son sort, et l'avenir ne se peignait à
ses yeux que sous de sombres couleurs. Avertie de l'approche de l'Empereur, elle vint le recevoir à la porte du
Palais, suivie de son fils, que conduisait Mme de Montesquiou, et de quelques officiers et dames de sa maison.
L'Impératrice, vivement émue, saisit son fils d'un geste
animé, et le jeta en pleurant dans les bras de son père,
auquel elle dit, d'un ton chagrin, quelques mots en allemand. L'Empereur embrassa son petit-fils, mais le jeune
prince parut peu sensible à cette marque de tendresse, il

considérait avec étonnement cette longue et grave figure.
Quand on l'avait conduit à son grand'père, il avait dit : « Je
vais voir l'Empereur d'Autriche. » Quand il rentra dans son
appartement, il dit : « Je viens de voir l'Empereur d'Autriche ;
il n'est pas beau. » La précoce intelligence du pauvre
orphelin se vengeait bien doucement par cette innocente
épigramme du tort que lui avait causé la faiblesse de son
grand-père. Il avait compris que cet important personnage,
dont la présence et le nom excitaient tant de trouble, était
l'un des principaux auteurs des angoisses et des larmes de
sa mère et la cause de tout le remue-ménage qui se faisait
autour de lui depuis sa sortie des Tuileries ; il disait que
Blücher était son plus grand ennemi ; que Louis XVIII avait
pris la place de son papa, et qu'il retenait tous ses joujoux,
mais qu'il faudrait qu'il rendît l'un et l'autre. La prudence
de Mme de Montesquiou écartait de l'esprit de cet enfant tout
ce qui aurait pu y exciter une irritation dangereuse ; mais
un mot qu'il saisissait au passage, au milieu de ses jeux,
sans avoir l'air de le comprendre, se gravait dans sa jeune
imagination.

Il tardait à l'Impératrice de se trouver seule avec son
père ; elle prit à peine le temps de lui présenter les personnes
de sa maison qui se trouvaient auprès d'elle, et passa rapidement dans son appartement avec l'Empereur. Dans l'épan-
chement de leur douleur mutuelle, ils s'embrassèrent à plusieurs reprises en pleurant. On fit rentrer le petit prince, que
l'Empereur ne pouvait se lasser d'admirer, en disant que
c'était bien son sang qui coulait dans ses veines ; il dit à sa
fille qu'il prenait son petit-fils sous sa protection et qu'il
lui servirait de père. Il dit, entre autres choses, que tout
s'était fait sans son concours à Paris, parce que la fatalité
avait voulu qu'il fût retenu à Chanceaux, près Dijon, par les
mouvements de l'armée française, sans pouvoir communiquer avec le prince Schwarzemberg ; il faut bien savoir gré
à l'Empereur et à son ministre du sentiment de convenance

qui les a portés à ne pas sanctionner, par leur présence, le détrônement de la mère et du fils.

À partir de ce jour, l'Impératrice et son fils furent mis sous la tutelle de l'Autriche. Deux bataillons d'infanterie et deux escadrons de cuirassiers autrichiens vinrent remplacer la garde russe. Les sentinelles russes furent relevées par des grenadiers autrichiens, et deux cuirassiers furent placés de plus, comme vedettes, à la principale grille du château.

Depuis la fatale lettre chiffrée du 8, qui m'avait donné de vives inquiétudes sur la personne de l'Empereur, la fâcheuse impression qu'elle m'avait causée s'était effacée de mon esprit. J'avais reçu plusieurs lettres qui me faisaient voir que l'Empereur s'occupait de ses affaires avec sa liberté d'esprit ordinaire. Le grand écuyer duc de Vicence et le colonel Montesquiou, aide de camp de l'Empereur, qui vinrent successivement à Rambouillet, me dirent le premier mot d'un triste événement qui n'avait pas transpiré jusqu'à nous et que l'Impératrice, je crois, ignora longtemps; du moins elle ne m'en avait pas parlé.

L'auteur continue :

L'Empereur d'Autriche passa la nuit à Rambouillet et repartit le lendemain, à neuf heures du matin, pour Paris, après avoir pris congé de l'Impératrice[1]. Que se passa-t-il dans cette entrevue ? Dans quel but le prince Metternich accompagna-t-il l'Empereur ? Quelles confidences furent faites à l'Impératrice ? Quelles raisons secrètes lui furent données pour qu'elle se décidât à partir pour Vienne et à y séjourner jusqu'à ce qu'elle pût se rendre en Italie, au lieu d'aller attendre ce moment à l'île d'Elbe ? Jugea-t-on à propos de lui révéler la résolution arrêtée de la séparer de son époux ? Ce sont des questions sur lesquelles on peut former des conjectures, mais auxquelles il est difficile de répondre.

---

[1] Marie-Louise avait vingt-trois ans et le roi de Rome quatre ans.

Les motifs apparents qui décidèrent l'Impératrice au voyage de Vienne furent sa déférence à l'égard de son père, qui lui exprima le vif désir de la posséder pendant quelque temps dans sa famille, la perspective d'être prochainement envoyée en possession des États qui lui étaient assignés, et l'espérance d'y jouir de la liberté de se partager entre l'île d'Elbe et sa nouvelle résidence. Quoi qu'il en soit, les émotions que des événements aussi extraordinaires, et qui s'étaient succédés avec tant de rapidité, firent éprouver à cette princesse, avaient sensiblement altéré sa santé et la plongèrent dans une profonde mélancolie. Le bonheur d'avoir revu son père, dans les tristes conjectures où elle se trouvait, n'avait pas diminué son affliction. Elle se retirait fréquemment dans sa chambre, et là, les coudes appuyés sur ses genoux et la tête dans ses mains, elle s'abandonnait à toute l'amertume de ses pensées et versait d'abondantes larmes.

Dès le lendemain, le comte Trautonansdorff, grand écuyer de la cour d'Autriche, vint à Rambouillet pour régler le voyage de Vienne. Le général russe Schouwaloff en partit pour se rendre à Fontainebleau, étant désigné pour accompagner l'Empereur dans son voyage à l'île d'Elbe. Il fut remplacé par le général autrichien Wroleck. Le duc de Vicence, le comte de Flahaut et plusieurs dames, entre autres Mmes de Luçay et de Plaisance, vinrent prendre congé de l'Impératrice.

Le 19, l'Empereur de Russie arriva à Rambouillet et déjeuna avec l'Impératrice. Cette visite paraît lui avoir été imposée par l'Empereur d'Autriche ; du moins cette princesse se plaignit amèrement d'avoir été obligée à la subir. Rien ne pouvait lui être plus pénible que la nécessité de recevoir l'empereur Alexandre dans ce moment ; quelque soin qu'elle prît de sécher ses larmes et de composer son visage, il put y lire ce qu'elle souffrait intérieurement et le reproche tacite du manque de générosité de son procédé. La visite du Roi de Prusse suivit, deux jours après, celle de

l'Empereur de Russie. Ces princes ne pouvaient ignorer
qu'elle était instruite de la part qu'ils avaient eue au renver-
sement de l'Empereur. Ce devait être pour eux une triste
satisfaction que le spectacle de l'abaissement d'une femme
qu'ils avaient enveloppée dans la ruine de son époux et de
son fils. On a dit que cette démarche avait pour but de
donner le change sur les sentiments de cette victime d'une
odieuse politique, en faisant croire qu'elle avait renoncé
volontairement à faire cause commune avec l'Empereur, et
qu'elle se séparait de lui pour se jeter dans les bras de ses
ennemis. Si ce motif ne fut pas celui de l'Empereur de Russie
et du Roi de Prusse, il faut avouer que leur visite à Marie-
Louise, dans de telles circonstances, donnait à cette opinion
une grande vraisemblance ; de la part de l'Empereur
Alexandre surtout, elle contrastait avec cette magnanimité
et ce sentiment délicat des convenances qu'on se plaisait à
lui attribuer. Ce prince fit des offres de services très em-
pressées à l'Impératrice, et la pria de ne pas s'adresser à
d'autres qu'à lui. Il demanda à voir le roi de Rome, qu'elle
ne pensait pas à lui présenter; il alla seul chez ce jeune
prince, qu'il vit en présence de Mme de Montesquiou et
qui ne lui inspira que de froids compliments. Le roi de
Prusse arriva le 22 après-midi, à Rambouillet, et n'y passa
que quelques instants. Il voulut aussi voir le roi de Rome.
Cet intéressant enfant était assez ennuyé de ces visites ; il
voyait bien, malgré la faiblesse de son âge, qu'elles ne lui
étaient pas faites dans un sentiment d'intérêt et qu'il n'était
que l'objet d'une indiscrète curiosité.

Je reçus au sujet de ces visites une lettre de Fontainebleau
du 18 avril, à cinq heures du matin. Elle était ainsi conçue:
« Il n'est pas concevable que l'Empereur d'Autriche n'ait pas
« senti l'inconvenance de faire venir l'Empereur de Russie
« et le Roi de Prusse à Rambouillet, surtout l'Impératrice
« étant malade. Il est probable qu'il se désistera de ce
« projet.

« L'Impératrice doit tâcher d'aller tout de suite aux
« eaux, puisque nous sommes dans la saison.

« M. de la Place (officier d'ordonnance), qui est parti hier
« à cinq heures du soir, doit être arrivé à Rambouillet ; il
« est probable qu'il aura encore le temps de rejoindre
« l'Empereur à Fontainebleau. Sa Majesté désire que vous
« le lui fassiez dire, et même que vous fassiez courir après
« lui s'il ne faisait que partir. L'Empereur voit avec plaisir
« que vous accompagniez l'Impératrice. Sa Majesté vous
« recommande de saisir toutes les occasions de lui donner
« de ses nouvelles.

« Vous avez reçu la copie du traité ; vous avez vu qu'on
« avait garanti le voyage de l'Impératrice et promis une
« une escorte pour l'assurer.

« Peyrusse vous écrit en détail afin que vous mettiez en
« règle tout ce qui a été mis d'argent dans les voitures de
« l'Impératrice ; vérifiez tout avec attention, prenez les clefs,
« et veillez à la conservation de cette importante ressource.
« Aussitôt que vous serez à Bâle, faites-en convertir les
« deux tiers en lettres de change sur Livourne et sur Naples,
« que vous enverrez au comte Bertrand sous son nom.
« L'Empereur vous recommande de prendre tous les moyens
« nécessaires pour cet envoi. »

Je communiquai cette lettre à l'Impératrice ; elle désap-
prouva comme l'Empereur la visite des princes étrangers ;
mais il n'était plus en son pouvoir de s'y soustraire. L'empereur Alexandre arriva peu de temps après la réception de
cette lettre ; quant à l'envoi à l'île d'Elbe d'une partie des
fonds déposés dans ses voitures en lettre de change prises
à Bâle, elle me chargea de l'exécution de cette disposition.

Savary duc de Rovigo retrace les mêmes faits[1] :

L'Impératrice était toujours à Rambouillet, d'où elle se
disposait à partir pour retourner en Autriche ; mais avant

----

[1] *Mémoires de Rovigo*, t. VII, page 240.

de quitter la France, il lui était réservé d'y essuyer un nouvel outrage : croira-t-on, en effet, que dans la situation où il l'avait mise l'Empereur de Russie imaginât d'aller lui rendre ses devoirs ?

Cela se conçoit d'autant moins que l'on ne peut pas supposer qu'il ignorât ce que cette visite avait d'inconvenant ; car enfin il ne pouvait pas croire que sa présence serait agréable à l'Impératrice, et l'impuissance où elle était de se refuser à cette visite la recommandait au respect dont lui-même aurait dû donner l'exemple.

Il n'était sûrement pas dupe des contes que débitait et faisait débiter M. de Talleyrand sur la prétendue dureté de l'Empereur envers cette princesse. L'Empereur d'Autriche, sous les auspices duquel il se présentait, connaissait la parfaite harmonie des deux époux et avait même laissé quelquefois échapper le dépit que lui causait l'enthousiasme de sa fille pour son gendre. Il n'avait pas dû manquer de détromper Alexandre, si toutefois celui-ci avait jamais été trompé. Au reste, si la froideur eût été réelle, il était peut-être, de toute la coalition, celui qui devait le moins en faire un grief contre l'Empereur Napoléon, car enfin il savait, et nous savions tous, à quels termes il en était chez lui. Quoi qu'il en soit, voici des détails que je tiens d'une personne du service de l'Impératrice et qui se trouvait dans ce moment-là près d'elle à Rambouillet. Elle entendit la conversation, qui eut lieu d'abord entre elle et son père, à laquelle il n'assistait point de tiers, puis celle qui s'engagea lorsque l'Empereur de Russie fut arrivé. L'étiquette du service intérieur exigeait qu'il y eût toujours des dames autour de l'Impératrice, et, dans ces pénibles moments, celles qui avaient l'honneur de lui appartenir observaient encore plus scrupuleusement leurs devoirs qu'auparavant, en sorte que quand l'Impératrice passait dans son salon, il y avait de ses dames qui étaient dans la pièce la plus voisine. A Rambouillet, cette pièce était la chambre à coucher.

L'Empereur d'Autriche arriva le premier, il devançait l'Empereur de Russie. Lorsqu'il entra, on laissa l'Impératrice seule avec lui, et comme on supposait bien qu'il y aurait une explication sérieuse sur la manière dont elle avait été traitée, on ne manqua pas de prêter l'oreille.

L'Impératrice fit à son père un accueil respectueux et lui témoigna un grand plaisir de le revoir ; mais ses larmes disaient tout ce que son cœur souffrait du rôle qu'il lui faisait jouer : elle avait de l'élévation dans l'âme, et dans cette occasion elle ne ménagea aucun des reproches que sa dignité offensée lui donnait le droit de faire entendre. L'Empereur d'Autriche, qui l'aimait tendrement, ne pouvait la consoler, ni la persuader par les motifs d'obligations dont il s'appuyait. Il lui demanda cependant d'accueillir l'Empereur Alexandre qui le suivait et ne tarderait pas à arriver. L'Impératrice pâlit d'indignation, mais que pouvait-elle faire dans l'état où elle était réduite ?

Toutefois, elle ne donna pas aux Français le pitoyable exemple de courir au-devant de celui qui avait immolé son époux. Sa première réponse fût un refus formel, prononcé avec la fermeté d'une âme fière et élevée, et qui témoignait combien elle se trouvait blessée que l'Empereur de Russie osât lui manquer à ce point.

L'Empereur d'Autriche, pour la calmer, fut obligé de prendre la démarche sur lui ; il demandait en grâce à sa fille de lui donner cette marque d'obéissance, en prenar' :ur elle un peu d'empire pour étouffer sa douleur et en ajoutant que toutes les conséquences d'un éclat de sa part retomberaient sur lui, qu'il s'était chargé de tout près de l'Empereur Alexandre, qui le suivait et allait arriver. Il ne gagnait rien sur sa fille, qui répondait : « Eh bien ! me fera-t-il aussi sa « prisonnière sous vos yeux ? S'il me force à le recevoir en « entrant ici malgré moi, je me retirerai dans ma chambre « à coucher ; nous verrons s'il osera me suivre jusque-là. »

Le temps pressait, l'Empereur d'Autriche ne gagnait rien

sur sa fille, qui refusait obstinément de se rendre. L'on entendait déjà le bruit de la voiture de l'Empereur Alexandre qui s'avançait par la grande avenue du château, qu'elle persistait encore à ne pas vouloir ouvrir les portes de son salon. Les moments étaient comptés, l'Empereur d'Autriche priait sa fille avec les plus tendres instances ; elle résistait toujours, que déjà l'Empereur de Russie entrait dans la cour du château. L'Empereur d'Autriche alla le recevoir d'après l'étiquette d'usage et le conduisit dans le salon où était restée sa fille. Quelle entrevue ! quelle situation pour tous les trois ! L'Empereur Alexandre dût lire sur un visage, qui, depuis plus de vingt jours, n'était arrosé que de larmes, l'effet que sa présence produisait. Il ignorait sans doute l'état intérieur de l'Impératrice, qui avait été instruite des moindres détails de tout ce qui s'était passé à Paris avant et pendant la réception qu'il avait faite à la députation des maréchaux. Elle savait même tout ce qui avait été projeté contre son époux, et il fallait assurément qu'elle fût bien maîtresse d'elle-même pour conserver de la contenance devant l'auteur de tous les chagrins qui la dévoraient. L'Empereur de Russie aborda l'Impératrice en s'excusant de la liberté qu'il prenait de se présenter devant elle, sans lui en avoir d'abord fait demander la permission. Il ajouta qu'il avait osé le faire que sous les auspices de l'Empereur d'Autriche, qui avait bien voulu se charger de le faire excuser. Il fit mille protestations à l'Impératrice et la pria de daigner s'adresser à lui pour tout ce qui la concernait ; il lui dit qu'il serait heureux de rencontrer une occasion de la servir et de lui témoigner son empressement à aller au-devant de ses désirs. Tel fut à peu près le discours que l'Empereur de Russie tint à une princesse qu'il venait de faire descendre du trône et à laquelle il arrachait le diadème. Il ne pouvait pas assurément douter des sentiments dont elle était animée ; aussi ne répondit-elle à tant d'offres de service que par un froid remerciement, ajoutant qu'elle n'avait

plus rien à désirer que la liberté de retourner promptement
dans sa famille. La conversation finit, et l'autocrate se
retira.

Je tiens de feu Mme la comtesse de Brignole, que je vis
avant qu'elle ne partît pour Vienne, que, de tout ce qui avait
affligé l'Impératrice, cette visite était ce qui lui avait été le
plus pénible.

Il faut croire que l'Empereur Alexandre avait craint que la
jeune souveraine, justement offensée, ne s'excusât s'il lui
demandait, dans les formes d'usage, la permission de lui
rendre des devoirs, et qu'il imagina de s'y faire accompagner
par son allié l'Empereur d'Autriche ; mais, quelle que soit la
couleur que l'on veuille à cette démarche, elle aura toujours
quelque chose d'assez choquant, dans la forme comme dans
les bienséances, pour en laisser apercevoir le motif.

En y réfléchissant, on trouve qu'elle est une conséquence
de la marche adoptée par les souverains alliés pour détacher
la nation de l'Empereur. L'on imagina sans doute, pour compléter l'œuvre, d'avilir l'Impératrice et de la présenter au
public comme partageant les sentiments des âmes viles qui
couraient rendre des actions de grâces aux ennemis pour les
avoir affranchis de la prétendue tyrannie de son époux. Au
reste on ne l'abusa pas ; elle discerna fort bien le motif qui
avait conduit l'Empereur Alexandre. Elle est douée d'un trop
bon jugement pour ne pas s'en être formé l'opinion qu'elle
était autorisée à en concevoir.

Peu de jours après cette visite de Rambouillet, l'Impératrice partit pour Vienne ; elle alla le premier jour coucher à
Gros-Bois, chez le prince de Neufchâtel, ayant passé par
Versailles, Vervières et Soisy. Chacun alla la voir et lui
dire un dernier adieu.

Savary complète son récit :

Le 22 avril, après la courte visite du Roi de Prusse, le
général major, comte Kinski, accompagné de son adjudant,

comte Desselbrunc ; des comtes Eugène Wrbna, fils du grand chambellan ; de Taff. chambellan et de Karaczaï, hongrois, officier d'état-major, désignés pour conduire l'Impératrice à Vienne, arrivèrent à Rambouillet et pourvurent aux arrangements nécessaires pour ce voyage.

Dans le même temps, on s'occupa de vérifier le montant des sommes placées dans les voitures de l'Impératrice à son départ d'Orléans ; le compte se trouva conforme à la note du trésorier. Je fis ensuite fermer les caisses, et, conformément aux injonctions de l'Empereur, j'en pris les clefs, que je remis à l'Impératrice avec le compte des sommes vérifiées. Elle reconnut les bons effets de la prévoyance qui m'avait porté à insister pour lui ménager cette ressource, et voulut bien m'en témoigner sa satisfaction. Elle réunit ensuite, pour la forme, MM. les généraux Caffarelli et Fouler, MM. de Saint-Aignan, de Bausset et moi, pour aviser au moyen de régler l'administration de sa maison. Nous nous séparâmes sans avoir rien réglé. MM. Caffarelli, Fouler et Saint-Aignan devaient retourner en France après avoir conduit l'Impératrice à Vienne ; ils refusèrent de se charger d'aucune responsabilité. J'engageai M. de Bausset, en sa qualité de préfet du Palais, à se charger de la comptabilité de toutes les dépenses de bouche et des autres services. L'Impératrice approuva cet arrangement. Je désirai rester étranger à tout maniement des fonds, et je n'ai eu qu'à m'applaudir d'avoir pris ce parti.

Rambouillet fut la dernière résidence impériale qu'habita Marie-Louise ; elle en partit pour n'y plus revenir, le 23 avril, se dirigeant sur Vienne.

Les *Débats* avaient annoncé les séjours de l'Impératrice à Rambouillet (mercredi 20 avril) :

Paris, 19 avril.

L'archiduchesse d'Autriche Marie-Louise doit partir jeudi (21 avril) pour Vienne. On a déjà placé sur la route des chevaux de ses attelages.

Débats du 21 avril :

Paris, 20 avril.

Hier à 2 heures après-midi, l'Empereur de Russie est arrivé à Rambouillet pour faire une visite à l'Archiduchesse d'Autriche. Ce monarque est resté deux heures et demie avec S. A. I. Cette auguste princesse part demain pour Vienne accompagnée de Mme de Montesquiou, gouvernante de son fils et de Mme Soufflot, sous-gouvernante.

Débats du 24 avril :

Paris, 23 avril.

Hier à 1 heure après-midi, S. M. le Roi de Prusse est arrivé à Rambouillet pour faire une visite à S. A. I l'Archiduchesse d'Autriche; il est reparti à 2 heures. S. A. I. a dû partir ce matin de Rambouillet.

Du mois de février au mois de mai 1814 les occupations et les soucis de Levasseur furent considérables.

Le 9 février le maire de Limours se plaint au préfet d'avoir trop d'hommes à loger dans sa commune.

Limours [1], 9 février 1814.

Le Maire de Limours, VIe arrondissement du département
de Seine-et-Oise, au Préfet du département.

MONSIEUR LE BARON [2],

Le commandant du dépôt du 3e corps d'armée, composé de 85 hommes et de 140 chevaux partis de Versailles cette après-midi à 3 heures, s'est présenté dans ma commune sur les 6 heures du soir; il m'a remis une lettre de vous en date de ce jour, portant invitation de loger à Limours ledit dépôt jusqu'à nouvel ordre.

J'ai l'honneur de vous observer, Monsieur le Baron, que la commune Limours est peu considérable par elle-même, qu'elle a dans ce moment et depuis le 1er du présent mois

---

[1] Toutes les lettres qui suivent sont extraites des Archives de Versailles (cartons relatifs à l'invasion à Rambouillet).

[2] Le baron Delaître fut préfet de Seine-et-Oise du 13 janvier 1814 au 23 mai 1815.

le dépôt du 6ᵉ régiment de lanciers en station et cantonnement. Vous trouverez ci-joint l'état effectif de ce régiment tant en hommes qu'en chevaux. Cet état m'a été fourni par M. le capitaine commandant par intérim. Daignez y jeter les yeux. Je puis vous assurer qu'il est de toute impossibilité à Limours de loger de nouveaux détachements de troupes. Tout est plein, les écuries et toutes les maisons des habitans, dont la majeure partie en ont jusqu'à six logés chez eux. J'ai même été contraint, il y a quelques jours, de concert avec le colonel du régiment de lanciers, d'envoyer dans la commune de Bonnelles une compagnie de 38 hommes de son régiment et 40 chevaux de remonte. J'ai appris qu'il y avait des communes à deux lieues de Limours, qui jusqu'à ce jour n'avaient eu à loger que des militaires passagers, elles seraient susceptibles d'en recevoir en cantonnement. Ces communes sont : Angervilliers, Rochefort, Saint-Cyr, Bandeville, elles sont très près les unes des autres et de l'arrondissement de Rambouillet. Le commandant du dépôt du 3ᵉ corps de l'armée et à qui il a été impossible d'aller au-delà de Limours et à qui j'ai donné gîte ainsi qu'à sa troupe pour cette nuit seulement, en a été convaincu par lui-même. En conséquence et conformément au 4ᵉ article de votre arrêté qu'il m'a remis, je lui donnerai demain une lettre pour le maire de Molières, où il trouvera j'espère tout ce qu'il aura besoin pour le détachement qu'il commande.

DE VERGÈS.

Même réclamation adressée, le 14 février, au sous-préfet de Rambouillet par le maire de Montfort :

Montfort-l'Amaury, 14 février 1814.

Le Maire au Sous-Préfet de Rambouillet.

MONSIEUR,

Je dois avoir l'honneur de vous prévenir que hier au soir à 9 heures il est arrivé à Montfort une compagnie de 80 cuirassiers avec 88 chevaux du 12ᵉ cuirassier, dont le dépôt est à Arpajon ; au premier aperçu de leur feuille de route il a été reconnu que c'était par erreur qu'ils venaient ici, pour avoir mal lu leur destination qui était pour Montesson ; c'est je crois un village entre Versailles et Argenteuil.

Cette erreur devenait d'autant plus fâcheuse que Montfort était, ainsi que les communes environnantes, encombré de troupes de toutes armes et même des prisonniers ; cette compagnie de cuirassiers, partie ce même jour d'Arpajon pour Versailles, était envoyée jusqu'à nouvel ordre à Montesson, et non à Montfort ; il résultait donc de l'erreur qu'elle venait de faire quinze lieues.

Alors j'ai pris le parti de loger hommes et chevaux comme j'ai pu ; c'est-à-dire dans des bouveries d'un des faubourgs de la ville ; mais où nous avions été obligés de placer déjà 92 chevaux de remonte du 8e de hussards ainsi que quelques petits détachements de dragons qui avaient à se rendre à Houdan et à Dreux le lendemain.

J'ai prévenu les cuirassiers qu'ils ne seraient pas très bien, mais qu'eux et leurs chevaux seraient à couvert, et qu'il serait fourni pour ceux-ci des rations de fourrages ; c'est ce qui a été fait, mais aux dépens des réquisitions que nous sommes dans le cas de faire pour subvenir à la nourriture du dépôt de cuirassiers stationné ici, ainsi qu'à tous nos passages ; ce qui diminue beaucoup trop notre magasin et nos ressources en réquisitions.

Les officiers, sous-officiers de cette compagnie du 12e des cuirassiers m'ont témoigné qu'ils étaient disposés d'après leur méprise à se trouver très satisfaits de tout ce que l'on ferait dans une pareille circonstance.

Mais leurs soldats dans le courant de la nuit sont descendus dans la ville ; et soit là, et encore plus dans les bouveries, où ils avaient assuré de ne chercher qu'à se reposer, ils se sont portés à des dégâts, à des insultes, même à des actes de violence.

D'après les informations que j'ai prises, je dois dire que

les dragons et hussards, logés dans les mêmes bouveries, ou dans celles à côté n'ont point cherché à se mêler du mauvais tapage que ces cuirassiers du 12ᵉ ont voulu faire ; et je dois rendre la même justice aux cuirassiers du 2ᵉ stationnés ici.

Delaribardière-Monestier [1].

Le lendemain, plainte identique :

Montfort-l'Amaury, 15 février 1814.

Le Maire au Sous-Préfet de Rambouillet

Monsieur,

Nos embarras ne diminuent point ; demain 16 et le 18 nous avons des détachements de canonniers à faire arriver à Versailles par des relais de charrettes.

Dieu merci nous n'avons reçu aucune voiture de Dreux, hier, nous apportant du matériel d'artillerie ; nous en avons beaucoup de resté encore ici ; je ne sais plus trop comment l'envoyer à Versailles ; et, en vérité le canton de Montfort ne peut, en pareil cas, remplacer la quantité de voitures qu'a pu fournir tout l'arrondissement de Dreux.

Je vous demande aide, secours, conseil à cet égard ; j'ai déjà eu l'honneur, dans une de mes précédentes, de chercher à vous démontrer la nécessité de pouvoir étendre nos réquisitions hors du canton.

Je dois vous informer que le maire de Neauphle-le-Château m'a répondu hier qu'il ne pouvait satisfaire à nos réquisitions pour voitures, parce qu'il n'en avait pas de disponibles à cause d'un corps de cavalerie stationné dans sa commune ; n'en avons-nous pas un aussi ? et il n'a pas de passages chez lui, et nous en avons chaque jour par milliers, ce qui emploie plus de voitures qu'un corps stationné.

Le même, Monsieur, a porté ses réquisitions de foins jusques dans la commune de Gres-Rouvre à deux lieues de

---

[1] Jusqu'à la capitulation de Paris (31 mars) les communes eurent des passages de troupes françaises ; après la capitulation du 1ᵉʳ avril au 4 juin les troupes étrangères.

chez lui, et dont un des faubourgs de Montfort fait partie :
d'ailleurs, et d'après cette proximité, la commune de Gros-
Rouvre est une de celles qui reçoivent journellement notre
trop-plein de troupes de passage.

Le même, Monsieur, a voulu faire des réquisitions de
fourrages dans la commune du Tremblay, laquelle est à
3/4 de lieue de Montfort, et lui sert aussi à gîter notre même
excédent.

J'ai vu hier l'adjoint du Tremblay ; je l'ai très instamment
prié de garder ses ressources en réquisitions pour Montfort.

Je puis observer que Neauphle-le-Château est très à portée
de pouvoir en tirer de toute nature dans les campagnes
opposées à celles qui sont entre lui et Montfort, c'est-à-
dire dans les communes avoisinantes et du côté de la plaine
de Trappes.

L'épuisement, par toutes les raisons détaillées dans mes
différentes lettres, de notre approvisionnement de fourrages,
m'a fait requérir hier dans la commune de Mesnuls, qui
reçoit aussi des excédants de nos passages, n'étant qu'à
1/2 lieue de Montfort, 40 minots d'avoine et 500 de paille.
M. le Maire m'a de suite répondu que sa commune ne pouvait fournir cette réquisition.

Delaribardière-Monestier.

Le 4 mars Levasseur annonce au préfet l'emploi de la charpie qui lui a été remise par diverses communes.

Monsieur le Baron,

Il m'a été déposé par plusieurs communes quelques paquets
peu considérables de linge et de charpie, mais j'ai l'honneur de vous informer que je me suis vu forcé d'en mettre
une partie à la disposition de M. le Maire de la ville de Rambouillet, pour le pansement des militaires blessés qui sont
journellement évacués sur cette ville.

Je vous prie, Monsieur le Préfet, de m'autoriser à disposer
du surplus pour le même service.

Au commencement d'avril, Levasseur quitte momentanément Rambouillet pour mettre ses archives en sûreté :

Le 8 avril à minuit il écrit au préfet :

MONSIEUR LE BARON,

Je reçois à l'instant par une estafette vos deux lettres de
ce jour et l'arrêté par lequel vous déléguez M. le Maire de
Rambouillet pour me remplacer en cas d'absence.

Vous avez été instruit, Monsieur le baron, du jour de mon
retour et vous avez su que je m'étais absenté 36 heures seulement, pour, d'après vos ordres, mettre mes archives en
sûreté ; j'ai tout laissé à Nogent, et je vous prie de me dire si
je dois faire revenir ces papiers.

Par l'une de vos lettres vous m'enjoignez de faire arriver
à Versailles le 11 les 106 vaches que mon arrondissement
devait fournir en vertu de votre arrêté du 25 mars. Je prendrai la liberté de vous observer que depuis huit jours le corps
d'armée du général d'York est campé et se nourrit sur cet
arrondissement et que depuis trois jours surtout je suis
occupé de faire fournir des réquisitions de pain, viande,
fourrages, vin, eau-de-vie, etc.

Rambouillet seulement a fourni :

<blockquote>
8.000 rations de pain.
8.000 — fourrages et avoine.
 800 — légumes secs.
   8 vaches.
   4 Poinçons de vin.
   4 — d'eau-de-vie.
 200 rations de sel.
</blockquote>

Dourdan et Ablis fourniront demain 5.000 rations de pain,
vin, eau-de-vie, viande et sel. Les autres communes des
cantons de Limours et Dourdan ont fourni dans la même
proportion. D'après ces observations, j'espère que vous dis-
penserez mon arrondissement de remplir ce premier contin-
gent de viande et tous autres.

J'attendais avec la plus vive impatience de vos nouvelles pour prendre vos ordres dans les circonstances actuelles.

Le 9 avril à 9 heures du soir, il rend compte au préfet des réquisitions dont la ville de Rambouillet est l'objet :

MONSIEUR LE BARON,

Je reçois votre lettre de ce jour par laquelle vous me faites part de l'état de détresse où se trouvent les environs de Versailles et dont les cantonnements des troupes des puissances alliées se montent à 60.000 hommes, auxquels vous êtes obligé de fournir les vivres.

Cette lettre s'est croisée avec celle que j'ai eu l'honneur de vous écrire aujourd'hui pour vous rendre compte d'une nouvelle réquisition de 100.000 rations de vivres et de 20.000 rations de fourrages.

M. le Maire de Rambouillet, qui vous a porté cette lettre, vous aura rendu compte des désordres qui existent dans les réquisitions, et la copie ci-jointe de la lettre de M. le Maire de Dourdan vous en donnera une nouvelle preuve.

Le troisième commissaire des guerres est toujours ici ; il me quitte à l'instant pour attendre la réponse de son général à la lettre que je lui ai adressée.

Le 9 le préfet répond à la lettre du 8 :

Je reçois, Monsieur, votre lettre en date d'hier à minuit.

J'apprends avec satisfaction que vous êtes à Rambouillet, et je vous engage à y faire rentrer tous vos papiers.

Je vois que vous êtes frappé de réquisitions pour la fourniture à faire à des corps de l'armée prussienne sous les ordres du général d'York de :

    8.000   rations de pain.
    8.000   —   de fourrages et avoine.
     800   —   de légumes secs.
       8   vaches.
       4   poinçons d'eau-de-vie.
       4   —   de vin.
     200   livres de sel,

pour la commune de Rambouillet seulement ; que les communes de Dourdan, d'Ablis et autres supportent également de fortes réquisitions.

Il est instant, Monsieur, que vous parveniez à connaître le nombre effectif de troupes, pour lesquelles les fournitures sont à effectuer et leurs emplacements et que vous m'en instruisiez de suite pour que je sache enfin d'une manière positive la quantité d'hommes à nourrir.

Je vous prie instamment de faire tous vos efforts pour venir à mon secours, en me faisant passer tout ce dont vous pouvez disposer en ce moment tant en fourrages, avoine, vaches, légumes secs, etc... J'ai 60.000 hommes dans Versailles et les cantonnements environnants, et je suis dans la plus grande détresse.

Levasseur ne peut fournir les rations qu'on lui demande :

Rambouillet, 9 avril 1814, 5 heures du soir.

Le Sous-Préfet au Préfet.

MONSIEUR LE BARON,

Un troisième commissaire de guerre prussien vient de se présenter chez moi, pour me demander une livraison prompte de 100.000 rations de vivres et 20.000 rations de fourrages prises sur mon arrondissement. Depuis longtemps vous connaissez l'impossibilité où je suis de rien fournir, puisque vous employez tous vos moyens pour m'aider de tous les arrondissements circonvoisins.

J'ai fait toutes les observations nécessaires et, en dernière analyse, j'ai écrit à M. le général pour lui exposer de nouveau l'état de pénurie extrême dans lequel se trouve l'arrondissement, et je lui ai dépêché de suite une estafette pour Limours, où se trouve le quartier général. Il existe un désordre difficile à peindre, chacun prend de son côté, et les réquisitions de toutes manières frappent les communes voisines du canton de Limours ainsi que celles du canton de Dourdan.

Votre amour pour l'ordre et pour le service des troupes alliées vous engageront sans doute à faire les réclamations que vous croirez convenables auprès du gouvernement afin qu'il prenne des mesures telles que ce désordre cesse sans aucun délai.

Levasseur a fait rentrer tous ses papiers :

Rambouillet, 10 avril 1814.

Le Sous-Préfet au Préfet.

Monsieur le Baron,

Je m'empresse de vous informer que j'ai fait rentrer aujourd'hui tous mes papiers.

Après bien des instances, je suis enfin parvenu à obtenir du commissaire des guerres prussien la réduction de sa réquisition de 100.000 rations de vivres et fourrages aux quantités ci-après :

80.000 rations de pain, viande et légumes.

60.000   —   d'eau-de-vie et vin.

10.000   —   foin et avoine.

1.000 de sel, 2 veaux, 30 livres de beurre, 30 poules, 4 dindes et 1 pièce de vin vieux.

J'avais cru devoir en référer au général, mais ma démarche a été infructueuse, et il m'a renvoyé au commissaire.

J'ai fait ma répartition cette nuit et mes réquisitions ont été portées ce matin par des soldats prussiens à qui il a fallu donner des guides ; j'espérais que cette réquisition serait pour le moment la seule qui frapperait mon arrondissement, mais j'apprends par les réponses de MM. les maires que les commissaires russes, partis d'Antony et d'autres camps aux environs de Paris, parcourent les communes requérant partiellement sans mesure et sans suivre aucune base, de sorte qu'il y a des communes qui se trouvent dans l'impossibilité non seulement de satisfaire à ma réquisition, mais même de remplir entièrement celle qui est faite par les Russes.

Vous jugez, Monsieur le baron, dans quelle position je me trouve au milieu de ce désordre. J'apprends à l'instant, par M. Delamotte, adjoint dans cette ville, que vous avez envoyé aujourd'hui faire des représentations à qui de droit pour le faire cesser, et je fonde tout mon espoir sur le succès de vos démarches.

Comptez toujours, Monsieur le baron, que je vous seconderai de tous mes efforts et que mon zèle, ainsi que l'intérêt que je porte à mes malheureux administrés ne se ralentiront pas dans ces circonstances difficiles.

Les réclamations des communes sont les mêmes :

Rambouillet, 12 avril 1814.

Sous-Préfet au Préfet,

Monsieur le Baron,

J'ai reçu en même tems vos trois lettres des 10 et 11 de ce mois relatives aux réquisitions dont cet arrondissement est frappé et aux plaintes que vous avez reçues.

Les réclamations qui vous ont été faites par le canton de Montfort et la ville de Chevreuse sont celles que je reçois de toutes les communes de cet arrondissement. Toutes sont également surchargées.

Le canton de Dourdan et celui de Limours sont couverts de troupes russes et prussiennes et le canton de Rambouillet, depuis longtems épuisé par les passages militaires, est écrasé de réquisitions pour le camp de Limours.

En ce moment j'apprends que 1.500 Russes venant de Dourdan sont cantonnés à Mittainville, deux lieues de Rambouillet ; cette nouvelle me donne beaucoup d'inquiétude pour cette malheureuse commune qui ne possède rien ; son territoire étant tout en bois.

Dans cet état de choses, ne pouvant rien changer à ma répartition et ne pouvant non plus empêcher le désordre qui existe, ni alléger le sort de mes administrés, j'ai pris le parti de ne pas répondre aux plaintes sans nombre que je ne cesse de recevoir.

Le 13 le général-major Émanuel impose au sous-préfet des réquisitions.

Limours, 13 avril 1814.

Le général-major Émanuel au Sous-Préfet.

Monsieur,

D'après les ordres que j'ai reçus de S. A. I. Mᵍʳ le grand-duc Constantin, je dois faire établir des magasins centraux pour assurer la subsistance des troupes de S. M. l'Empereur de toutes les Russies ; l'un de ces magasins doit être établi en la ville de Dourdan et cela dans le délai de huitaine à dater de ce jour, et pendant cette huitaine j'établis provisoirement, en vertu des mêmes ordres, un magasin à Limours, qui doit être approvisionné par des réquisitions que S. A. I. a ordonné qui seroient faites dans le canton de Dourdan ; ces réquisitions consistent :

1° En portions de vivres   5.852 rations ;

2°   —   —   6.027   —

Je vous observe que chaque ration de vivres est réglée ainsi qu'il suit.

Savoir :

En pain, à trois livres ; en viande à une demie livre ; en vin, une demie bouteille ; en eau-de-vie 1/8 de bouteille.

Chaque ration de fourrage consiste

Savoir :

En avoine, un décalitre.

En foin, dix livres pesant, sans que cette quantité puisse excéder en plus ni en moins.

Et en paille, une botte par jour pour chaque cheval et les chevaux du train au nombre de cent.

Je vous requiers donc, Monsieur, de faire, au reçu de cette lettre, verser sans aucun délai les réquisitions ci-dessus détaillées au magasin provisoire de Limours, pour la subsistance de la troupe que je commande, pendant huit jours, et pendant cet espace de tems de faire approvisionner le magasin définitif que j'établis à Dourdan ; je compte sur votre zèle et sur votre exactitude pour l'exécution de cette réquisition.

ÉMANUEL.

Le Sous-Préfet répond :

Rambouillet, 14 avril.

Le Sous-Préfet au général Émanuel.

MONSIEUR LE GÉNÉRAL,

J'ai l'honneur de confirmer à V. E. ce que j'ai eu à lui écrire ce matin, parce que depuis j'ai reçu d'autres lettres des maires des communes de mon arrondissement qui me certifient qu'elles sont occupées par des troupes russes en état de consommer sous peu de jours le reste des vivres et fourrages qu'elles ont à leur disposition ; tout mon arrondissement est couvert de militaires sans que j'en sache la force : dans cet état de choses il m'est impossible raisonnablement de frapper des réquisitions avec un succès assuré ; je serais bien aise si cela pouvait convenir à V. E., pour vous prouver toute ma bonne volonté, que vous eussiez la bonté de départir des commissaires dans les différentes communes qui vous environnent pour pourvoir aux besoins de la troupe sous votre commandement ; il m'est impossible dans ce moment-ici de faire aucune distribution légale entre les communes déjà épuisées puisqu'elles sont occupées par des troupes dont on ne m'a pas fait connaître le nombre. J'écris de nouveau à S. E. le Ministre de la Guerre une lettre dont V. E. trouvera ci-jointe copie conforme et je rends en même temps compte de mes opérations à M. le Préfet du département que je prie de vouloir bien correspondre avec vous directement. J'apprends qu'une partie des réquisitions faites par le commissaire général prussien n'a pas été fournie à Limours, mais comment faire pour les y faire parvenir lorsque d'autres troupes arrivées depuis les ont absorbées.

Je vous prie, M. le Général, de croire que je mets tout le

zèle possible, et comme administrateur et comme ancien adjudant général, à faire tout ce qui peut convenir pour le service des vivres et fourrages de votre troupe, dont je connais bien les besoins, mais qu'à l'impossible nul n'est tenu.

LEVASSEUR.

P. S. — Je crains, Monsieur le Général, qu'il ne me reste pas de moyens suffisants pour nourrir la garde pendant quelques jours, qui est ici auprès de S. M. l'impératrice Marie-Louise et de LL. MM. les Empereurs de Russie et d'Autriche qui sont attendus ici ; ainsi vous devez juger de ma détresse.....

Levasseur écrit le jour même au préfet :

Rambouillet, 13 avril 1814.

Le Sous-Préfet au Préfet.

MONSIEUR LE BARON,

J'ai reçu la lettre que vous m'avez fait l'honneur de m'écrire en date d'hier, par laquelle vous m'informez que M. le Commissaire ordonnateur, en mission dans ce département, va s'occuper des moyens de rétablir l'ordre dans la distribution des vivres et fourrages à faire aux troupes des puissances alliées, et j'en ai fait passer copie conforme dans tous les lieux de gîte et étapes de mon arrondissement.

Il n'y a pas un moment à perdre à cet égard, car le désordre va toujours croissant et toutes espèces de ressources s'épuisent. L'habitant des campagnes surtout est dans la plus grande désolation ; des communes de mes environs et très pauvres ont des bivouacs de 5 ou 600 hommes de cavalerie qu'il leur est impossible de nourrir. Je reçois des plaintes et des lamentations de toute part.

Je souffre au-delà de toute expression de ne pouvoir venir au secours de mes administrés. J'ai eu l'honneur de vous faire part hier que j'avais eu celui d'écrire au Ministre de la Guerre, pour non seulement faire cesser les abus immenses

qui résultent de la mauvaise administration des vivres et
fourrages, mais encore pour faire évacuer les troupes et les
établir dans un département où il reste des ressources; je
vous supplie, Monsieur le baron, d'appuyer ma demande
auprès de ce général, dont je connais depuis longtemps les
bonnes et loyales intentions.

Je sais que comme moi vous avez des sentiments paternels pour vos administrés, et je me repose avec confiance
sur ce que vous pourrez faire dans ces circonstances difficiles
pour le bien du royaume.

LEVASSEUR.

Le 14, il s'adresse au Ministre de la Guerre, le général
Dupont, son ancien compagnon d'armes :

Rambouillet, 14 avril 1814.

MON GÉNÉRAL,

J'ai eu l'honneur, par ma lettre du 12 de ce mois, d'exposer
à V. E. que mon arrondissement était réduit à l'épuisement
total pour la fourniture des armées surtout en fourrages,
puisqu'il est en grande partie planté en bois.

Cependant je viens de recevoir une réquisition considérable de la part de M. le Général-Major commandant l'avant-
garde des troupes russes en station à Limours pour y établir
des magasins ainsi qu'à Dourdan.

J'ai eu l'honneur de lui répondre de suite que j'allais faire
les *derniers efforts* pour satisfaire à ses ordres.

Si au lieu de cavalerie j'eusse eu de l'infanterie, j'eusse
été moins embarrassé ; au reste je suis sans aucune espèce
de ressource, et les habitans des campagnes sont dans la
plus grande désolation.

J'en instruis M. le Préfet qui en a sans doute connaissance
comme moi ; je l'invite à vous faire part de tout ce qui se passe
et à vous engager à faire évacuer sur un département non
occupé ces troupes qui désormais ne peuvent plus vivre sur
le nôtre.

Vous savez, mon Général, que j'ai eu l'honneur de servir avec vous et que vous m'avez connu à l'armée comme chef d'état-major, et j'ai l'honneur de vous assurer que je n'ai pas oublié ce que je devais faire pour cantonner les troupes.

Une lettre du 14 indique l'anarchie qui règne :

Rambouillet, 14 avril, 1814.

Le Sous-Préfet au Préfet.

Monsieur le Préfet,

Le désordre est à son comble, tout mon territoire est couvert de troupes.

Les communes ne peuvent pas suffire à la nourriture de celles qui y sont établies en cantonnement sans que j'en connaisse la force, excepté par les maires et les cultivateurs qui par continuation me témoignent leur désolation...

Cependant un officier russe est venu ce matin avec un ordre de M. le Général-Major, qui commande l'avant-garde et réside à Limours, dont j'ai l'honneur de vous envoyer copie conforme; j'ai répondu à S. E. que, malgré toute la bonne volonté qu'il était de mon devoir de mettre à l'exécution de ses ordres, il me serait impossible de faire ce qu'il désirait, tant j'étais épuisé par le séjour de 46 dépôts de cavalerie pendant trois mois. En effet, comment frapper des réquisitions sur des communes qui sont occupées et qui se saignent de tous les membres pour pourvoir aux subsistances ; je ne comprends pas comment on a pu envoyer de la cavalerie dans un pays sans fourrages, puisque la majeure partie du territoire est plantée en bois ; l'officier russe en a bien senti les résultats.

Je suis dans une telle pénurie de fourrages que je ne sais si, par mes soins les plus actifs, je pourrai pourvoir à la subsistance de la garde de S. M. l'Impératrice qui est arrivée ici hier matin et où elle attend son auguste père l'Empereur d'Autriche ; je vis au jour le jour.

Je vous prie, M. le baron, d'avoir la bonté de rendre compte de cet état de choses, qui n'est que trop vrai, à M. le Général-Major qui commande à Limours, d'en rendre compte également à S. E. le Ministre de la Guerre, à qui j'avais écrit pour la seconde fois par ce courrier.

Je suis fort étonné d'apprendre que le sous-préfet d'Étampes, sans m'en prévenir, fait des réquisitions sur les communes de mon arrondissement. J'ai cru devoir donner l'ordre aux maires des communes qui l'avoisinent de s'y refuser.

Les ressources manquent :

Le Sous-Préfet au Préfet.

Rambouillet, 18 avril 1814.

Monsieur le Baron,

D'après votre lettre du 16 de ce mois je n'ai pas perdu un instant pour donner des ordres pour que 3.000 bottes de foin soient à la disposition de MM. les Maires d'Orsay et de Palaiseau, puis chez Mme Target aux Mollières pour la nourriture des chevaux des cavaliers gardes de l'Empereur de Russie.

Les maires de ces communes en sont en même temps prévenus, n'ayant pas la poste, ni personne à ma disposition attendu le service extraordinaire que j'ai à faire, relativement à l'arrivée pour demain des souverains des trois puissances alliées. je vous prie, Monsieur le Baron, d'avoir la bonté de faire porter par une ordonnance les deux lettres ci-jointes pour les maires de Palaiseau et Orsay.

Il m'est survenu ce matin à deux heures pour surcroit d'embarras 500 hommes de cavalerie et 7.000 hommes d'infanterie de la garde de LL. MM. Je n'ai plus une botte de foin ; j'en ai requis par des estafettes extraordinaires pour le service de demain matin, et j'espère que par mes *derniers efforts* il sera possible d'y satisfaire, sans cependant en répondre.

Je suis fort mécontent du garde-magasin qui, malgré mes ordres, ne me donne aucun compte de l'état d'approvisionnement.

Je vous envoie ci-inclus l'état des nouvelles et promptes réquisitions que j'ai faites ce jourd'hui pour votre gouverne.

L'état de pénurie en tout genre dans mon arrondissement est extrème, il n'y a plus de ressources, si ce n'est en vivres ; vous vous en convaincrez par une lettre de M. Gaucher faisant les fonctions de maire de Limours, par celles de MM. les Maires de Saint-Arnoult et de Rochefort.

J'avoue que je suis dans l'impossibilité de répondre à ces lettres autrement qu'en leur disant : faites pour le mieux.

Levasseur.

P. S. — D'après le zèle qu'a montré M. Gaucher à Limours, je penserais qu'il serait bien de le nommer maire de cette ville si sa qualité d'huissier ne s'y oppose pas, quoique M. Joyeau, notaire, soit également digne de la confiance du gouvernement. Je laise ce choix à votre décision.

La présence des souverains à Rambouillet a augmenté les charges de la ville :

Rambouillet, 19 avril 1814.

Le Sous-Préfet au Préfet.

Monsieur le Baron,

J'ai l'honneur de vous accuser réception de votre lettre en date du 17 de ce mois, dont je me suis empressé de faire connaître les dispositions par une circulaire à MM. les Maires des communes de cet arrondissement en les invitant à me tenir informé promptement et exactement du nombre de troupes cantonnées dans leurs communes. Aussitôt que j'aurai ces renseignements je prendrai des mesures pour venir, autant que possible, au secours des communes dont les ressources ne pourront suffire aux besoins des troupes qui y seront cantonnées.

Les 7.000 hommes de troupes que vous m'annoncez devoir rester dans le département, Monsieur le baron, se trouvant sur les arrondissements de Versailles, Rambouillet et Étampes seulement et l'arrondissement de Mantes n'en ayant pas, j'ai l'honneur de vous prier de faire approvisionner le magasin central de Montfort, en pain, fourrages et avoine par cet arrondissement et cela me paraîtrait d'autant plus convenable que les ressources du canton de Montfort sont épuisées depuis longtemps et que je ne pourrai rien faire apporter à ce magasin par les cantons de Dourdan et de Limours puisqu'ils auront à loger et à nourrir toutes les troupes sous les ordres du général Emmanuel au nombre de 1.500, d'après les rapports qui me sont faits.

Rambouillet seulement a, en outre, depuis plusieurs jours, environ 1.500 hommes à cheval de la garde des Souverains alliés, et la consommation en pain et en fourrages de cette troupe se fait encore sur les cantons de Dourdan et sur le malheureux canton de Rambouillet.

LEVASSEUR.

La commune de Saint-Arnoult se plaint vivement :

Saint-Arnoult, 18 avril 1814.

Le Maire au Sous-Préfet.

MONSIEUR LE SOUS-PRÉFET,

Mille pardons si je vous importune si souvent ; mais je ne sais plus comment faire ; je m'attendais à recevoir ce matin une réponse à la lettre que j'ai remise hier à M. Dubuisson[1] qui me tracerait la marche à suivre et les moyens de parer aux besoins de fourrages et avoine dont je suis absolument dépourvu.

Le commissionnaire est passé, et je n'ai plus d'espoir de recevoir de lettre ; pourquoi je prends le parti de vous réitérer ma demande. Je vous prie, Monsieur le Sous-Préfet, de me

---

[1] Le secrétaire de la sous-préfecture.

faire connaître les communes qui ont été les moins chargées
pour que je puisse y former des réquisitions ou de donner
des ordres pour qu'il me soit fourni de quelques dépôts des
subsistances pour 461 chevaux ; il ne me reste plus rien à
Saint-Arnoult et s'il n'est pas possible de me fournir du
fourrage et avoine, il faut donc me retirer les troupes ; autrement ma commune sera victime et peut-être réduite au pillage, c'est ce que je crains.

Le commandant qui est le seul qui parle français est
absent et je suis dans le plus cruel embarras.

VIAROT, maire.

Rochefort demande la marche à suivre :

Rochefort, 18 avril 1814.

L'Adjoint au Sous-Préfet.

MONSIEUR,

Ce n'est qu'hier après-midi que m'est parvenue la copie
que vous m'avez fait passer de la lettre de M. le Préfet du
département en date du 12 courant relative aux rations de
fourrages à fournir aux troupes alliées ; je viens de la communiquer à M. le Général restant ici, il m'a dit qu'il n'avait
aucune connaissance de l'ordre de M. le Général en chef,
comte de Sacken [1] et que conséquemment la troupe devait
recevoir les rations telles qu'elles sont fixées en Russie et
qu'il ne pouvait les restreindre ; d'après vérification que j'ai
faite, elles sont à peu près pour l'avoine du double de celles
françaises ; néanmoins je me trouve obligé de continuer la
fourniture comme elle a eu lieu jusqu'à présent, la ration de
foin n'est que d'une botte ; veuillez donc bien, je vous prie, me
tracer la marche que je dois suivre en cette circonstance et
agréez l'assurance du respect avec lequel, etc...

BOIVIN.

---

[1] Gouverneur de Paris.

Le maire des Layes écrit une lettre désolée :

De la commune des Layes, 18 avril 1814.

A Monsieur le Préfet de Versailles du département
de Seine-et-Oise.

Monsieur,

Je vous donne avis qui luy a passé dans la commune des
Layes un passage de millitaire de cinq cent, et quy nous
ont fait bien du malle. Nous prion Monsieur le Préfet de
vouloir bien remédier à nos maux, vu qué ces troupes ne
nous ont donné aucun reçu. Nous avont fourny cent mesure
d'avoine, cinq cent de foin, aux environ de mille livre de
pain, deux vache, il serait bien malheureux pour notre
pauvre commune dé perdre une pareille somme, s'es
pourquoy nous prion Monsieur le Préfet de vouloir bien nous
soulager dans notre malheureuse position.

Salu et respect.

Le maire dé la commune des Layes,
Lalande.

Le maire de Montfort est débordé :

Montfort le 20 avril 1814.

Le Maire de Montfort au Sous-préfet de Rambouillet.

Monsieur,

C'est avec peine que je n'ai pu suivre ainsi qu'il le fallait,
depuis quelque tems, la correspondance ; et je n'ai pas eu
encore l'honneur de répondre à quelques-unes de vos lettres ;
il faut en attribuer la cause à la trop grande quantité d'affaires
et surtout d'embarras souvent pénibles qui m'accablent et
se renouvellent nuits et jours.

Il en est dont je dois vous rendre compte sans délai, en
vous demandant *de même* tous vos secours.

En me reportant à ma lettre du 11 de ce mois, je vous observerai que le 14 il nous est arrivé icy en station, un détachement de 30 cuirassiers de la garde impériale russe et autant de chevaux.

Deux jours après il en est venu encore en station icy avec tous les préparatifs pour s'y cantonner, 130 cuirassiers de l'Impératrice avec 150 chevaux.

Le premier de ces détachements est parti hier à deux heures pour retourner à Jouy ; le second continue tous ses préparatifs et renouvelle à chaque instant des demandes pour tous les objets, soit nécessaires, soit même superflus et tous très dispendieux, pour établir à Montfort son cantonnement ; je vous prie de ne pas oublier que dans cette position nous n'en avons pas moins le passage de tous les militaires et de tout ce qui était prisonnier de guerre allant ou venant de Dreux à Versailles. Aujourd'hui nous avons à attendre 96 officiers russes, auxquels il faut douze voitures à 3 colliers. M. le Sous-Préfet de Dreux m'a fait donner cet avis par un exprès arrivé hier au soir icy à 8 heures 1/2 en m'ajoutant qu'on l'assurait que demain, même passage aurait encore lieu et de même. J'ai donc envoyé toute cette nuit dans quelques-unes des communes voisines pour tâcher d'avoir les voitures demandées... elles deviennent beaucoup trop rares.

Il est inutile que j'aie l'honneur de vous représenter qu'il faut que l'habitant nourrisse toutes ces troupes et surtout d'une manière bien dispendieuse les cuirassiers en station ; le magasin de ce qui nous restait en blé a pourvu pour le pain, et j'ai cherché à faire un arrangement pour la viande avec deux bouchers, les seuls que nous ayons icy en état de pouvoir le faire ; il en est bien deux autres, mais qui ne peuvent être comptés comme tels en aucune manière et dans aucun tems.

Le restant du magasin de blé est bien peu de chose, et déjà il est beaucoup redû au boulanger Dumonchel.

Mais, Monsieur, voicy le plus inquiétant, le magasin de

fourrages n'a pas pour deux jours à pouvoir encore fournir, en y comprenant la fourniture qui va se faire ce matin pour aujourd'hui.

J'avais pu compter qu'il aurait encore pour un jour de plus ; le premier détachement s'est contenté de la ration ordinaire, mais le second, celui qui nous reste de 150 chevaux, exige en avoine un tiers en sus environ, c'est-à-dire pour 150 chevaux, 180 et quelques.

J'ai eu beau faire hier, vos dernières lettres en main, mes représentations à M. le Major commandant l'escadron et autres officiers, ils ne veulent point en démordre, disant que cela leur est dû et même que cette quantité leur revient pour les deux premiers jours, où elle n'a pas été fournie.

Que faire pour lors ?

L'un de nos grands malheurs c'est que dans les trois officiers qui sont icy aucun ne parle français ; un seul parle allemand et parfois, par le moyen d'un intermédiaire, nous pouvons un peu nous entendre ; hier j'ai pu m'expliquer davantage avec le Major, parce qu'est venu le voir un autre officier, cantonné à Auteuil, qui sait le français.

Il serait bien essentiel, Monsieur, que nous eussions ici un officier parlant français ou un interprète ; je suis persuadé qu'il y a déjà eu trop de malentendus, d'équivoques, faute de pouvoir s'entendre ; ce qui peut devenir très fâcheux ; je vous supplie, Monsieur, de prendre cet article dans la plus grande considération.

Je reviens à celui des fourrages, comment allons-nous pouvoir faire des réquisitions dans des communes déjà épuisées de toutes manières auxquelles il ne reste plus que leur consommation.

Mais, aux Mesnuls, il y a aussi un détachement de 60 cuirassiers en station, et le maire a fait des réquisitions dans des communes voisines ; celui de Mareil m'a fait voir hier celle qu'il en avait reçue.

Méré a un détachement de 30 hommes stationné, il y en

a un autre à Auteuil, à l'un des Neauphle, je crois que c'est
le Château, un autre à Saulx-Marchais, un à Beine et. .
qui sans doute requisitionnent dans leur voisinage; voilà,
Monsieur, la position : vous concevez tout ce qu'elle a de
pénible.

J'y ajouterai qu'à Millemont et La Queue il y a 500 cosaques
campés depuis avant-hier, qui font des réquisitions dans
tous les voisinages; le maire de La Queue m'envoye exprès
sur exprès pour me demander conseils et secours ; je ne puis
lui être utile en aucune façon.

Voicy, Monsieur, un autre article dont il serait bien important d'être débarrassé ; les deux détachements, chaque
jour, m'ont fait des demandes de chevaux de selle et de
petites voitures pour conduire, principalement à Maule, où
il y a un chef supérieur, et ailleurs, de leurs cuirassiers
comme ordonnances ou chargés de quelques commissions.

Quelques-uns de ces chevaux et voitures ne sont pas
revenus encore ; aussi plusieurs de nos habitants marchands,
ouvriers, car il n'y a pas icy deux chevaux de luxe, ont pris
le parti de se défaire de leurs chevaux, d'autres de les éloi-
gner du païs, mais les troupes qui ont leurs chevaux, pourquoi se servir de ceux des autres, auxquels ils font alors le
plus grand dommage ; hier à 9 heures du soir, on m'a
demandé une voiture bourgeoise, la seule qui soit icy, avec
deux chevaux à y mettre pour conduire l'un des officiers à
Paris ; fort de la lettre que je venais de recevoir de vous, et
dans laquelle étaient insérées quelques instructions et un
ordre du jour du général des Russes, j'ai refusé et m'appuyant
de plus sur la quantité de voitures à fournir pour le transport des officiers de la même nation aujourd'hui et vraisemblablement demain encore ; à trois heures cette nuit l'on est
venu me demander seulement les deux chevaux, j'ai continué
le refus.

Je ne puis douter, Monsieur, que le tableau d'une telle
position, auquel je pourrai ajouter plusieurs autres détails,

portera toute votre sollicitude à nous secourir de toutes vos
forces ; vous voyez combien nous en avons le plus grand et
le plus prompt besoin.

DELARIBARDIÈRE-MONESTIER.

Levasseur fait parvenir au préfet une lettre du maire de
Monfort et une autre de celui de Rochefort.

Rambouillet, 20 avril 1814.

Le Sous-Préfet au Préfet.

MONSIEUR LE BARON,

J'ai l'honneur de vous adresser en original une lettre que
je viens de recevoir de M. le Maire de Montfort.

Non seulement mon autorité est méconnue partout, mais
vous verrez aussi, par les demandes exagérées de toute nature
qu'on ne cesse de faire, qu'on n'a aucun égard aux mesures
prescrites par l'autorité supérieure militaire pour le rétablissement de l'ordre dans nos malheureuses campagnes.

LEVASSEUR.

P.-S. — Ma lettre écrite, j'en reçois une du maire de
Rochefort que je crois devoir aussi vous envoyer. Le camp de
Limours est à une lieue de Rochefort, m'est-il possible de
faire quelque chose pour cette dernière commune ?

Lettre du maire de Rochefort :

Rochefort, 20 avril 1814.

*A M. le Sous-Préfet.... .... L'adjoint en lieu et place
du maire décédé.*

MONSIEUR,

Jusqu'à présent je suis parvenu avec beaucoup de peine à
fournir aux besoins des troupes prussiennes et russes stationnées dans ma commune depuis le 4 de ce mois sans
interruption. Votre lettre du 6 de ce mois a favorisé les

réquisitions que j'ai été contraint de faire dans les communes voisines, mais depuis deux jours ces réquisitions sont tellement restreintes par l'effet de celles que vous frappez pour ce qui vous est relatif que je ne sais quel moyen emploïer pour parvenir à la subsistance du régiment des chasseurs russes Nieschinski resté en station.

Veuillez donc bien, Monsieur le Sous-Préfet, m'indiquer une marche fixe et invariable pour que je puisse subvenir aux besoins de ce corps ; ma commune, vous la connaissez, ses ressources presque nulles sont entièrement épuisées et je ne connais plus de moyens, si vous ne venez pas à mon secours pour éviter les mauvais traitemens et la dévastation de mon pays.   BOIVIN.

La force du corps stationné à Rochefort et à Longvilliers en ce moment est

Rochefort...........	200 hommes	188 chevaux
Longvilliers.........	69 —	69 —
	269	257

parmi les hommes se trouvent un général, un colonel et leurs officiers.

Veuillez bien je vous prie, Monsieur le Sous-Préfet, me répondre par le porteur tant sur la présente que sur ma lettre relative aux rations de fourrages des troupes alliées.

Le maire de Millemont ne sait comment faire :

Rambouillet, 20 avril 1814, huit heures du soir.

Le Sous-Préfet au Préfet.

MONSIEUR LE BARON,

Je reçois à l'instant une lettre de M. le Maire de Millemont, canton de Montfort, par laquelle il m'annonce que 500 cosaques sont arrivés le 18 dans sa commune, et il me prie de lui indiquer quels moyens il doit employer pour pourvoir à leur subsistance et à celle de leurs chevaux.

Ces 500 hommes étaient primitivement destinés à occuper 15 communes de l'arrondissement de Mantes dont vous trouverez l'état ci-joint, qui limitent celui de Rambouillet, et il paraîtrait qu'ils sont venus se fixer en la commune de Millemont sans aucun ordre supérieur ; en conséquence, Monsieur le baron, j'ai cru devoir répondre à M. le Maire de Millemont que les 15 communes ci-dessus devaient concourir avec la sienne, sinon au logement du moins à la nourriture des chevaux et des hommes.

Comme il n'existe aucun ordre, je ne puis pas deviner si la totalité de cette troupe campera à Millemont ou bien si elle sera disséminée d'après l'état qui m'a été envoyé ; j'ai l'honneur de vous le répéter, Monsieur le baron, si les choses ne changent pas, je ne puis plus répondre de rien et les fourrages se disputent de camps à camps et de postes à postes ; dans ce désordre il est impossible de s'y reconnaître, et je ne sais plus à quel saint me vouer malgré tout mon courage et toute mon activité.   L_EVASSEUR.

P.-S. — Au moment même où j'achève, une lettre m'arrive des cultivateurs de Boinville et autres communes environnantes (canton de Dourdan), à qui j'avais fait des réquisitions, pour notre magasin, très pressantes et très importantes, qui se plaignent d'être requis de toutes parts pour de nouveaux approvisionnements de toute nature, notamment de la part du maire de Saint-Arnoult, très honnête et très zélé fonctionnaire, mais qui, dans la position où il se trouve s'accroche à toutes les branches.

Levasseur constate que son autorité est de plus en plus méconnue :

Rambouillet, 20 avril 1814.

Le Sous-Préfet au Préfet.

M_ONSIEUR LE B_ARON,

D'après les réclamations nouvelles dont je suis accablé de toutes parts, je prends la liberté de vous rappeler encore la pénurie en tout genre où se trouve mon arrondissement.

Non seulement il m'est impossible d'alimenter les magasins centraux de Rambouillet, Dourdan, Chevreuse et Montfort, mais je me trouve hors d'état de faire vivre les chevaux de la portion des 7.000 cavaliers que ce département doit conserver, ainsi que les chevaux de la garde des Souverains alliés qui occupent notre ville, et les chevaux de S. M. qui sont revenus d'Orléans et de Fontainebleau à Rambouillet au nombre de plus de 800.

D'ailleurs, Monsieur le baron, mon autorité est méconnue, comme vous le verrez par la lettre ci-jointe de M. le maire de Voisin-le-Bretonneux. Je pourrais vous en envoyer beaucoup d'autres, et les réquisitions partielles continuent comme vous avez pu vous en convaincre par une lettre de M. le maire de Galluis-la-Queue.

Il est de la plus grande urgence que les agents de l'administration des vivres et fourrages se rendent dans ces contrées et cela sans délai, sans quoi je ne pourrais pas répondre du service, et il pourrait s'en suivre les plus grands désordres.

Je le répète, Monsieur le baron, on trouverait, par le moyen des achats ou par réquisition dans le département d'Eure-et-Loir, du foin, de l'avoine, des vaches et du vin en abondance. Quant à du pain nous en avons encore.

LEVASSEUR.

P.-S. — Ne vous paraîtrait-il pas convenable, Monsieur le baron, que les ordres du jour, émanant des généraux Sacken et Barclay de Tolly, fussent imprimés en langues russes et allemandes, attendu qu'aucun des maires n'est en état d'en donner l'explication aux troupes cantonnées dans leurs communes.

Rambouillet est encombré de troupes :

Rambouillet, 20 avril 1814.

Du même au même.

Monsieur le Baron,

L'état-major de la division de M. le général Dufour composé d'un chef d'état-major, d'un grand nombre d'officiers et de 40 chevaux environ, se trouve en cette ville depuis plusieurs jours où il contribue à consommer mes ressources en fourrages et à surcharger de logement les habitants déjà encombrés de troupes alliés de toutes armes.

Cet état-major ne m'ayant pas fait connaître l'ordre qu'il a reçu de se rendre ici, ne présumant pas que cet endroit puisse être sa destination, je viens de prendre le parti d'écrire au chef pour l'inviter à se diriger avec sa suite sur Versailles pour y recevoir une destination.

Je pense, Monsieur le baron, que vous approuverez cette démarche qui, d'ailleurs, rentre dans la disposition de la circulaire de M. le commissaire du gouvernement provisoire du département de la guerre en date du 15 de ce mois.

Levasseur.

Le maire des Essarts fait parvenir au sous-préfet deux lettres lamentables :

Aux Essarts, 21 avril 1814.

Le Maire de la commune des Essarts, à M. le Baron Delaitre, Préfet du département de Seine-et-Oise, officier de la Légion d'honneur.

Monsieur le Baron,

J'ai l'honneur de vous exposer que notre commune est dans un état de crise la plus affreuse, dénuée de ressources de toutes espèces, tant par le Dépôt qui y a stationné depuis le 2 février jusqu'au 30 mars, que par les réquisitions de tout genre faites par les troupes russes, prussiennes et cosaques qui se font journellement matin et soir avec des

menaces incendiaires, et comme il est impossible que la
commune puisse satisfaire à toutes leurs demandes, hier ils
ont fait mains basses sur moi, me frappant de coup de pied et
me bourrant de coup de poing pendant plus de deux heures;
notre commune était en ce moment sur le point d'être mise
au pillage par ces brigans au nombre de cinquante-cinq, sy
je n'eusse pris la précaution d'appeler les communes voisines
à notre secours qui, au bout de deux heures, sont arrivés
armés en grand nombre pour les chasser, sans pourtant se
servir d'armes, ayant à craindre ou le vol ou le pillage par
cent soixante hommes, d'autres troupes logées en ce moment
dans notre commune de qui nous n'avons point à nous
plaindre mais quelqu'uns d'entre eux ont été assez honnêtes
pour en prévenir.

Enfin, ces malheureux après nous avoir sacrifiés pour leur
fournir ce que nous avons pu, ils ont mis le feu à tout ce qui
restait de foin à leur bivouac et ont gaspillé le reste de leurs
vivres.

Je compte sur votre protection, Monsieur le baron, d'après
la promesse verbale que j'ai eu l'honneur de recevoir de
vous le 10 de ce mois, et j'attends avec confiance solution de
de ma juste demande.

Giffard,
maire.

P.-S. — Ce sont les cosaques qui se sont portés à tous
ces excès.

Du même au même, 21 avril.

Il a été placé lundi dernier en notre commune un piquet
de quatre cuirassiers, qui, suivant l'ordre qu'ils m'ont exhibé
y sont stationnés pour la correspondance de S. M. l'Empereur d'Autriche. Je les ai logés chez M. Duval sur la route
de Rambouillet à Versailles, je l'ai chargé de nourrir les
hommes, et moi me suis chargé de nourrir leurs chevaux.
Ces quatre hommes exigent la nourriture pour douze hommes

au moins, le sieur Duval leur fournit par jour de dix à douze
bouteilles de vin et la viande en proportion avec les autres
comestibles ; de mon côté je leur fournis la ration pour huit
chevaux en avoine et foin, tous ces vivres sont pour quatre
chevaux et quatre hommes, et s'il y a un peu de retard sur
leurs demandes, ce ne sont plus des hommes, mais bien des
lions déchaînés, si je ne suis point chez moi lorsqu'ils y
viennent pour le fourrage, mon habitation étant éloignée de
la commune, ne pouvant presque pas m'absenter de la mairie,
ce sont de leur part des menaces terribles et qui me met-
traient dans le cas d'abandonner non seulement mon habitation, mais la commune.

Lorsque j'ai reçu votre circulaire en date du 17 de ce mois
relative aux subsistances des troupes, j'ai cru devoir m'en
appuyer, je leur ai fait quelques observations à cet égard,
tout devient inutile, enfin je suis sur le point d'être égorgé
d'un instant à l'autre, ou quelqu'un de ma famille, par ces
êtres sans raison.

Veuillez donc bien, Monsieur, je vous en supplie le plus
humblement, prendre notre position en considération et
mettre ordre à des événements fâcheux qui pourraient arriver, j'ose espérer de vous cette douce satisfaction.

Le maire de Saint-Hilarion est dans la même situation

A M. le Préfet de Seine-et-Oise.

Monsieur le Baron,

J'ai reçu votre circulaire, en date du 17 courant, avec
l'ordre du jour de M. Barclay [1] de Tolly ; mais je ne les ai
reçus qu'hier, 21 ; et depuis huit jours ma commune est dans
une situation si pénible que, malgré tout mon zèle, toute ma
fermeté et tous mes sacrifices personnels, je crains, à chaque

---

[1] Barclay de Tolly, fel-maréchal russe, né en Livonie en 1755.

instant, que le désespoir ou la pénurie ne fasse naître le pillage et le meurtre.

Cette commune est très petite et très pauvre : quatre-vingt
chaumières habitées par de malheureux journaliers ; six
fermes un peu moins infortunées, mais épuisées depuis longtemps par une foule de réquisitions en tout genre ; voilà ce
qui la compose ; et cependant, depuis huit jours, elle doit
loger et nourrir 420 Autrichiens, 18 Russes, 7 cosaques
et 40 chevaux. Les grenadiers autrichiens reçoivent, il est
vrai, du pain et de la viande, mais ce n'est que depuis deux
jours ; et, loin de s'en contenter, ils les vendent pour exiger
ensuite ce que les malheureux habitants ne peuvent pas donner ou ne donnent qu'en se privant eux et leurs familles
du strict nécessaire.

J'ai dernièrement envoyé au camp de Limours 1.800 livres
de farine, 80 mesures d'avoine et 500 livres de viande,
triste et dernière ressource de cette commune ; et, des trois
voitures consacrées au transport, l'une, attelée de deux forts
chevaux a été contrainte de marcher par delà, et le malheureux propriétaire, n'ayant revu sa voiture ni ses chevaux se
trouve ruiné.

Je ne vous dirai pas les immenses sacrifices que j'ai faits
dans cette circonstance étrange : qu'il vous suffise d'apprendre qu'avec une fortune assez considérable, il ne me
reste ni argent, ni provisions en aucun genre et que dans
huit jours je serai forcé de vendre tous mes chevaux et de
fermer ma maison, si votre justice n'apporte un remède à
tant de maux.

Je ne regrette sans doute aucun sacrifice, mais ma commune et moi ne pouvons faire l'impossible et voilà la seule
raison de mes réclamations.

Certain que vous les trouverez fondées, j'ose espérer que
vos soins paternels s'étendront sur les pauvres cultivateurs
de ce pays, partie essentielle de vos administrés, et que, bien
pénétré de leur affreuse position, vous prendrez les mesures

les plus promptes et les plus sûres, pour ne pas livrer cette
commune aux maux inséparables de la famine.

Messieurs les généraux des hautes puissances alliées
connaissent sans doute les intentions généreuses et amicales
de leurs souverains et, convaincu que ces augustes souverains veulent épargner un peuple qu'ils estiment et auquel ils
viennent rendre le repos et le bonheur, j'ose croire qu'il suffit de faire exécuter leurs ordres pour assurer la tranquillité
générale.

Pour M. de Saint-Didier,
Mermet.

Au château de Voisin, le 22 avril 1814.

Le 22, le préfet répond au maire des Essarts :

A Monsieur le Maire des Essarts,

Je reçois, Monsieur, les deux lettres que vous m'avez
adressées le 21 de ce mois pour me donner connaissance
de tous les désordres qui se commettent par les troupes
alliées cantonnées dans votre commune au nombre de
140 autrichiens, 55 cosaques et 6 domestiques.

Je n'ai cessé de faire des représentations au gouvernement
et aux généraux commandant les troupes des puissances
alliées, sur de pareilles plaintes qui me sont adressées de
toutes parts, mais jusqu'à ce jour elles n'ont point été
écoutées.

Je fais de nouvelles instances auprès de M. le maréchal
Barclay de Tolly en lui adressant copie de vos deux rapports, et je le prie de vouloir bien donner des ordres pour
faire cesser les vexations que se permettent les troupes sans
commandement, envers les malheureux habitants.

En attendant et pour éviter de plus grands inconvénients,
je vous engage, Monsieur, à user de tous les moyens qui
sont en votre pouvoir pour assurer aux troupes cantonnées
dans votre commune la subsistance aux hommes et la nourriture aux chevaux.

Levasseur applaudit aux mesures proposées par le Préfet.

Rambouillet, 22 avril 1814 [1].

MONSIEUR LE BARON,

J'ai reçu aujourd'hui votre circulaire du 20 de ce mois, qui ordonne la convocation des conseils municipaux et des maires à l'effet d'aviser au moyen de trouver les fonds nécessaires pour faire acheter les vivres et fourrages nécessaires pour les troupes alliées. J'ai fait partir cette circulaire pour toutes les communes de mon arrondissement, et elle parviendra sur les points les plus éloignés dans la matinée de demain, de sorte que la réunion des conseils peut avoir lieu dimanche et les assemblées cantonnales mardi.

Le moyen que vous proposez, Monsieur le baron, est véritablement le seul qui nous reste pour sauver ce malheureux pays du pillage et de la dévastation, et sans doute toutes les communes qui ont encore quelques ressources vont s'empresser d'adopter le projet bienfaisant de leur digne administrateur.

Mon arrondissement surtout y gagnerait puisqu'à lui seul il supporte le tiers des charges du département, sans y comprendre les 1.500 hommes autrichiens qui sont à Rambouillet depuis huit jours pour la garde de S. A. I. l'archiduchesse Marie-Louise.

Le délai que son exécution va entraîner m'effraye ; seulement la réunion des délibérations et le recouvrement des premiers deniers demandent au moins deux ou trois semaines, et mon arrondissement n'a pas de ressources en ce moment pour plus de quatre jours.

Ne serait-il pas possible, Monsieur le Baron, qu'après avoir fait le calcul approximatif des dépenses que doivent occasionner les 7.000 hommes cantonnés dans le département, vous en fissiez de suite la répartition entre les communes en

[1] Archives de Seine-et-Oise.

prenant pour base la contribution et que vous en ordonnan-
ciez la rentrée ? Que de lenteurs on éviterait.

Voici la dépense présumée d'un cavalier :

1 ration double d'avoine à 10 fr. l'hectolitre.	1 50
1 ration simple de foin à 75 fr. les 1.000 kil.	0 75
1 ration de paille à 40 francs..............	0 40
2 livres de pain à 12 centimes 1/2........	0 25
1 livre de viande......................	0 40
2 bouteilles de vin.....................	0 70
Eau-de-vie....	0 30
Légumes, tabac, etc	0 30
	4 50

Vous pourriez donc calculer comme dépense journalière
de 30.000 francs au moins, en supposant que les prises se
fissent dans les magasins centraux avec ordre et sans gas-
pillage.

Si vous adoptiez, Monsieur le baron, le plan que j'ai l'honneur de vous proposer, il serait nécessaire que vous appellas-
siez auprès de vous des employés qui, avec l'argent que les
communes seraient tenues de fournir, feraient immédiatement
leurs achats en tout genre dans les départements non occupés tels que l'Eure et Eure-et-Loir, puisque celui que vous
administrez est dépourvu de tout.

Levasseur est reçu par le général russe.

Rambouillet, 23 avril 1814.

Le Sous-Préfet au Préfet.

Monsieur le Baron,

J'ai reçu votre lettre d'hier qui était accompagnée de celle
du général Sacken, relativement à la demande de Mme de Bruix,
tendante au soulagement des troupes stationnées dans les
communes de Limours, Bonnelles et les Molières.

Comme l'autorité civile doit nécessairement céder à celle
militaire pour l'ordre des cantonnements, j'ai dû, en consé-

quence, consulter M. le général russe, logé en ce palais, par rapport à cette affaire. Ce général, infiniment honnête et qui connaît très bien les embarras et l'épuisement des ressources de cet arrondissement, m'a donné le conseil d'envoyer directement au général Emmanuel qui commande à Limours et votre lettre et celle de M. le général Falken pour que ce général d'avant-garde avise aux moyens qu'il croira convenables, de mesurer ses cantonnements sur la force et les ressources des communes qui sont sous son commandement, et je vais donc lui écrire en conséquence.

Comme vous l'observez bien dans votre lettre, toutes les communes sont plaignantes et vous devez concevoir qu'il m'est impossible de répondre à leurs réclamations ; aussi je n'ai qu'une chose à leur dire : faites pour le mieux.

LEVASSEUR.

Rambouillet. 24 avril 1814, huit heures du soir.

Le Sous-Préfet au Préfet.

MONSIEUR LE BARON,

Au désir de votre lettre d'hier, il va être envoyé des commissaires dans les communes de Maurepas, Coignières, Saint-Rémy, etc., à l'effet de vérifier si ces communes sont réellement aussi dépourvues de ressources qu'elles l'annoncent.

J'ai déjà eu l'honneur, Monieur le baron, de vous faire connaître l'état déplorable de cet arrondissement et je pense qu'effectivement les communes ci-dessus ne présentent plus de ressources ; au surplus j'aurai l'honneur de vous tenir exactement informé du rapport qui me sera fait à ce sujet.

LEVASSEUR.

Les troupes autrichiennes, stationnées à Saint-Hilarion, ont quitté cette localité.

Rambouillet, 24 avril 1814, huit heures du soir.

Le Sous-Préfet au Préfet.

MONSIEUR LE BARON,

Les troupes autrichiennes qui étaient cantonnées dans la commune de Saint-Hilarion faisaient partie de celles qui avaient été envoyées à Rambouillet pendant le séjour de S. A. I. l'archiduchesse Marie-Louise et son fils; elles sont toutes parties hier matin.

La ville ne pouvant fournir les logements et les vivres à toute la troupe, il en avait été, de concert avec le général autrichien, envoyées dans les communes environnantes et à Rambouillet comme ailleurs, il y avait à loger et à nourrir chez chaque habitant, quatre, six et même huit hommes, et dans les fermes, 10, 15, 20, 30 hommes et autant de chevaux.

J'ai su qu'effectivement ces troupes n'avaient pas tenu une conduite très régulière, mais vous penserez sans doute comme moi, vu les difficultés de trouver les coupables que leur départ doit faire cesser toutes les plaintes; au surplus, Monsieur le baron, j'ai vu hier le général autrichien au château, au moment du départ, qui m'a représenté un certificat de bien vivre qui avait été délivré par le maire de Saint-Hilarion à M. le commandant de la troupe cantonnée dans sa commune et un autre délivré par le maire d'Auffargis.

LEVASSEUR.

Le département est libéré des fournitures à faire aux armées étrangères.

Versailles, 24 avril 1814.

Le Préfet au Sous-Préfet,

A MONSIEUR LE SOUS-PRÉFET DE RAMBOUILLET,

M. le commissaire ordonnateur Desirat m'annonce, par sa lettre de ce jour, Monsieur, que le département de Seine-et-Oise se trouve entièrement libéré de toutes fournitures de

fourrages envers la cavalerie autrichienne à partir du 23 de
ce mois, ce service étant assuré par un marché passé à Paris.
Ces troupes ont déjà reçu une assignation de 2.000 bottes
de foin et de 200 setiers d'avoine sur Pont-Sainte-Maxence.

Veuillez donner sur le champ connaissance de ces dispositions aux maires de votre arrondissement en leur recom-
mandant de tenir la main à ce qu'aucune fourniture de fourrages et avoine ne soit plus faite par leurs communes à la
cavalerie autrichienne.

Dans le cas où quelques fournitures de ce genre auraient
été faites pour la journée du 23, vous voudrez bien m'en
adresser l'état appuyé de bons ou reçus afin que je puisse
en provoquer le remboursement.

Le maire de la ville de Rambouillet demande au sous-
préfet que la garde du Palais soit retirée :

MONSIEUR LE SOUS-PRÉFET,

J'ai déjà écrit différentes fois à M. Famin, architecte de la
Couronne, pour le prier de faire retirer le sous-officier et les
6 dragons prussiens composant la sauvegarde qu'il a fait
établir pour le château. Ces militaires, qui devraient être
nourris par l'Administration des Domaines, sont à la charge
des habitants depuis les premiers jours de ce mois ; cependant leur service nous est parfaitement inutile puisque nous
avons ici environ 80 chasseurs russes sous les ordres
d'un major qui est spécialement chargé de maintenir
le bon ordre dans le pays ; vous connaissez, Monsieur, le zèle
et les excellentes dispositions de M. le Major russe et sans
doute le Palais sera bien en sûreté sous la garde des
hommes qu'il commande.

Indépendamment des frais dont la ville fait l'avance pour
la nourriture et l'entretien de la sauvegarde prussienne, les
militaires qui la composent me font éprouver toutes sortes
de désagréments ; ils sont extrêmement exigeans et querel-
leurs ; du matin au soir ils font tapage soit au bureau mili-

taire, soit à leurs logemens ou au magasin des fourrages ;
ce sont des injures et des menaces continuelles dont le
moindre inconvénient est d'interrompre sans cesse les
employés de la mairie dans le travail.

Je vous prie, en conséquence, Monsieur, de vouloir bien
demander le prompt rappel de ces militaires dont la présence
est parfaitement inutile ici, surtout depuis que M. le lieutenant de gendarmerie est rentré avec tous les gendarmes
sous ses ordres.

DELORME.

Levasseur demande des ordres au préfet :

Rambouillet. 25 avril 1814.

MONSIEUR LE BARON,

Je m'empresse de vous faire passer une lettre de M. le
Maire de cette ville que je reçois à l'instant, je vous supplie
d'employer votre autorité pour faire retirer dans le plus
bref délai la sauvegarde du château, qui n'en est point une,
puisqu'elle commet tous les excès possibles, ainsi que vous
le verrez par la lettre de M. Delorme.

Je ne puis remédier aux désordres qui ont lieu sur tous
les points de mon Arrondissement et pour lesquels je reçois
des plaintes très affligeantes et continuelles.

Voici la situation du magasin de cette ville :

3.000 bottes de foin ; 1.612 bottes de paille ; 139 hectolitres d'avoine.

S'il en faut davantage, je ne sais où prendre le surplus.
J'ai tout le courage possible, je fais les plus grands efforts,
je console les affligés, je donne l'espoir de l'évacuation très
prochaine des troupes, je fais tout ce que je peux, soiez en
bien persuadé.

LEVASSEUR.

Le préfet répond par un exprès :

Versailles, 26 avril 1814.

A M. le Sous-Préfet de Rambouillet.

Je m'empresse de répondre, Monsieur, à votre lettre en date d'hier soir à laquelle était jointe celle de M. le Maire de Rambouillet.

Un ordre du jour de M. le Gouverneur de Paris, inséré dans le *Moniteur* d'hier, porte :

« Les propriétaires auxquels il a été accordé un ou plu-
« sieurs militaires comme sauvegardes sont priés de les
« renvoyer à Paris, lorsqu'ils ne leur seront plus néces-
« saires et de pourvoir à leur frais de route. »

Veuillez faire exécuter cette disposition à l'égard des militaires formant la sauvegarde du château de Rambouillet.

Les cantonnements des troupes sont changés :

Rambouillet, 27 avril 1814. [1]

Le Sous-Préfet au Préfet.

MONSIEUR LE BARON,

J'ai reçu ce matin une lettre de M. le commissaire ordonnateur de Versailles dans laquelle il m'annonce qu'il s'est entendu avec vous pour changer les cantonnements des troupes qui se trouvent dans les communes épuisées de Coignières, Maurepas, Saint-Rémy-l'Honoré et Le Mesnil-Saint-Denis, et il me désigne en place celles non moins malheureuses des Bréviaires, Saint-Léger, les Essarts et Auffargis.

Vous verrez, Monsieur le baron, par ma réponse dont j'ai l'honneur de vous transmettre copie, que je lui rends compte fidèlement de la situation déplorable dans ces communes. J'ai reçu une lettre dans le même sens de M. le capitaine qui commande dans la commune de Saint-Rémy, et je lui ai fait la même réponse en l'invitant, s'il le jugeait à propos, d'envoyer des commissaires dans ces communes pour l'assurer si elles avaient encore des ressources.

[1] Archives de Seine-et-Oise.

Autre lettre dans le même sens :

Rambouillet, 28 avril 1814.

Du Sous-Préfet au Préfet.

MONSIEUR LE BARON,

Ainsi que vous m'en avez donné l'ordre par votre lettre du 25 de ce mois, j'ai fait vérifier par un commissaire la quantité de fourrage et d'avoine qui restent dans les communes de Coignères, Saint-Rémy-l'Honoré, Maurepas et Jouars-Pont-Chartrain.

J'ai l'honneur de vous adresser les procès-verbaux qu'il a dressés.

Vous verrez que ces malheureuses communes n'ont pas la dixième partie des fourrages qu'elles devraient avoir en ce moment pour la consommation de leurs bestiaux, et ce qui vient encore augmenter leur malheur, c'est qu'elles ont un cantonnement de deux cent soixante cuirassiers russes à qui elles fournissent vivres et fourrages.

Le sous-préfet propose d'envoyer des commissaires dans le canton de Montfort :

Rambouillet, 28 avril 1814.

Le Sous-Préfet au Préfet.

MONSIEUR LE BARON,

Puisque vous le désirez, je vais envoyer des commissaires dans le canton de Montfort pour y reconnaître les ressources de chaque commune, mais je sais d'avance qu'ils ne trouveront rien. Je n'ai jamais donné d'autorisation à M. le Maire de Millemont de requérir sur l'arrondissement de Mantes. Seulement un officier de cosaques s'est présenté chez moi avec une lettre par laquelle il demandait quelles étaient les communes voisines de Millemont, où on pouvait placer des piquets en cantonnement. Je lui indiquai indifféremment toutes celles qui l'entourent de mon arrondissement, comme de celui de Mantes ; j'ai su depuis que le commandant s'était

refusé à cette mesure et je n'ai appris qu'aujourd'hui que
M. le Maire de Millemont requerait sur Mantes.

Le camp de Millemont comporte 435 cosaques ; avant de
se placer à Millemont, cette troupe a séjourné longtemps à
La Boissière et à Mittainville, elle a vécu aux dépens du
canton de Rambouillet et non sur les vivres et fourrages du
camp de Limours.

Je ne sais quelles sont les communes du canton de Montfort qui sont occupées par les cuirassiers russes ou qui y
prennent des fourrages, et ce n'est qu'aujourd'hui seulement
que j'ai pu connaître les cantonnements de S. E. le général-
major Emmanuel et j'ai l'honneur de vous en adresser le
double.

Le territoire de la commune de Millemont est de sept
hectares de prés et de 52 hectares de terres labourables, la
population est de 196 individus ; vous concevez, Monsieur
le Baron, que 435 hommes et autant de chevaux ont dû
épuiser les ressources d'une aussi faible commune en un jour.

Voici la liste des communes de l'arrondissement de
Mantes où il devait être placé des piquets. J'écris à l'instant
à M. le Maire de Millemont pour lui défendre de faire de
son chef de nouvelles réquisitions sur cet arrondissement,
mais je vous prie, Monsieur le Baron, de prendre de
promptes mesures pour alimenter ce camp, puisque toutes
les communes de cet arrondissement sont ou occupées ou
désignées par les autorités militaires pour fournir à d'autres
troupes, entre autres celles qui entourent Millemont telles
que Laqueue, Montfort, Méré, les Mesnuls, Bazoches, etc.

Par les procès-verbaux que j'ai l'honneur de vous transmettre aujourd'hui, vous verrez la situation de 4 communes
de cet arrondissement, elle est la même que partout.

LEVASSEUR.

P.-S. Minuit. — M. le Maire de la commune d'Orvilliers,
accompagné d'un officier cosaque, s'est présenté chez moi,

et c'est par lui que j'ai su que le Maire de Millemont frappait des réquisitions sur l'arrondissement de Mantes ; j'ai fait lever sur le champ celle qui était faite sur Orvilliers, et j'ai engagé M. le Maire à vouloir bien aller en rendre compte ce matin à M. le Sous-Préfet de Mantes ainsi qu'au Maire de Millemont.

Ci-jointe une lettre de M. le Maire de Boissy-sous-Saint-Yon par laquelle vous verrez la position de cette commune.

La commune du Perray envoie une délibération à Versailles directement :

Le Perray, 28 avril 1814.

Le Maire de la Commune du Perray près Rambouillet à Monsieur le Préfet du département de Seine-et-Oise.

Monsieur,

J'ai l'honneur de vous adresser une délibération du Conseil municipal de la commune du Perray en date du 20 avril présent mois, dont j'ai remis dès le 21 une expédition à M. le Sous-Préfet de Rambouillet.

Nonobstant toutes les charges imposées à la commune et qui sont détaillées dans cette délibération, les secrétaires et employés de la Mairie de Rambouillet n'ont pas cessé d'envoyer à loger et à nourrir dans cette commune les troupes qui arrivent dans la ville de Rambouillet ; le 26, ils nous ont envoyé cent croates ; le 27 hier, ils nous ont envoyé vingt gendarmes et leurs chevaux, il a fallu fournir des vivres aux hommes, aux chevaux, même aux officiers.

Si la ville de Rambouillet était surchargée de logement comme dans les grands passages, la commune du Perray ne se refuserait pas de faire encore quelques sacrifices, mais dans ce moment qu'il n'y a pas de troupes à Rambouillet ni de grands passages, la commune du Perray doit-elle loger ?

J'aurais pensé que M. le Sous-Préfet aurait donné des ordres pour que l'ordre se rétablisse, mais il favorise la ville de Rambouillet dont il était maire avant d'être sous-préfet.

La plus grande partie des habitants de cette commune s'est décidée à abandonner leurs maisons. Déjà plusieurs l'ont fait. J'ai engagé les autres à rester dans la persuasion que vous rendriez justice à la commune.

Je vous supplie, Monsieur le Préfet, de prendre des mesures pour que le désordre, qui a régné dans la charge des logements militaires, n'ait plus lieu, et de donner des ordres à la mairie de Rambouillet pour qu'elle n'envoie plus de militaires à loger et nourrir dans la commune du Perray, que dans les grands passages.

La commune du Perray a toujours à sa charge les huit cavaliers russes postés au Perray pour la correspondance ; elle est obligée de nourrir les hommes et leurs chevaux.

Le préfet retourne la délibération par exprès à Levasseur :

Versailles, 29 avril 1814 [1].

A M. le Sous-Préfet de l'arrondissement de Rambouillet.

Je vous renvoie, Monsieur, la délibération prise le 20 de ce mois par le conseil municipal de la commune du Perray.

M. le Maire me fait connaître en même temps, par sa lettre du 28, l'épuisement de toutes les ressources et l'état de détresse de ses malheureux habitants qui sont décidés à abandonner leurs maisons et dont plusieurs l'ont déjà fait.

Je vous prie, Monsieur, de prendre en considération la fâcheuse position de cette commune et de la faire dispenser autant que possible du logement des troupes de passage.

Levasseur ne peut plus faire de réquisitions :

Rambouillet, 29 avril 1814.

MONSIEUR LE BARON,

Toutes les communes de mon arrondissement ont des troupes en cantonnement ou sont adjointes à d'autres pour contribuer à fournir vivres et fourrages.

[1] Archives de Seine-et-Oise.

20

Je ne puis, par conséquent, faire des réquisitions puisqu'elles n'ont plus rien à offrir aux troupes qu'elles ont à nourrir et à loger.

Cependant, il résulte de l'état de situation du magasin de fourrages de Rambouillet qu'il y reste seulement :

1.200 bottes de foin de 10 fr.

  525   —   de paille de 10 fr.

   33 hectolitres d'avoine.

Cette quantité va être épuisée par le premier passage de cavalerie et il ne reste plus rien.

Je vous en supplie en conséquence, Monsieur le Baron, de prendre promptement des mesures pour faire approvisionner de suite le magasin de Rambouillet, soit par voie de réquisitions dans des contrées non épuisées comme il me paraît malheureusement que trop vrai que beaucoup sont à leur dernière ressource, soit par des réquisitions.

J'attends de votre sollicitude un prompt secours sans quoi je me trouverais dans le plus cruel embarras et les troupes seront obligées d'aller de Chartres à Versailles, sans recevoir de fourrages à Rambouillet quand la quantité ci-dessus sera épuisée ; c'est ma dernière ressource.

Le général russe campé à Millemont demande au sous-préfet des fourrages pour sa troupe :

29 avril 1814.

Le Sous-Préfet au Préfet M. Delaître.

Monsieur le Baron,

Un sous-officier des cosaques m'a apporté une lettre de M. le Général commandant du camp de Millemont.

Cette lettre était écrite en russe que je n'entends pas et le porteur ne parle pas français, mais autant que j'ai pu me faire expliquer par un habitant de cette ville qui a parlé allemand avec lui, elle a pour objet de me prier de requérir des fourrages pour sa troupe sur plusieurs communes de l'arrondissement de Mantes.

J'ai l'honneur de vous transmettre la lettre de M. le Général et la copie de ma réponse.

P. S. — La force du camp de Millemont est de : 1 commandant, 18 officiers, 10 sous-officiers, 465 soldats et 535 chevaux. Depuis ma lettre écrite, Monsieur le Baron, il est passé environ 300 cosaques dont aucun ne parlait français. Je suppose qu'ils viennent du camp de Limours. Cette troupe cosaque se rend ce soir à Garancières sans que j'aie été instruit de ce mouvement. Je plains de tout mon cœur les malheureux habitants qui vont être obligés de les recevoir à 9 heures du soir.

Le Sous-Préfet ne peut instrumenter sur l'arrondissement de Mantes :

Rambouillet, 29 avril 1814.

Le Sous-Préfet au Général russe commandant au camp
de Cosaques établi à Millemont.

Monsieur le Général,

Je n'ai pas pu lire la lettre écrite en russe que vous m'avez fait l'honneur de m'écrire, mais autant que j'ai pu entendre de M. le sous-officier qui en était porteur, elle avait pour objet d'inviter MM. les Maires des communes dont il avait la liste à vous faire fournir les vivres et fourrages dont vous manquez.

Ces communes, Général, font partie de l'arrondissement de Mantes, et je ne puis par conséquent donner d'ordres à MM. les Maires ; un ordre exprès de M. le Préfet du département m'interdit de faire aucune réquisition hors de mon arrondissement. Quant à celles de cet arrondissement, je laisse à votre sagesse de faire vérifier si elles ont encore des ressources, mais je puis vous assurer que vous n'y trouverez rien, attendu qu'elles ont été épuisées depuis longtemps et sont même encore occupées par des troupes de S. M. l'empereur Alexandre.

Je vous invite donc, Monsieur le Général, à vous adresser à M. le Sous-Préfet de Mantes, soit à M. le Baron, préfet du département, afin d'être autorisé à prendre des fourrages dans ledit arrondissement.

Il est impossible de donner satisfaction à une demande du préfet :

Rambouillet, 29 avril 1814, 6 heures du matin.

Le Sous-Préfet au Préfet.

Monsieur le Préfet,

J'ai reçu ce matin à une heure par une ordonnance, qui m'a déclaré repartir à huit, quatre lettres de vous ; par la première vous m'annoncez que la batterie d'artillerie prussienne, forte de 203 chevaux, cantonnée dans les communes de Chevreuse, Dampierre, Maincourt et Lévy n'a pas reçu de distribution d'avoine la veille et vous me prescrivez de faire conduire au magasin de Chevreuse 50 hectolitres d'avoine pour le service d'aujourd'hui, dont moitié avant midi et 25 hectolitres chaque jour pour le service des jours suivants.

J'ai l'honneur de vous assurer, Monsieur le baron, qu'il m'est impossible d'exécuter cette disposition et vous vous en convaincrez si vous daignez jeter les yeux, tant sur l'état des cantonnements faits par S. E. le major-général Emmanuel que je vous ai adressé hier, que sur le dépouillement des renseignements (incomplets) que j'ai reçus de MM. les Maires et que je vous ai adressés le 27.

En effet, vous verrez que l'avant-garde, sous les ordres du général-major Emmanuel, tient les cantons de Limours et de Dourdan, que le canton de Montfort est occupé par des cuirassiers et cosaques russes qui ne peuvent plus y trouver de fourrages ; ce qui est bien attesté par les trois réclamations que vous me renvoyez et qui sont l'objet de vos trois

autres lettres et enfin que dans le canton de Chevreuse, deux
communes seulement, Senlisse et Les Molières, n'ont pas de
troupes en cantonnement parce qu'elles ont été dépouillées
depuis longtemps par les réquisitions énormes qui ont été
frappées sur elles militairement.

A l'égard du malheureux canton de Rambouillet, il y a
longtemps que j'y fais sans succès des réquisitions de fourrages.

Au surplus, Monsieur le baron, pour vous prouver que j'ai
fait tout ce que je pouvais faire pour assurer le service des
fourrages à Chevreuse comme dans les autres cantons de
mon arrondissement, j'ai l'honneur de vous adresser ci-joint:
1° un état des réquisitions de fourrage et avoine que j'ai
faites dès le 18 du mois courant pour le magasin; 2° copie de
la lettre que j'ai écrite le 26 de ce mois aux communes en
retard, de fournir d'après les états de livraison du garde
magasin; cette dernière lettre n'a produit effet que de me
procurer de la part des maires des réponses où ils me
peignent de nouveau leur situation déplorable et la peine
qu'ils éprouvent d'être dans l'impuissance de remplir mes
intentions.

Dans cette circonstance, Monsieur le Baron, que puis-je
faire? La mesure des commissaires ne peut être générale et
d'ailleurs ce que je vois et les rapports particuliers que je
reçois m'en apprennent autant que les procès-verbaux, et je
ne suis que trop sûr qu'il ne me reste plus rien.

LEVASSEUR.

P.-S. — Je reçois à l'instant une autre lettre de vous par
laquelle vous m'informez que M. le général Kossel vous a
rendu compte que la commune de Voisins-le-Bretonneux
éprouve une grande disette de fourrages; cette commune
est celle sur laquelle je fondais le plus d'espoir quant à
l'avoine et à la paille; quant au foin M. le général peut en
faire prendre au magasin de Chevreuse pour son état-major.

Je pense, Monsieur le Baron, que vous pourrez inviter M. le
général à faire des visites dans les communes voisines. Je sais
d'avance qu'elles seront infructueuses, mais au moins il
connaîtrait par lui-même l'épuisement total de cet arrondissement.

Impossible également de satisfaire les réclamations de
plusieurs maires du canton de Montfort :

Rambouillet, 29 avril 1814.

Le Sous-Préfet au Préfet.

MONSIEUR LE BARON,

J'ai reçu ce matin par une ordonnance trois lettres de vous
en date d'hier par lesquelles vous me faites l'honneur de me
renvoyer une réclamation de M. le maire de Saulx-Marchais,
une autre du maire des Mesnuls et enfin une troisième de
Mme de Cossé-Brissac de Mortemart, ayant toutes trois pour
objet le renvoi dans d'autres communes des troupes placées
dans celles de Saulx-Marchais, des Mesnuls et Neauphle-le-
Vieux.

Il m'est, comme à vous, Monsieur le baron, impossible de
faire droit à ces demandes puisque les cantonnements ont été
faits sans ma participation et je ne sais pas encore au juste
quelles sont les communes du canton de Montfort qui n'ont
pas de troupes, malgré que j'aie fait cette demande à
MM. les Maires le 19 de ce mois et même antérieurement.

Tout ce que je sais c'est qu'elles sont toutes également
épuisées, je vais écrire à MM. les Maires de ces trois
communes aujourd'hui.   LEVASSEUR.

150 cosaques passent de Garancières à Flexanville et
Villiers-le-Mahieu :

Rambouillet, 1er mai 1814.

Le Sous-Préfet au Préfet.

MONSIEUR LE BARON,

A la réception de votre lettre en date d'hier par laquelle

vous m'autorisez a envoyer à Flexanville et Villiers-le-Mahieu
150 cosaques des troupes alliées cantonnées à Garancières,
j'ai envoyé un exprès à MM. les Maires de ces communes
pour que cette sage disposition reçoive son exécution sans
le moindre délai.

P. S. — Le service des fourrages manque partout:

MONSIEUR LE BARON,

J'ai l'honneur de vous répéter, le service des fourrages,
malgré mes soins, manque sur tous les points de mon arrondissement. Le désordre continue et l'autorité civile est
obligée de plier sous l'autorité militaire.

Tous les arrondissements seraient également surchargés.

Versailles, 30 avril 1814 [1].

Le Préfet au Sous-Préfet.

J'ai reçu, avec votre lettre du 27 de ce mois, Monsieur,
l'état numérique des troupes cantonnées dans votre arrondissement dont le total s'élève à 47 officiers, 2.662 sous-officiers et soldats et 2.985 chevaux.

Vous me faites observer à cet égard que ce nombre forme
presque la moitié des 7.000 hommes de cavalerie qui devaient
rester à la charge de tout le département.

Cette observation serait très juste si, comme on me l'avait
annoncé, on eût avancé les autres corps de troupes, mais il
existe encore plus de 30.000 hommes et près de 30.000 chevaux qui ont conservé leurs cantonnements dans Seine-
et-Oise, malgré toutes les représentations que j'ai faites.

Cela suffira sans doute pour vous convaincre que les autres
arrondissements sont pour le moins aussi surchargés que
le vôtre et qu'il leur reste à peine de quoi faire face aux
besoins des troupes dont ils sont couverts.

Boissy-sans-Avoir est trop obéré.

[1] Archives de Seine-et-Oise.

Rambouillet, le 3 mai 1814 [1].

Le Sous-Préfet au Préfet.

Monsieur le Préfet,

M. le Maire de Montfort, par sa lettre du 30 avril, me prévient que M. le Major commandant l'escadron de cuirassiers russes stationné à Montfort a envoyé en cantonnement des détachements dans les communes de Boissy-sans-Avoir, Garancières et Auteuil.

D'après les rapports des maires de ces communes, voici la force des détachements placés dans chacune de ces communes :

		hommes	chevaux
Boissy-sans-Avoir....		33	35
Garancières.........	—	40	— 40
Auteuil.............	—	40	— 40

Ces deux dernières communes sont beaucoup moins chargées que celle de Boissy, dont le sol est très mauvais et vient d'être grêlé ; j'ai adjoint la commune de Vicq pour l'aider dans la fourniture des vivres et fourrages.

J'ai cru, Monsieur le baron, devoir vous faire connaître cette disposition ultérieure qui a dû avoir lieu pour faciliter le logement à Montfort des troupes de passage.

Le camp de Millemont est levé.

Rambouillet, le 6 mai 1814.

Le Sous-Préfet au Préfet.

Monsieur le Baron,

Je ne pouvais adjoindre les communes de Villiers-le-Mahieu et de Flexanville à celle de Garancières, parce que ces communes avec celles de Goupillières et de Galluis-la-Queue étaient les seules qui me restassent pour assurer les vivres et fourrages au camp de Millemont qu'elles ont constamment aidé à alimenter depuis son arrivée.

J'apprends aujourd'hui, par une lettre de M. le Maire de

---

[1] Ce jour-là Louis XVIII fait son entrée dans Paris.

Millemont, que ce camp est levé et je m'empresse de vous en faire part.

D'après les renseignements qui m'ont été donnés, Monsieur le baron, les fournitures, faites par ces communes au camp de Millemont, excèdent de beaucoup celles que la commune de Garancières a pu faire à ses cuirassiers et aux cosaques qui y ont campé un jour, et pour lesquels M. le Maire a même fait des réquisitions dans les communes voisines. Au surplus, j'attends avec impatience le résultat du nouveau recensement des cantonnements qui va être fait pour prescrire les dispositions qui me paraîtront justes et que je vous soumettrai.

LEVASSEUR.

Le préfet indique la force numérique des troupes cantonnées.

Versailles, 4 mai 1814.

Le Préfet au Sous-Préfet de Rambouillet.

Par ma lettre du 30 avril dernier, Monsieur, je vous ai déjà fait connaître que ce département qui ne devait avoir que 7.000 hommes de cavalerie est encore occupé par plus de 30.000 et à peu près 30.000 chevaux.

Tous les arrondissements se trouvent à peu près aussi surchargés que le vôtre et épuisés dans la même porportion ; vous devez sentir qu'il ne m'est pas possible de faire approvisionner le magasin de Rambouillet par des réquisitions sur d'autres arrondissements comme vous me le demandez par votre lettre du 29 avril.

Je ne puis donc, Monsieur, que vous engager à faire de nouveaux efforts pour assurer la subsistance des troupes de passage en attendant le résultat des mesures qui doivent être prises pour la formation et l'approvisionnement de magasins centraux sur les différents points de mon département.

Le 5 mai le baron Delaître approuve les mesures prises **par** Levasseur.

Levasseur ne peut plus réquisitionner le canton de Rambouillet.

Rambouillet, 4 mai 1814.

Le Sous-Préfet, à M. le Baron, Préfet.

Monsieur le Baron,

J'ai déjà eu l'honneur de vous prévenir que je n'avais plus aucun moyen d'approvisionner le magasin militaire des fourrages de Rambouillet par réquisition, attendu que toutes les communes des cantons de Dourdan et de Limours étant occupées par les troupes du général-major Emmanuel et celles des cantons de Chevreuse et Montfort par des cuirassiers russes et des cosaques ; il ne me reste plus que le malheureux canton de Rambouillet qui offre, en tous sens, fort peu de ressources et qui est entièrement épuisé en ce moment.

Cependant les passages continuent ; 500 cosaques inattendus, venant des environs de Paris, nous ont consommé cette nuit à peu près nos dernières ressources, et il faut en outre fournir chaque jour des rations aux chevaux des 30 cosaques cantonnés en cette ville, et à ceux de l'état-major de la division de M. le général Dufour.

Je vous supplie de nouveau très instamment, de prendre promptement des mesures pour faire cesser mon embarras, en sollicitant l'évacuation des troupes du général-major Emmanuel cantonnées dans les cantons de Dourdan.

Les mêmes besoins existent à Saint-Arnoult qui est aussi un lieu d'étape qui ne peut s'approvisionner que sur ces deux cantons.

Versailles, 5 mai.

Réponse du Préfet au Sous-Préfet.

Par votre lettre du 3 de ce mois, Monsieur, vous m'informez que pour faciliter le logement à Montfort des troupes de passage, M. le Commandant de l'escadron de cuirassiers russes en cantonnement dans cette ville a envoyé des détachements dans les communes ci-après, savoir :

Boissy-sans-Avoir.........	33 hommes	35 chevaux
Garancières..............	40 —	40 —
Auteuil.................	40 —	40 —

et vous ajoutez que ces deux dernières communes étant beaucoup moins chargées que celle de Boissy, vous avez adjoint la commune de Vicq pour l'aider dans la fourniture des vivres et fourrages. Je ne puis qu'approuver, Monsieur, ces dispositions, mais je vous prie d'examiner s'il ne vous serait pas possible d'adjoindre également les communes de Flexanville et Villiers-le-Mahieu, qui n'ont point eu de cosaques, à celle de Garancières, dont les faibles ressources paraissent avoir été épuisées par le passage du dernier régiment de cosaques.

Le sous-préfet de Rambouillet égalise les charges entre plusieurs communes.

Rambouillet, 6 mai 1814.

Le Sous-Préfet au Préfet.

Monsieur le Baron,

Les réclamations faites au nom de la commune de Neauphle-le-Vieux par le régisseur de Mme Cossé-Brissac de Mortemart ne sont pas fondées.

Dès le 29 avril, j'ai adjoint la commune de Thoiry à cette commune pour fournir les vivres et fourrages qui s'y trouvent.

J'ai instruit M. le Maire de cette disposition ; quant à celle de Marcq qui a été grêlée, elle fournit à Saulx-Marchais, celle de Villiers-Saint-Frédéric à Neauphle-le-Château ; celle de Mareil est constamment occupée par des troupes et des prisonniers en passage.

Le préfet est satisfait des dispositions prises :

Versailles, 10 mai 1814.

Le Préfet au Sous-Préfet de Rambouillet.

J'ai vu avec satisfaction, Monsieur, que vous aviez réparti entre différentes communes les fournitures à faire aux troupes

du camp de Millemont, dont vous m'avez annoncé le départ
par votre lettre du 6 de ce mois.

Je sais que la commune de Garancières a supporté une
partie de cette charge jusqu'à l'époque où 40 cuirassiers
russes lui on été envoyés, qu'elle pourvoit à la subsistance
de cette troupe depuis 20 jours, et qu'elle a eu, en outre, un
camp particulier de cosaques pendant trois jours.

Son territoire, composé en grande partie de vignes, offre
peu de ressources en fourrages, et cette commune éprouve
la plus grande gêne en ce moment pour assurer la nourriture
des chevaux.

Vous trouverez sans doute, Monsieur, qu'il est de toute
justice qu'elle soit promptement secourue puisqu'elle a aidé
les communes voisines à alimenter le camp de Millemont et
que ses faibles ressources se trouvent épuisées.

Au surplus le recensement que vous faites faire dans toutes
les communes de votre arrondissement, vous mettra à même
de procurer un soulagement à celles qui en auront le plus
pressant besoin.

Le 13 mai, le duc de Chevreuse, propriétaire du château
de Dampierre, adresse des réclamations au préfet :

Paris, 13 mai 1814.

Lettre du duc de Chevreuse au Préfet.

MONSIEUR LE PRÉFET,

Vous savez sans doute que notre canton de Chevreuse est
épuisé, voilà plus de six mois que nous avons des troupes
soit françaises ou alliées. Je demande de votre justice,
Monsieur, que vous vouliez bien prendre des mesures pour
nous les faire ôter car les paysans étant au désespoir, cela
peut devenir une chose très fâcheuse ; notre canton a bien
payé sa part, de plus nous n'avons plus de fourrage et tous
les jours je crains d'apprendre que les chevaux ne soient mis
dans les bleds, vous jugez quel malheur ce serait.

Vous savez, Monsieur le Préfet, que je ne suis pas fait

pour vous en imposer, je me regarde comme le protecteur du canton, ainsi j'ose espérer que vous voudrez bien avoir égard à ma demande et aussi comme M. de Dampierre.

Le .duc de Chevreuse.

Il y a déjà eu des rixes entre les paysans et les alliés, vous devez en avoir entendu parler.

Réponse du Préfet au duc de Chevreuse.

Monsieur le Duc,

Je connaissais déjà la fâcheuse position du canton de Chevreuse, et la lettre que vous m'avez fait l'honneur de m'écrire, sous la date d'hier, ne peut qu'ajouter au chagrin que j'éprouve de ne pouvoir en retirer les troupes alliées qui y sont cantonnées.

Il suffira de vous dire, pour vous convaincre de cette asser-tion, M. le duc, que les emplacements des nombreux corps dont mon malheureux département est couvert, n'ont point été déterminés par moi, mais bien par MM. les officiers généraux et que toutes les représentations que je n'ai cessé de faire tant auprès des généraux en chef des puissances alliées que du gouvernement, sont demeurées sans succès.

Ne connaissant point le terme des charges énormes qui pèsent sur mes administrés, j'ai consulté le conseil général sur les moyens à employer pour les répartir autant que possible et les rendre ainsi moins onéreuses ; il a été arrêté qu'il serait pourvu à la subsistance des troupes alliées par la voie de marchés, et une commission a été chargée de traiter avec des fournisseurs, c'est ce qui a motivé mon arrêté du 7 de ce mois, dont j'ai l'honneur de vous adresser un exemplaire. Les marchés sont passés et j'espère que le service des vivres et fourrages aura lieu d'une manière régulière à partir du 16 de ce mois.

Cette mesure soulagera nécessairement les communes de

votre canton qui n'auront plus, dès lors, que le logement à
fournir.

Le 19, c'est le maire d'Autouillet qui réclame :

> Autouillet, 19 may 1814 [1].

Le Maire d'Autouillet au Préfet.

Monsieur,

J'ai l'honneur de vous mettre sous les yeux l'inconduite
du capitaine commandant les cuirassiers russes en station à
Autouillet.

Je me suis présenté comme vous me l'ordonnez par votre
circulaire en date du 13 du courant pour faire l'Inventaire
de ce que pouvait renfermer le magasin, mais la clef m'en
a été refusée, en me requérant de fournir sur le champ
60 minots d'avoine ; j'ai répondu que l'on m'ouvre la porte
dudit magasin où nous étions alors, et que s'il n'y avait pas
de quoy nourrir les chevaux que j'allais de suite y pourvoir.

Le sergent-major, porteur d'ordre du capitaine, me fait
entendre que la défense lui en était faite, alors je lui dis
que quand il aurait besoin d'avoine, qu'il eût à me le prouver
par le vide du magasin, et je me suis retiré chez moy ; je
savais que ledit magasin était approvisionné pour attendre
l'ouverture de celui de Montfort, le capitaine me fait demander un instant après (ce qu'il fait 20 fois par jour). Je ne me
suis pas rendu assez vite, il a fait investir la maison commune par six à sept cuirassiers armés, ensuite il s'y est
rendu dans une colère inexprimable.

Il m'a fait conduire où il loge, avec deux membres du
conseil municipal, tous trois enveloppés au milieu de ses
soldats ; j'ai eu beau lui représenter que c'était d'après vos
ordres que je devais agir et que c'était vous qui étiez mon
général, il m'a répété plusieurs fois, lui par signes et l'interprète de vive-voix, qu'il ne vous connaissait point ; je leur
ai montré plusieurs lettres signées de vous concernant les

---

[1] Archives de Seine-et-Oise.

réquisitions et la régie des magasins, l'interprète m'a
répondu que tout cela et rien c'était la même chose. J'ai voulu
lui représenter qu'ils avoient consommé 816 bottes de foin
en 24 jours à 23 chevaux et 198 minots d'avoine, tout cela
n'a fait qu'agrandir sa colère. Enfin j'ai finy, moi et mes collègues, par être conduits militairement, d'une maison à l'autre,
violant l'asile des personnes honnêtes, les faire contribuer de
l'avoine ; il a fallu malgré tout ouvrir le magasin et nous
avons reconnu qu'il y avait de l'avoine pour le jour du lendemain qui étoit le 18 ; et nous en avons versé onze minots 1/2
qui devaient aller plus loin que le 19 (il n'y a plus que
20 chevaux). Le 19, il demanda encore 15 minots, nous avons
beau lui représenter que le magasin ouvre le 20 à Montfort
et qu'il en a plus qu'il ne lui en faut pour attendre le
retour de la voiture, tout cela n'entre pour rien dans ses
calculs, je ne peux que me louer de la conduite des soldats,
c'est peut-être les plus tranquilles des environs, il n'y a
pas encore eu la plus petite scène dans la commune, aussi
j'ai fait tout ce qui a dépendu de moy pour les faire bien
nourrir, blanchir.

Il n'y a que ce mauvais capitaine qui abîme notre commune malheureuse. Si vous pouviez nous en débarrasser,
vous nous rendriez le plus grand service ou du moins le
faire régir. Vous voyez qu'il est bien désagréable de se voir
conduire le sabre dans les reins quand les magasins sont
pleins de toutes espèces, vous voyez aussi, Monsieur, quelle
dilapidation qu'il existe dans notre magasin ; nous voyons
tous les jours partir le foin et l'avoine de tous côtés, sans
pouvoir s'y opposer ; je préfère vous instruire de cette
inconduite que de m'exposer à être sabré, ce qui m'arriverait bien sûrement, si je m'obstinais à avoir la clef du
magasin envers moy.

Je compte, Monsieur le baron, sur la justice que j'attends
de vous et que vous-même aurez la bonté d'établir mes droits.

BOURGINOT, Maire.

Le 22 mai, Levasseur instruit le préfet d'un incident qui s'est passé à Vieille-Église.

Rambouillet, 22 mai 1814.

Le Sous-Préfet, etc., à M. le Baron.

MONSIEUR LE BARON,

Hier de très grand matin, cinq étrangers, revêtus de simples capotes et de bonnets de police militaires, se sont présentés dans la petite commune de Vieille-Église, ont demandé des vivres avec menaces, ont été arrêtés et conduits devant moi ; je n'ai pu les interroger parce qu'ils n'entendaient pas le français, mais d'après ce que j'ai pu comprendre, j'ai pensé qu'ils étaient déserteurs Polonais ; je les ai fait mettre en prison et je comptais les faire conduire aujourd'hui au dépôt général à Saint-Denis.

J'apprends aujourd'hui par le moyen d'un français qui parle allemand, et d'un allemand qui parle russe, qu'ils se disent prisonniers de guerre russes, qu'ils se sont égarés et qu'ils ne savent où est le détachement dont ils faisaient partie. Je vous prie, Monsieur le baron, de me faire savoir promptement si je dois diriger ces hommes sur Versailles, avec une feuille de route, ou si je dois les y conduire sous escorte de la gendarmerie.

Jusqu'à votre réponse, je crois de mon devoir de les garder en prison.   LEVASSEUR.

Versailles, 23 mai 1814.

A Monsieur le Sous-Préfet de Rambouillet.

Je viens de recevoir, Monsieur, la lettre que vous m'avez fait l'honneur de m'écrire le 21 de ce mois, par laquelle vous m'annoncé que cinq étrangers, se disant prisonniers de guerre russes, ont été arrêtés à Vieille-Église et conduits devant vous.

Je vous prie de les faire conduire, par la gendarmerie, à Versailles où ils seront remis à l'officier supérieur commandant les troupes russes, qui leur assignera une destination.

Le maire d'Autouillet demande que les troupes de sa commune soient placées ailleurs :

Paris, 23 mai 1814.

MONSIEUR LE PRÉFET,

L'on vient m'assurer qu'il peut dépendre de vous de changer de village les Russes qui sont depuis longtemps chez moi, et que vous pouvez soit directement, soit en vous adressant officiellement à leur général, les placer à Villiers-le-Mahieu ou à Flexanville. Je viens donc encore, Monsieur, vous importuner par des réclamations, comme vous en entendez tous les jours et puisqu'il m'est impossible d'aller aujourd'hui à Versailles, je charge un de mes amis de vous porter la demande d'une bienveillance particulière pour le pauvre village d'Autouillet, où le capitaine russe, le plus diable de l'armée, fait, avec ses vingt-et-un hommes, enrager mes gens et les habitants. C'est une œuvre de charité que vous ferez si vous pouvez m'en débarrasser et le placer chez les voisins qui doivent avoir aussi leur part de cette bonne compagnie. Mon garde a déjà été trouver M. Peyronet pour lui parler de cette affaire, et c'est lui qui m'assure qu'elle ne serait pas impossible à terminer en ma faveur, si vous écriviez au général à Maule ou à qui de droit. Je réclame donc cet intérêt dont vous m'avez donné l'assurance et je n'ai que le regret de n'avoir pu aller le solliciter moi-même.

LÉON DE BOUTHILLIER.

Le préfet en refère à Levasseur.

Versailles, 25 mai 1814.

Le Préfet au Sous-Préfet.

Depuis plus d'un mois, Monsieur, la commune d'Autouillet est occupée par un détachement de cuirassiers russes ; quoique d'après les mesures qui ont été prises les habitants ne soient plus obligés qu'au logement des hommes et des chevaux, ils demandent néanmoins que ce détachement soit placé dans une autre commune, d'autant plus que

21

le capitaine qui le commande s'est porté à des violences
envers l'autorité locale ; j'en ai donné avis au général qui
est à Maule, lequel paraît n'avoir pris aucune mesure pour
les faire cesser.

Il est juste, Monsieur, que les communes supportent alter-
nativement la charge du logement. Je vous prie en conséquence de m'en désigner une le plus tôt possible pour y
envoyer ce détachement.

La commune de Villiers-le-Mahieu ou celle de Flexanville
pourraient y être affectés si vous n'y trouvez aucun inconvénient.

Levasseur explique pourquoi il n'a pas opéré de changement :

Rambouillet, 26 mai 1814.

Le Sous-Préfet au Préfet.

Monsieur le Baron,

En conformité de votre lettre du **24**, j'ai écrit à M. le
Maire d'Autouillet pour le prévenir que les cuirassiers
russes cantonnés dans sa commune étaient autorisés à
prendre des nouveaux cantonnements dans la commune de
Villiers-le-Mahieu et j'ai instruit M. le Maire de cette
commune de ces dispositions.

Je n'ai pas proposé plutôt ce changement, par le motif que
la commune de Villiers-le-Mahieu se trouve très rapprochée
de celles de Saint-Martin-des-Champs et d'Horgeville de
l'arrondissement de Mantes et que ces communes étaient
occupées par des Polonais au service de France ; je craignais
qu'il ne s'élevât des rixes entre ces troupes.

Levasseur.

Le 7 juin Levasseur [1] annonce l'évacuation des troupes
alliées :

----

[1] Les fatigues excessives causées par l'invasion avaient altéré la
santé de Levasseur; le 16 juin il se rappelait au souvenir du général
Dupont, ministre de la guerre (Arch. guerre).

Rambouillet, 7 juin 1814.

Le Sous-Préfet au Préfet.

MONSIEUR LE BARON,

D'après les différents avis que j'ai reçus de tous les points de cet arrondissement, j'ai l'honneur de vous prévenir que dès le 4 de ce mois les troupes alliées, cantonnées dans cet arrondissement, l'avaient entièrement évacué.

LEVASSEUR.

XVII

La mort de Levasseur. — Discours de Delorme. — La fortune de Levasseur. — Rambouillet en 1815. — L'exil de l'Empereur. — Sa dernière nuit à Rambouillet. — Son départ de Rambouillet. — Un mot historique. — Le général Becker. — Les Prussiens à Rambouillet. — L'affaire de Gazeran. — Blücher. — Les dégâts commis au château. — Les pertes du canton de Rambouillet. — La famille de Levasseur.

Le Gouvernement de la Restauration ne maintint pas Levasseur comme sous-préfet ; il était remplacé, le 19 juillet 1814, par le comte de Nugent [1] ; Levasseur ne put résister à la révocation qui le frappait ; il tomba malade et mourut le 31 juillet. M. Delorme annonça aussitôt ce triste événement au préfet de Seine-et-Oise :

Rambouillet, ce 31 juillet 1814.

Le Maire de la ville de Rambouillet à Monsieur le Préfet du département de Seine-et-Oise, officier de la Légion d'honneur.

MONSIEUR LE BARON,

Madame Levasseur nous a chargés, M. Dubuisson et moi, de vous faire part du malheur qui l'accable ; Monsieur Levasseur a cessé d'exister ce matin, à 2 heures : il n'a pu survivre à sa disgrâce.

[1] Le 29 juin 1814 service funèbre, à Rambouillet, en mémoire de LL. MM. Louis XVI, Louis XVII, Marie-Antoinette et Mme Elisabeth (*Journal de Versailles* du 7 juillet).

J'ai l'honneur de vous prier, Monsieur le Baron, et tous les habitants de Rambouillet vous supplient avec moi, de vouloir bien prendre son intéressante famille sous votre protection.

Monsieur Levasseur laisse une veuve et six enfans, fort jeunes, sans la moindre ressource pour vivre. Nous osons espérer que, par vos bons offices, Madame Levasseur obtiendra du roi une pension qui puisse la mettre à portée d'élever sa nombreuse famille. Assurément cette respectable dame est aussi recommandable par ses vertus que par ses malheurs et mérite, sous tous les rapports, la bienveillance du gouvernement [1].

Delorme.

A ses obsèques, le maire de Rambouillet prononça le discours suivant :

Messieurs,

Après avoir adressé à Dieu une prière pour le Magistrat dont nous déplorons la perte, arrêtons-nous encore un instant sur sa tombe et payons à sa mémoire le juste tribut de reconnaissance que lui doit cette ville pour les nombreux services qu'il lui a rendus.

M. Henry-Alexis Levasseur, décédé sous-préfet de Rambouillet, était originaire de Dourdan. Il fut amené dans son enfance à Rambouillet qui devint son pays d'adoption.

Né sans fortune, les heureuses dispositions qu'il manifesta dès ses premières années fixèrent sur lui l'attention du meilleur et du plus généreux des Princes. Mgr le duc de Penthièvre se chargea de son éducation ; le protégé répondit aux vues bienfaisantes de son auguste protecteur, il obtint dans ses cours les plus brillants succès, et le prince en fut si satisfait qu'il voulut encore se charger des frais de ses der-

---

1 L'acte de décès de Levasseur, du 31 juillet, l'indique comme ancien officier général, âgé de 59 ans ; les témoins sont M. Delorme, maire, et Dubuisson, secrétaire de la sous-préfecture. État civil de Rambouillet.

nières études, celles du droit qui devaient lui procurer un état honorable.

M. Levasseur venait d'être reçu avocat lorsque M. le marquis de Verteillac le mit à la tête des affaires de sa maison. L'amitié que lui a conservée jusqu'au dernier moment M. le marquis de Verteillac fils, dont il a été le tuteur onéraire, prouve assez qu'il s'est dignement acquitté de cette administration qu'il a continuée jusqu'à la Révolution.

A cette époque M. Levasseur prit le parti des armes. En très peu de temps il devint adjudant général et chef d'état-major à l'armée de la Moselle ; ce fut dans ce temps qu'il eut l'avantage de cultiver l'amitié d'un homme célèbre par ses talents militaires et la noblesse de son âme, M. le général Dupont, alors son camarade, aujourd'hui ministre de la Guerre, qui naguère encore daignait lui donner des témoignages de son affection.

M. Levasseur reçut l'ordre d'aller combattre dans la Vendée ; il refusa de prendre part à cette guerre impie [1] il revint dans son pays où, pendant dix ans, et jusqu'à sa nomination à la sous-préfecture de cette ville il a rempli gratuitement les premières fonctions municipales.

C'est sous sa Mairie et par ses soins empressés que les habitants ont obtenu le don, en propriété, de l'Hôtel de Ville, une dotation de 8.000 francs de rente pour l'hospice, l'établissement d'une sous-préfecture et d'un tribunal de première instance.

Pendant sa sous-préfecture tout l'arrondissement confié à ses soins ressentit les effets de sa constante sollicitude.

Dans ces temps désastreux où les enfants étaient arrachés aux bras de leurs parents, les pères des bras de leurs femmes et de leurs enfants, l'arrondissement de Rambouillet a dû à M. Levasseur d'être dispensé de contribuer à la plus injuste des réquisitions, celle des Gardes d'honneur. Aucun père

[1] C'était inexact; mais c'était dans l'intérêt de la famille de Levasseur et pour être agréable au gouvernement de Louis XVIII.

de famille n'a été appelé par le service de la garde nationale active.

Maire, sous-préfet, il s'est toujours montré le protecteur ardent des malheureux ; par lui des militaires infirmes ont obtenu des pensions, des incendiés la restauration de leurs maisons, des indigents des secours.

Bon père, bon époux, bon ami, il a donné l'exemple de toutes les vertus privées.

Il ne nous appartient pas de pénétrer les motifs de la décision qui devait avant peu l'enlever à ses fonctions et dont la nouvelle imprévue lui a porté le coup de la mort.

Ne voyons que le bien qu'il nous a fait et tâchons de nous en acquitter en versant dans le sein de sa malheureuse veuve restée sans bien avec la charge de six enfants, presque tous en bas âge, toutes les consolations qui sont au pouvoir de chacun de nous [1].

Le défunt avait eu un modeste convoi de cent francs.

Levasseur mourait sans fortune, à l'âge de cinquante-neuf ans ; il laissait six enfants, une fille de dix-huit ans, Virginie-Lucile ; une autre de quatorze ans et demi, Cornélie-Marie-Louise ; un fils, Prosper-Henri-Séverin âgé de treize ans ; un fils de dix ans, Henri-Aimé, et deux fillettes, l'une de sept ans et demi, Héloïse [2], et la dernière Alexandrine-Gabrielle-Élisabeth, de vingt-et-un mois.

Il était bien propriétaire de l'hôtel de la sous-préfecture, mais il devait des sommes relativement importantes à des amis, comme M. Laslier, comme les héritiers de Desroziers de Malesherbes qui l'avaient obligé ; il était débiteur de quelques petites sommes encore envers M. et Mme Gatineau, ses beau-frère et belle-sœur, M. et Mme Gilet, ses neveu et nièce.

---

[1] Papiers de M. Levasseur. Delorme, maire de Rambouillet, a retracé dans son volume : *Rambouillet chef-lieu*, toute la période de l'histoire de Rambouillet de 1810 à 1832.

[2] La mère de Mme Gouy. Le 5 octobre 1814, décès de Baucher, vérificateur des poids et mesures, beau-frère de Levasseur et subrogé-tuteur de ses enfants.

Sa bibliothèque était peu importante [1].

Levasseur a été trop mêlé à l'Empire pour que nous ne poursuivions pas notre histoire jusqu'à la fin des malheurs de Rambouillet qui se terminèrent par le départ des troupes étrangères à la fin d'octobre 1815.

Le 1er mars [2], l'Empereur revient de l'île d'Elbe et débarque en France; le 18 juin a lieu la bataille de Waterloo : Napoléon abdique le 22 à l'Élysée et, dans la soirée du 29, il arrive à Rambouillet.

Le *Journal de l'Empire* note ces événements successifs.

Jeudi. 22 juin 1815.

L'Empereur est arrivé hier à Paris, à neuf heures du matin avec le prince Jérôme son frère. Les ministres ont été reçus à onze heures par S. M.

Ce matin à huit heures, il s'est tenu au Palais de l'Élysée un conseil où tous les ministres ont assisté et qui a duré plusieurs heures. L'Empereur le présidait.

La patrie vient d'éprouver un grand désastre, mais elle sera sauvée par sa sagesse et l'union de ses représentants.

Suit le compte rendu de la séance du 21 juin des représentants.

Les représentants se réunissent à midi et demie. Lafayette a la parole :

Les bruits désastreux, dit-il, qui ont circulé depuis hier dans la capitale se sont malheureusement confirmés.

Il propose à la Chambre de se réunir en permanence. Regnault de Saint-Jean-d'Angély fait une communication officielle.

Le même jour l'Empereur abdique en faveur de son fils.

Dans la séance du 22 un gouvernement provisoire est nommé, composé des représentants; la Chambre désigne

[1] Inventaire du 17 août 1814 (Delorme not. auj. Mᵉ Hourioux).
[2] Le 15 janvier 1815, délibération du conseil municipal de Rambouillet qui décide que le buste en bronze placé sur le marché sera livré au ciseleur et que le prix sera employé en l'acquisition de deux bustes en plâtre, un de Louis le Désiré, l'autre de Louis XVI.

Fouché et Carnot, la Chambre des pairs le comte Grenier, Caulaincourt et Quinette.

Journal du 25 juin : Napoléon Bonaparte a quitté Paris aujourd'hui : Il paraît qu'il s'est retiré provisoirement à la Malmaison.

Mardi, 27 juin.

Napoléon Bonaparte est à la Malmaison.

Mercredi, 28 juin.

Napoléon Bonaparte est encore à la Malmaison.

Jeudi, 29 juin.

CHAMBRE DES REPRÉSENTANTS

Séance permanente du 28 juin. [1]

Le général Becker, membre de la Chambre, écrit qu'il vient d'être chargé, par le gouvernement provisoire, d'une mission qui l'occupera pendant huit jours ; il demande en conséquence un congé qui lui est accordé.

A neuf heures et demie la séance de la Chambre en permanence est ouverte ; il n'y a rien de nouveau, on s'ajourne le lendemain midi.

Post-scriptum. — On dit que Bonaparte est parti à 2 heures après-midi de la Malmaison pour se rendre à Cherbourg. Il est accompagné par le général Becker.

Vendredi, 30 juin.

Napoléon a décidément quitté les environs de Paris, à quatre heures du soir. Nous croyons qu'il se rend à Cherbourg. — Le journal ajoute :

Neuf jours sont écoulés depuis que Bonaparte nous est venu apporter lui-même la nouvelle de la destruction de son armée d'élite. Nous nous bornons à remarquer ce qui s'est passé à la Bourse ; car c'est là l'indice de l'opinion publique le plus sûr, le moins suspect de tromperie.

Au premier bruit du cruel événement, ce ne fut d'abord sur tous les visages que douleur et consternation, mais dès

[1] Paris est mis en état de siège ; proclamation de Louis XVIII aux Français.

le lendemain, l'espérance vint se mêler aux regrets... Les bruits de déchéance et d'abdication commencèrent à circuler. Les fonds qui avaient été la veille à 53 fr. éprouvèrent déjà une hausse de 7 pour 100. Jeudi jour où l'abdication fut enfin prononcée, les fonds montèrent de 55 à 60 fr. ; le samedi, baisse de 5 à 6 pour 100, la bourse du 26 et celle du 27 eurent le même cours que celle du 23; le 28 le 5 0/0 s'est élevé à 63 et le 29 à 64 [1].

Samedi, 1ᵉʳ juillet.

Napoléon Bonaparte est parti hier pour Cherbourg accompagné du duc de Rovigo et du maréchal Bertrand. On ne sait pourquoi il avait choisi pour voiture une assez mauvaise calèche.

Dimanche, 2 juillet.

Napoléon Bonaparte a passé avant-hier à Rambouillet. Il paraît qu'il prend la route de Rochefort. Sa suite se compose des généraux Bertrand, Savary, Lallemand, Labédoyère, Montholon, et Gorgau ; des colonels Baillon et Deschamps ; des chefs d'escadron Morin, Resigny et Saint-Yon, du capitaine Piéron, du lieutenant Autric, de MM. de Lascases, chambellan et son fils ; Sainte-Catherine page ; Rathery, secrétaire ; Began, chirurgien ; Cotin et Appiani maîtres d'hôtel ; Planat, Saint-Jacques et Chiappe et de huit ou dix domestiques.

CHAMBRE DES PAIRS

Fin de la séance du 29 juin.

A dix heures et demie du soir la séance est ouverte. M. le comte Thibaudeau donne lecture du message suivant :

Le 25 juin, Napoléon a demandé que deux frégates fussent mises à sa disposition... Le lieutenant général Becker a été chargé de pourvoir à la sûreté de Napoléon pendant sa route, et tous les ordres nécessaires ont été donnés pour assurer le service des relais...

---

[1] Le *Journal de l'Empire*, qui redeviendra le 6 juillet le *Journal des Débats*, opérait sa volte-face cyniquement.

Cependant, hier 28, Napoléon n'était pas encore parti... La commission du gouvernement informe la Chambre que Napoléon est parti à quatre heures, comme l'indique la lettre ci-jointe du général Becker.

Signé : duc d'Otrante.

Copie de la lettre du général Becker.

Malmaison, 29 juin 1815.

J'ai eu l'honneur d'annoncer à la commission que l'Empereur va monter en voiture pour se rendre à sa destination en faisant des vœux pour le rétablissement de la paix et la prospérité de la France.

Signé : le général comte Becker.

M. le comte de Lavalette demande que le ministre de la Marine veuille bien donner des détails sur les dispositions prises pour le départ de Napoléon afin qu'on ne puisse lui supposer d'obstination à ne pas vouloir partir.

Ces détails sont donnés par Decrès.

Laissons maintenant la parole aux auteurs de *Mémoires* sur ce dernier voyage de Napoléon à Rambouillet :

Fleury de Chaboulon s'exprime ainsi[1] :

L'Empereur avait tout d'abord manifesté l'intention de ne point s'arrêter en route ; arrivé à Rambouillet, il descendit de voiture et déclara qu'il passerait la nuit au château. Il fit écrire par le grand maréchal, à l'administration du mobilier de la Couronne, pour demander qu'on dirigeât sur Rochefort où ils seraient embarqués, les meubles et couchages nécessaires pour garnir sept à huit appartements de maîtres. Précédemment il avait réclamé à la bibliothèque du Petit Trianon. l'*Iconographie grecque* de M. de Visconti et un exemplaire du bel ouvrage de l'*Institut d'Égypte*.

---

[1] Londres. Rowosth, IIe vol., p. 294 et 295.

A la pointe du jour il reçut un courrier de M. de ***; il lut ses dépêches et dit au général Becker, en élevant au ciel des regards contristés : C'est fini ! C'en est fait de la France ! Partons.

Il fut accueilli sur son passage par les plus vifs témoignages d'intérêt et de dévouement.

Le récit de Mme la générale Durand rappelle le même mot historique échappé des lèvres de l'Empereur :

Les Autrichiens, les Russes et les Prussiens étaient arrivés pour la seconde fois sous les murs de Paris ; l'Empereur pouvait être enlevé à la Malmaison, tout était en alarmes autour de lui. Le peu d'amis qui lui restaient le pressaient de songer à sa sécurité. Le 29 juin, la commission du Gouvernement provisoire pressa à son tour le départ de Napoléon qui, le même jour, monta en voiture à 5 heures du soir et abandonna la Malmaison. Sa suite se composait de MM. Bertrand, Montholon, Gourgaud, Savary, Lallemand frères, Las-Cases, Planat, Résigny ; la comtesse Bertrand accompagnait son époux ; Mme Montholon voulut également s'attacher à la destinée hasardeuse du sien. L'Empereur coucha à Rambouillet, où il reçut le courrier, le 30, à la pointe du jour. Il ouvrit avec émotion les dépêches qu'on lui remettait et s'écria douloureusement après les avoir parcourues :

C'est fini ! C'en est fait de la France ! Partons [1].

Le général Savary indique la composition et l'ordre des voitures [2] :

La suite de l'Empereur partant de la Malmaison avait été divisée en deux parties. La première partie était composée de plusieurs voitures dans lesquelles se trouvaient Mme Bertrand avec ses enfants [3], M. et Mme de Montholon avec un

---

[1] *Mémoires sur Napoléon et Marie-Louise*, Paris, Ladvocat, in-8°, 1821; pp. 278.

[2] *Mémoires du duc de Rovigo*, tome VIII, p. 192.

[3] Je crois que Mme Bertrand ne partit que le lendemain.

enfant, M. de Las-Cases et son fils, ainsi que plusieurs officiers d'ordonnance qui avaient demandé à accompagner l'Empereur. Toutes ces voitures devaient gagner la route d'Orléans, passer par Châteauroux et se trouver à un jour fixé à Rochefort.

Le second convoi se composait d'une seule calèche d'été dans laquelle étaient l'Empereur, le général Bertrand avec le général Becker et moi ; le valet de chambre de l'Empereur était sur le siège de la calèche et un courrier allait une demi-lieue en avant pour que l'on trouvât des chevaux tout prêts en arrivant à chaque poste.

L'Empereur était, ainsi que nous, en frac bourgeois, sans aucune distinction. Nous n'avions pas de bagages avec nous ; la calèche n'avait nullement l'air d'être destinée à faire un long voyage. Nous n'avions que beaucoup d'armes de toute espèce. Les effets de l'Empereur étaient dans une autre voiture à deux places, dans laquelle était le général Gourgaud. Elle marchait deux heures en arrière.

La calèche de l'Empereur se rendit par les bois de Butart à Roquencourt et sans passer par Versailles qu'elle laissa à gauche, elle alla à Saint-Cyr rejoindre la route de Chartres. Nous arrivâmes à Rambouillet à l'entrée de la nuit.

Au lieu de passer par la ville, nous prîmes la grande avenue du château où l'Empereur passa la nuit et le lendemain de très bonne heure, nous sortîmes par l'allée qui conduit à la porte du parc qui donne au-delà de la ville sur la route de Chartres.

Nous allons, sans être reconnus, jusqu'à Châteaudun.

Mais le récit qui prime tous les autres est celui du général Becker [1] chargé par le gouvernement provisoire d'accompagner Napoléon ; voici d'abord le cortège :

Napoléon devait partir seul avec le général Becker avec un

[1] Né en 1770, il vivait éloigné de l'armée depuis 1810 pour s'être prononcé contre la guerre d'Espagne ; il fut d'une correction absolue dans la mission qui lui fut confiée en 1815.

seul domestique ; au lieu d'une chaise de poste le général
Becker avait proposé une calèche. Ce changement agréé il fit
atteler une calèche à quatre places, simple, sans armoiries, traî-
née par quatre chevaux, deux postillons, un courrier en avant.

Quand tout fut disposé, l'équipage alla s'établir à la petite
porte du parc de la Malmaison pour éviter de traverser la
cour du château où tous les serviteurs attendaient l'Empereur au passage. Le comte Becker entra une dernière fois chez
l'Empereur pour le prévenir que tout est prêt. Napoléon, toujours dans le même costume (il portait un habit brun, la
culotte blanche et les bottes à l'écuyère), prend son chapeau
rond posé sur un secrétaire, suit le général et traverse le
vestibule pour entrer dans le jardin avec un calme et une
sérénité qui arrachent des larmes abondantes à ses serviteurs et à ses soldats.

Arrivé à la porte du parc où la calèche l'attend, il y monte
rapidement ; le grand maréchal comte Bertrand s'asseoit à
ses côtés ; vis-à-vis de lui se place le duc de Rovigo, et le
général Becker en face du grand maréchal. Un valet de
chambre s'établit sur le siège, et le 29 juin à 5 heures du soir,
au milieu d'un silence profond, le galop des chevaux emporte
vers l'exil le monarque détrôné.

Puis les détails du séjour de Napoléon à Rambouillet [1] :

Napoléon, en quittant la Malmaison, ignorait ainsi que ses
compagnons de voyage, la force de l'armée, qui ralliée par le
major-général, restait encore fidèle après la perte de cette
funeste bataille de Waterloo. Les communications étant
interceptées, il ne transpirait que des nouvelles pleines
d'alarmes et d'exagération. Le général Becker n'apprit même
qu'à son retour à Paris, lorsque l'Empereur déjà voguait

[1] Dans l'espace de onze ans, l'Empereur avait passé soixante jours à
Rambouillet environ, et écrit là deux cent quarante-cinq, tant lettres
que notes, publiées, soit dans la correspondance générale, soit par
M. Lecestre, le tout daté de Rambouillet. De son avènement au trône à
son abdication l'Empereur ne passa à Paris que 955 jours. (Mme de
Rémusat).

vers Sainte-Hélène, que le corps du maréchal Grouchy était
arrivé presque intact aux environs de Paris ; que chefs et
soldats se seraient encore sacrifiés pour la cause impériale.
..... Ce fut dans cette absence complète de nouvelles favorables qu'il quitta sa résidence et prit la direction de Rambouillet.

Le trajet s'effectua dans le plus grand silence jusqu'au
château de Rambouillet où primitivement on ne devait point
descendre, mais où, soit par fatigue, soit dans l'espoir d'un
changement de fortune, l'Empereur voulut s'arrêter vers
10 heures du soir. Le souper se passa tristement ; aucune
parole ne fut échangée ; le grand maréchal comte Bertrand
avait recommandé de n'adresser aucune question, de se tenir
dans une grande réserve, de ne pas provoquer d'explication
sur les événements consommés, mais chacun était trop
pénétré de ce sentiment de haute convenance pour vouloir
troubler par quelques réflexions le respect dû à une si grande
infortune.

Après le souper Napoléon se retira dans sa chambre à coucher où il resta seul enfermé avec le grand maréchal. Il
n'avait pas d'abord, le projet de passer la nuit à Rambouillet ; on était donc étonné après une assez longue attente de
ne pas voir s'ouvrir la porte de son appartement, quand le
comte Bertrand vint annoncer que Sa Majesté, très fatiguée,
s'était mise au lit et ne continuerait le voyage que dans la
matinée du lendemain. Cette décision arrêtée, le général
Becker[1], ainsi que le duc de Rovigo et le général Gourgaud,
arrivé plus tard, s'installèrent dans le salon jusqu'à ce qu'il
plût à l'Empereur de transmettre ses ordres. La nuit
s'écoula dans cette attente ; on croyait toujours que des nouvelles moins sinistres viendraient relever les espérances et

---

[1] Napoléon avait alors quarante-six ans ; Bertrand, quarante-deux ans ;
Savary, quarante-et-un ans ; Gourgaud, premier officier d'ordonnance,
trente-trois ans. La chaleur était suffocante, dit M. Thiers. La chambre
à coucher de Napoléon était à la suite des deux pièces dites salle Charles X
et cabinet d'abdication.

ouvrir les chances d'un sort moins rigoureux. Ne recevant aucun avis favorable, Napoléon se résolut au départ et le 30 juin à 11 heures du matin on se remit en route dans le même ordre que la veille, les équipages de la suite ne devant partir que que quelques heures après la calèche. L'espace de Rambouillet à Tours fut franchi avec rapidité, on avait atteint les barrières de cette ville à la pointe du jour [1].

M. Delorme, notre historien local, cite ces divers traits :

A son arrivée le premier objet qui lui frappe la vue est une femme en pleurs ; c'est la femme de celui qui avait été son premier et pendant quelque temps, son seul domestique (M*me* Hébert [2] femme du concierge du château). Il s'approche d'elle et l'embrasse en lui adressant des paroles de consolation.

Il se repose un instant après avoir chargé le général comte Bertrand de la pénible mission de congédier, de remercier en son nom de vieux guerriers et tous ces malheureux débris de la maison impériale.

La population est dans un état d'émotion et d'anxiété difficile à décrire [3] (Delorme était témoin oculaire).

Reprenons le récit du *Journal de l'Empire* :

Mardi, 4 juillet.

Trois voitures, suivies de fourgons, ont passé le 30 juin,

---

[1] Relation de la mission du général C*te* Becker. Clermont-Ferrand, Perol, in-8°, 1841, pp. 67, 68, 69. Napoléon arriva à Rochefort le 3 juillet et à Sainte-Hélène le 16 octobre 1815.

[2] HÉBERT (Jean-Baptiste) était concierge au château, aux appointements de 2.400 francs par an, soit 200 francs par mois, ou 196 francs avec les 4 francs de retenue.

Arch. nat., O^2, 26. Les autres employés étaient Despons, Arnoult, Gatineau, frotteurs ; Barrois, Leaudois, Roderie, balayeurs ; Chrétien, David, Barborin et Morisot (Louis-Auguste), portiers.

[3] Le sous-préfet par intérim était alors Dubuisson. Les magistrats, Delahaye, Maillet, Dejuinne, Nicod, procureur; les avoués de la création du tribunal ; Delorme était notaire et maire, Delamotte, conservateur des hypothèques; d'Orliac, receveur des finances ; Famin, architecte; Serracin, inspecteur des forêts; Morin, juge de paix : Fournier, chirurgien; la municipalité à peu près les mêmes noms qu'en 1804, M. Alidières était toujours curé.

à 6 heures du soir, à Chartres escortées par 10 hussards. On disait que c'était Bonaparte.

Séance de la Chambre de Paris du 3 juillet.

Thibaudeau donne lecture d'un message de la chambre des représentants, disant que 2.200 volumes de la bibliothèque de Trianon, un exemplaire du grand ouvrage sur l'*Égypte* et un de l'*Iconographie grecque* de Visconti seront mis à la disposition de Napoléon Bonaparte.

6 juillet.

Bonaparte est passé à Tours, le 30 juin à onze heures du soir, il était accompagné du duc de Rovigo et des généraux Bertrand et Becker. On croit qu'il se dirige sur Rochefort.

Dans son exil, l'Empereur se souvint de son ancien concierge de Rambouillet, Hébert, et le 24 avril 1821, à Longwood, il fit un codicille ainsi conçu :

Ceci est mon codicille :

Je lègue 13° 20.000 francs à Hébert [1] dernièrement concierge à Rambouillet et qui était de ma chambre en Égypte.

Le 8 juillet, vers trois heures après-midi, un détachement de Prussien arrive à Rambouillet : le lendemain c'est une brigade de 7.000 hommes qui s'installe dans notre ville [1].

Du 14 juillet au 28 août, l'arrondissement fut administré par M. Dubuisson, secrétaire de la sous-préfecture.

Le 13 juillet, l'architecte du château écrit qu'il ne dort plus depuis six jours, qu'il est volé, pillé par les troupes prussiennes, obligé, pour être agréable à la ville, de se charger de l'approvisionnement de la table des officiers généraux : nous avons affaire, dit-il, à des maîtres impitoyables qui croient ne nous faire jamais assez de mal.

Le 14, il constate que les dégâts commis par les troupes prussiennes sont considérables ; il se plaint que la munici-

---

[1] En 1814, Hébert avait trente-cinq ans ; sa femme se nommait Marie-Louise-Elisabeth Larchevêque : cette famille Hébert était originaire de Brezolles ; le père de Hébert mourut à Rambouillet le 14 mars 1826. Napoléon mourut le 5 mai 1821.

palité de Rambouillet (qui d'ailleurs y était contrainte) l'ait requis de faire pêcher dans les canaux une quantité suffisante de poisson pour la table des officiers prussiens.

Le 10 août, il ajoute :

Les dégâts commis par les troupes prussiennes continuent ; les potences des reverbères ont été brisées.

, Les Prussiens ont brisé les vannes et les retenues de la rivière anglaise ; dans le pavillon de la chaumière ils ont brisé une glace de $1^m,32$ sur $1^m,06$; ils ont détruit une quantité considérable d'ornements en coquillages précieux recueillis par le duc de Penthière ; lui, Famin, il a adressé à Blücher des observations ; le prince Blücher s'est contenté de demander à quel corps appartenaient les soldats.

S. A. le prince Blücher a quitté Rambouillet avec son quartier général aujourd'hui ; le château est en bon état ; il n'y a eu qu'un vol consistant en une pendule, mais il a été fait après le départ du quartier général.

Le 11 août, Famin reçoit une lettre lui disant d'effacer les emblèmes impériaux sur les grilles [1].

Dubuisson, dans sa correspondance avec la préfecture, nous renseigne aussi sur les agissements des prussiens à Rambouillet :

Rambouillet, le 1er août 1815.

Le Sous-Préfet, par intérim, à Monsieur le Préfet [2], officier de la Légion d'honneur.

Monsieur,

Jusqu'à ce jour les habitants de cette ville ont fait les plus grands efforts pour supporter la charge énorme du logement des soldats prussiens, mais si le Gouvernement ne vient enfin, et très promptement, au secours de cette mal-

---

[1] Arch. nat. O²,322.

[2] Le baron Delaître était redevenu préfet depuis le 1er juillet 1815, après avoir cessé de l'être le 23 mai 1815.

heureuse ville, il est certain qu'avant peu elle sera tout à fait
abandonnée [1].

L'espoir que le quartier général quittait cette ville le 4 au
plus tard avait soutenu jusqu'ici le courage des habitants et
des autorités, mais nous apprenons avec peine que le Prince
Blücher prend des dispositions qui semblent annoncer un
séjour beaucoup plus prolongé ; par exemple il part pour
Paris demain, revient le 4, et se propose de faire ensuite
plusieurs chasses ; d'autres indices enfin nous font craindre
qu'il ne passe ici le reste de l'été.

Les journaliers, les artisans étant obligés de servir les
militaires qu'ils ont chez eux, ne peuvent employer leur
temps à travailler, en sorte qu'ils ont épuisé non seulement
leurs faibles avances, mais leur crédit, et aujourd'hui qu'ils
ne peuvent plus rien ajouter à la ration des hommes qu'ils
ont chez eux, ils reçoivent des mauvais traitements ; quelques-uns, et des femmes enceintes mêmes, sont obligés
d'abandonner leurs lits aux soldats prussiens, et de coucher
sur de la paille avec leurs enfants.

Ceux de la classe au dessus sont aussi à plaindre parce
qu'ils ont à loger tout à la fois officiers, domestiques et chevaux, et que ceux qui n'ont pas d'appartement vacant reçoivent
des soldats au nombre de 6 et de 8 qu'ils sont obligés de
placer chez des logeurs qui ne consentent à les recevoir qu'à
raison de 6 francs par homme et par jour.

J'entreprendrais en vain, Monsieur, de vous faire le
tableau de la ville de Rambouillet, il faut être sur les lieux,
entendre sans cesse les plaintes des habitants pour se faire
une idée de leur affreuse situation. Comment, en effet, se
figurer la détresse de cette ville où les logements roulent
u r 200 maisons au plus, et qui loge chaque jour plus de
1.500 hommes et fournit en vin et eau-de-vie le double de la
ration aux plus sobres, et jusqu'à 10 rations aux autres.

Outre le spectacle déchirant d'hommes que les mauvais

[1] Arch de Seine-et-Oise, carton invasion 1814.

traitements et la misère mettent au d'espoir, de femmes en
pleurs avec leurs enfants dans les bras, venant se jeter à
nos genoux et nous supplier de mettre fin à leurs malheurs,
les autorités ont encore à dévorer leurs outrages particuliers ;
il semble que nos déférences aux demandes des officiers leur
donnent des droits à nous vexer davantage et chaque jour
accroît leurs prétentions exagérées ; les ordres émanés du
commandant du quartier général commencent tous par le
mot : *J'ordonne* et renferment tous la menace *d'exécution
militaire*. L'impossibilité révolte ces MM., et si vous leur
laissez apercevoir que ce qu'ils demandent n'existe pas, ils
ne manquent pas d'ajouter que vous êtes *Responsable* de la
non-exécution de leurs ordres.

Aujourd'hui encore on ordonne à M. le maire de Rambouillet, sous peine d'exécution militaire, de fournir au prince
pour aller à Paris une voiture à 4 places, et 2 cabriolets ; le
maire assure qu'excepté les diligences, Rambouillet n'a pas
de voitures à 4 roues, on lui répond que c'est égal et qu'il
est responsable.

J'ai l'honneur de vous supplier, Monsieur le Préfet ; veuillez
faire de nouvelles démarches pour que le quartier général
de S. A. le Prince Blücher [1] quitte cette ville très promptement, car les habitants sont à bout ; je puis vous assurer que
nos instances, nos promesses, nos prières même ne produisent plus aucun effet sur eux, et qu'au moindre prétexte,
tous, d'un mouvement spontané, abandonneront leurs habita-
tions et livreront ce qui leur reste à la rapacité des soldats
prussiens.

Signé : Du Buisson.

P.-S. — Malgré qu'un commissaire de Roi soit au château
pour veiller à la conservation du mobilier, je crois qu'il est

---

[1] Feld-maréchal des armées prussiennes né en 1742 ; il mourut en 1819,
et la France put racheter de ses héritiers la carte du Domaine de Rambouillet qu'il avait dérobée en 1815 (Voir table de l'*Intermédiaire des
chercheurs* mot : Rambouillet). Carte peinte sur toile, 4 mètres de
hauteur sur 9 mètres de large ; elle avait coûté plus de 30.000 francs.

de mon devoir de vous donner avis (ne fut-ce qu'à titre de renseignement) que plusieurs objets précieux sont emballés et portés à Paris, *au Dépôt de la guerre Prussien*. Je puis vous citer par exemple la carte du Domaine de Rambouillet, monument d'autant plus précieux que Louis XVI y a travaillé lui-même et l'a enrichie de notes de sa main.

Le 2 août il rend compte au préfet du grave incident de Gazeran [1] :

Le Sous-Préfet, par intérim, à M. le Baron de Laître.

Monsieur,

Ma lettre d'hier vous a fait connaître les vexations et les violences auxquelles les habitants de Rambouillet sont journellement en butte. Le récit que je vais avoir l'honneur de vous faire vous donnera une juste idée de la férocité de quelques soldats prussiens et de l'indiscipline qui règne dans cette armée.

Le 22 juillet, la ville n'offrant plus de moyens d'y loger des militaires, 30 soldats prussiens sont envoyés par le commandant de place loger dans la commune *de Gazeran* distante d'une lieue ; l'adjoint les place dans une ferme et chez les journaliers aisés du village ; il en met entr'autres quatre chez le sieur Blanchard, son frère, qu'il ignorait être malade. En arrivant, ces quatre hommes veulent s'emparer du lit du malade ; on leur propose de l'argent et un autre lit, ils insistent ; la femme Blanchard court chez l'adjoint, son beaufrère, qui se transporte sur les lieux avec le commandant du détachement et ils obtiennent que ces quatre hommes seront partagés dans deux autres logements. Ils sortent fort mécontents, mais au lieu de se retirer dans leurs nouveaux gîtes, ils entrent tous quatre dans une ferme où existe une maison bourgeoise et s'y logent de leur pleine autorité ; l'épouse du fermier se sauve et va chercher son mari, pendant ce temps ils tuent les volailles, parcourent les appartements de la maison bourgeoise demeurés ouverts depuis le pillage que

[1] Archives de Seine-et-Oise.

les troupes du corps du général Bulow y ont exercé à leur passage et descendent enfin à la cave dont ils ont forcé la porte.

Cependant le fermier arrive et, à force de promesses, rétablit l'ordre chez lui, mais pour un court instant. Ils envoient chez le maréchal le sabre dont ils s'étaient servis pour ouvrir la porte et qu'ils avaient rompu.

Ayant bien bu et bien mangé, ils envoyent prendre leur sabre chez le maréchal qui le leur rapporte lui-même et réclame le salaire de son travail ; après l'avoir payé de menaces, ils le forcent à boire et à s'enivrer avec eux ; à minuit l'épouse du maréchal a l'imprudence d'envoyer chercher son mari par une fille de 16 à 17 ans, sa domestique ; cette malheureuse fille est aussitôt saisie par ces brigands qui lui versent du vin dans la bouche tandis que plusieurs d'entr'eux la tenaient ; ensuite elle devint la proie de leur sale et ignominieuse brutalité malgré ses efforts pour se débarrasser de leurs mains et à force de mauvais traitements elle perd l'usage de ses sens.

Cette scène horrible se passait sous les yeux des fermiers qui, enfermés chez eux, n'avaient pas la faculté de sortir ; cependant l'épouse parvenue à s'échapper et la tête égarée alla crier *au feu* au lieu d'appeler au secours : on sonne le tocsin, les habitants arrivent, les premiers saisis d'indignation à la vue de cette fille étendue dans la cour sans connaissance, frappent les prussiens dont trois s'échappent, mais le quatrième trop ivre et d'ailleurs blessé grièvement par la fille et par un coup de bayonnette qu'il reçut d'un de ses camarades, lorsqu'ils se disputaient l'honneur de cette fille ne peut échapper aux coups de bâton et de seau qu'on ne lui ménage pas ; bientôt tous les prussiens placés dans le village se réunissent et font à leur tour sauver les habitants. Le village est abandonné et le pillage succède aux horreurs que je viens de décrire.

Cependant les soldats portent plainte au quartier général

contre les habitants de la commune qu'ils accusent d'avoir
voulu les assassiner. Ils montrent, pour faire croire à leur
imposture, des coups de bayonnette qu'ils se sont donnés
entr'eux en se disputant leur victime, et disent que leurs
blessures proviennent des coups de faulx que les paysans
leur ont donnés : aussitôt l'on s'empare du maire et de l'adjoint, mais comme la malheureuse fille est toujours évanouie,
l'auditeur juge d'instruction prussien s'est transporté sur
les lieux avec un fort détachement pour éclaircir cette affaire.

Enfin, après une longue instruction dont l'issue allait être
fatale aux habitants, la malheureuse fille, qui était restée
comme morte pendant sept heures, recouvre enfin l'usage de
la parole et est entendue à son tour.

Elle reconnaît dans le soldat qui est le plus maltraité
celui qui l'a insultée le premier, les blessures qu'il porte à
la figure c'est elle qui les lui a faites avec ses ongles ; elle
dit qu'il doit avoir un coup de bayonnette au côté gauche,
qui lui a été porté par un de ses camarades, ce qui se trouve
vrai, enfin elle reconnaît aussi les autres.

Cette déposition atterre les quatre scélérats qui croyaient
leur victime morte ; ils avouent leur faute.

Le juge d'instruction en fait lier un et conduire à Rambouillet, où il est mis en prison ; une heure après on recommande d'en prendre soin et le surlendemain il est mis en
liberté.

Je ne me permettrai pas, Monsieur, d'ajouter aucune
réflexion au récit qui précède : votre jugement est déjà porté.

DUBUISSON [1].

Il complète son récit le 3 août 1815.

MONSIEUR,

En vous rendant compte hier de l'événement horrible qui

---

[1] Pendant la période la plus difficile de 1815, l'intérim de la sous-préfecture fut fait par Dubuisson, le secrétaire, qui s'acquitta de ses fonctions merveilleusement.

a eu lieu dans la commune de Gazeran, je ne m'attendais pas à avoir à vous entretenir de cet événement une seconde fois.

J'apprends à l'instant que le Bedeau qui en entendant crier au feu avait sonné le tocsin vient d'être arrêté et conduit à Versailles par un détachement de soldats Prussiens ; j'ai l'honneur de vous prier de prendre intérêt au sort de ce malheureux père de famille que sa détention va priver des ressources que le mois d'août procure aux malheureux de cette classe, et j'ai fait espérer à ses parents que par vos soins, Monsieur, il recouvrerait bientôt sa liberté.

Le 4 le préfet répond.

A Monsieur le Sous-Préfet de Rambouillet.

Aussitôt la réception de votre lettre, en date d'hier, Monsieur, j'ai fait toutes les démarches nécessaires pour tâcher d'obtenir la mise en liberté du Bedeau de la commune de Gazeran.

M. le commandant de la place de Versailles m'a répondu que son arrestation avait eu lieu d'après les ordres directs du Prince Blücher, et que, par suite de ces mêmes ordres, il était déjà parti pour Vesel. Il a ajouté que S. A. seule pouvait le faire rentrer dans sa famille et qu'on devait lui demander cette faveur directement.

Je vous engage, en conséquence, à solliciter près du Prince la liberté de ce malheureux père de famille.

Perrin du Lac fut installé, comme sous-préfet de Rambouillet, le 28 août 1815 ; à la fin d'août les tourments de Rambouillet n'avaient pas cessé, si on en juge par cette lettre :

Perrin du Lac Sous-Préfet au Préfet.

Monsieur le Préfet,

J'ai l'honneur de vous prévenir qu'hier, après le départ du colonel prussien dont le corps est cantonné à Rambouillet, il

s'est passé dans la partie du château habitée par l'état-major
une scène des plus scandaleuses.

A trois heures, des officiers, au nombre de dix-huit, se
firent servir un dîner qui se prolongea jusqu'à onze heures
du soir.

Après avoir bu 70 bouteilles de vin, de l'eau-de-vie et
des liqueurs en grande quantité, ils se portèrent aux excès
les plus dégoûtants. Ils se battirent à coups de poings,
ouvrirent les fenêtres qui donnent sur la rue et s'y présentèrent d'une manière si indécente qu'il n'est possible ni de
le rapporter, ni de l'écrire.

Le résultat de cette orgie a été ce qu'il devait être ; les
meubles et les appartements ont été endommagés de manière à exiger des réparations considérables.

Veuillez, je vous prie, faire part de cet oubli de toutes
convenances à M. le général de Bulow [1], et faire en sorte d'ob
tenir que pareille scène ne se renouvelle pas.

PERRIN DU LAC.

Les charges que la ville de Rambouillet supporta du
1er juillet au 15 octobre 1815 avaient été excessivement onéreuses ; les habitants avaient logé dans cet intervalle de
115 jours 91.069 hommes [2].

Les communes du canton n'avaient point non plus, comme
nous avons vu, été épargnées ; l'état numérique des troupes
qui avaient séjourné dans chaque commune ou qui y avaient
été envoyées du 1er juillet au 15 octobre 1815 fut dressé ;
ainsi pour Auffargis, ces charges s'établissaient ainsi :

---

[1] Commandant général de l'infanterie prussienne né en 1759.

[2] Delorme, *Rambouillet chef-lieu.* — Le 19 septembre 1815 la duchesse
d'Angoulême visite Rambouillet : le 23, Famin est requis de mettre à la
disposition du 4e corps prussien la manufacture : le 28, la boulangerie
et le chenil ; le 25 octobre 1815, les dernières troupes prussiennes
quittent la vénerie et les petites écuries. Arch. nat. O²,322.

Valeur des réquisitions, vivres, fourrages et autres objets, jusqu'au
25 juillet.......................... 3.818 fr.

Valeur des réquisitions, des vivres et
fourrages de cette époque à l'établissement des magasins............. 305 fr.

Dettes contractées par la commune... 203 fr.

Denrées livrées sans récépissé ou enlevées de vive force............ 500 fr.

Valeur des chevaux et voitures enlevés
par les troupes................. 1.200 fr.

Effets mobiliers pillés ou détruits.... 800 fr.

Indemnité pour journées de voiture et
de chevaux mis en réquisition..... 3.500 fr.
                                     ____
                    Total........ 10.826 fr.

Les charges d'Orcemont se chiffraient
par............................. 5.415 fr.

Celles des Bréviaires par........... 6.465 fr.

Celles d'Émancé par............... 17.322 fr.

Celles des Essarts par............ 12.163 fr.

Celles de la Boissière par......... 9.394 fr.

Celles de Saint-Léger par.......... 8.878 fr.

Celles de Saint-Hilarion par........ 9.987 fr.

Celles d'Hermeray par............ 3.515 fr.

Celles de Mittainville par.......... 9.027 fr.

Celles de Vieille-Église par........ 5.224 fr.

Celles de Gazeran par............ 11.986 fr.

Celles de Gambaiseuil par.......... 9.955 fr.
                                     ____
                    Total....... 120.157 fr.

LA FAMILLE DE LEVASSEUR

Après la mort de son mari, Mme Levasseur fit une demande au Gouvernement pour que l'entrée du prytanée de La Flèche fût accordée gratuitement à ses deux fils [1] ; cette demande fut accueillie favorablement : le plus jeune, seul, suivit la carrière de son père et mourut capitaine ; quant à l'aîné, il entra, vers 1817, dans l'industrie à Gravilliers, puis à Louviers, où il mourut le 1er octobre 1873.

Le fils qui lui survécut, écrivain distingué, polémiste brillant, poète à ses heures, après avoir été rédacteur en chef du *Courrier de l'Aisne* est chevalier de la Légion d'honneur et trésorier-payeur de la province de Constantine. Une seule des filles de Levasseur se maria, Héloïse ; elle épousa un ancien officier de cavalerie, M. Arsène Landry, qui devint juge de paix à Joigny : M. Landry laissa lui-même une fille, qui est aujourd'hui Mme Léon Gouy et qui habite Paris.

Madame Levasseur se retira à Versailles, où elle mourut le 2 novembre 1851 [2] ; ses filles vécurent avec elle, et deux d'entre elles moururent après la guerre de 1870.

En écrivant la vie de notre ancien maire, nous avons voulu surtout raconter de 1797 à 1815 l'histoire de Rambouillet, à laquelle Levasseur fut plus que tout autre mêlé ; c'est pourquoi nous avons retracé, avec des détails très minutieux, le fonctionnement de la municipalité cantonale et de la municipalité issue du Consulat ; c'est pourquoi aussi nous avons relevé tous les séjours de l'Empereur, analysé tous ses écrits datés de Rambouillet pour faire voir toutes

---

[1] Arch. guerre, 9 janvier 1815.
[2] Pièces justificatives, pièce n° 7.

les pensées de cet homme considérable écloses dans notre cité ; nous avons également résumé tous les travaux exécutés dans le domaine sous le premier Empire.

Néanmoins, si les événements dont Levasseur a été témoin ont été si importants qu'ils semblent effacer sa personnalité, nous ne devons pas oublier que cet homme appartenant à une famille de condition modeste a conquis d'abord par son travail une situation honorable, puis par son courage et son intelligence un grade élevé dans l'armée ; sans doute, si les circonstances lui eussent été propices, fût-il devenu un de nos brillants généraux ; sa carrière militaire écourtée et manquée fut le chagrin de toute sa vie. Nous devons nous souvenir aussi de l'excellent citoyen, du bon administrateur qu'il a été, du rôle qu'il a joué dans la création de l'arrondissement, et de son patriotisme dont il est mort, pendant l'invasion de 1814.

APPENDICE

PIÈCE JUSTIFICATIVE N° 1

Du registre des actes de l'État civil de la commune de Dourdan a été extrait ce qui suit :

MARIAGE DE ALEXIS VASSEUR

et de

MARIE-LOUISE LIMET

(25 novembre 1749)

L'an mil sept cent quarante-neuf, le vingt-cinquième jour de novembre, après les fiançailles et publications canoniques faites tant en cette église aux prosnes de nos messes paroissiales par trois jours de dimanche et feste consécutifs, sçavoir le neuvième, onzième et seizième de ce présent mois, qu'en celle de Saint-Pierre de cette ville, suivant le certificat de M. Le Boistel, curé de ladite paroisse, en date du vingt-troisième novembre mil sept cent quarante-neuf, signé Le Boistel de Chatignonville, des bancs du futur mariage entre Alexis Vasseur, fils de feu Jean Vasseur et de feue Marie Cailly, ses père et mère, et cocher du très haut et très puissant seigneur monsieur le comte de Verteillac, grand sénéchal du Périgord et gouverneur de cette ville de Dourdan, de la paroisse de Saint-Pierre de cette ville, d'une part ; et entre Marie-Louise Limet, fille de Louis Limet et de feue Jeanne Bauvilliers, de cette paroisse, d'autre part ; sans qu'il se soit trouvé aucune opposition, ni empêchement civil ni canonique, nous soussigné, prieur curé de cette paroisse, avons fait la célébration dudit mariage et leur avons donné

la bénédiction nuptiale selon la forme et usage de la sainte
Église catholique, apostolique et romaine, notre mère, après
avoir reçu des parties leurs promesses et consentement
mutuel par paroles et de présent, du prieur et du consentement de très haute et très puissante dame madame Magde-
leine-Angélique de la Brousse, comtesse de Verteillac, et
de messire Pierre-César Thibault, marquis de Verteillac son
fils, gouverneur et grand sénéchal du Périgord, capitaine
de cavalerie dans le régiment de Penthièvre ; de messire
Adam d'Origny Linjet, seigneur de Dammartin, chevalier
de l'ordre militaire de Saint-Louis, ancien capitaine de grenadiers au régiment de Champagne ; Louis-Marcel Vasseur,
frère du marié, de Louis Limet, fabricant de bas, père de la
mariée; Pierre-Paul Trubert, officier de cette église, beau-
frère de la mariée, et Louis Sédillot, marchand, qui ont tous
signé avec nous ainsi qu'Estienne Limet propre père de la
mariée; le marié a déclaré ne sçavoir signé de ce requis.

Signé : Marie-Louise Limet, Verteillac, d'Origny-Busi-
gny, L.-N. Vasseur, L. Limet, L. Sédillot-Butocq, Moreau-
Daubigny, Testelin, Le Roy, Dorémus, E.-L. Limet et
Desouches. C.-R. prieur-curé.

En marge :

Alexis Vasseur, baptisé à Flexicourt, diocèse d'Amiens,
le 16 juillet 1717.

Marie-Louise Limet, baptisée à Sussay, du diocèse de
Chartres, le 15 août 1730.

Jean Vasseur, perre, inhumé à Flexicourt, diocèse
d'Amiens, le 28 novembre 1727, âgé de 60 ans [1].

Marie Cailly, mère, inhumée même lieu, le 20 août 1720,
âgée de 33 ans [2].

Alexis Vasseur, inhumé à Rambouillet, le 23 mai 1772.

---

[1] Note personnelle. — Les registres de Flexicourt portent 1725 et
« âgé de 60 ans ou environ ».

[2] Note personnelle. — Les registres de Flexicourt portent 20 avril 1720
et Caillye.

PIÈCE N° 2

L'an de grâce 1755, le 18 janvier, est né Henri-Alexis LE VASSOR, fils de Alexis Le Vassor, chez M. le comte de Vertillac, gouverneur de Dourdan, et de Marie-Louise Limet, son épouse.

Le parrain a été Henri-Mathias Besnard et la marraine Marie-Anne Boucher.

PIÈCE N° 3

Le mariage Bully-Levasseur eut lieu après que Bully eut obtenu de Ramberge, lieutenant de la maréchaussée du département (Chartres), la permission de se marier, certifiée véritable par Goujon, lieutenant de cavalerie, exempt de la maréchaussée à Rambouillet. Les témoins du mariage étaient, du côté du marié, Alexandre Charpentier, cavalier, et une autre personne; du côté de la mariée, Alexis-Henri Levasseur, étudiant, et Alexandre Levasseur, ses fils.

PIÈCE N° 4

État des effets appartenant à Henry-Alexis Levasseur, adjudant général, employé à la Division de l'armée du Nord détachée à la Vendée, pillés par les rebelles de ce département, le 13 pluviose, an deuxième, suivant un certificat qui en a été dressé par l'état-major, le 16 du même mois.

Habillement complet neuf..............	180 fr.
Deux culottes de peau de daim.........	72
Sept chemises........................	105
Quatre cravates......................	20
Six paires de bas....................	24
Six mouchoirs........................	18

Un manteau neuf..........................   100
Un bonnet de police...................   25
Selle et bride.........................   70
Une paire de pistolets.................   48
Un schabrac   50
Des épaulettes.........................   48
Une malle..............................   25
Deux porte-manteaux.....   24
Une paire de bottes   40
Deux couvertures de chevaux   30
Plusieurs cartes des pays insurgés......   25
                                          ——————
                                           904
Plus un portefeuille contenant..........   725
                                          ——————
                          Total........ 1.629

Certifié véritable à Rambouillet, le cinq frimaire an six de
la République française.

Henry Levasseur.

PIÈCE N° 5

FORÊT DE RAMBOUILLET [1]

Divisée en cinq rendez-vous

PREMIER RENDEZ-VOUS AU PAVILLON DE LA TOUR

Quêtes : Les bordages de la Villeneuve, 3 hommes. — Les
Hogues, 2 hommes. — La Grande-Brèche et Toulifau,
2 hommes. — Le bois de Sonchamp, 2 hommes. — Le bois
Martin, 2 hommes.

Placement des relais

La vieille meute à cheval et à pied, au poteau des Trois-
Seigneurs. — La seconde à cheval et à pied, au bois Gué-

----

[1] Bibl. nat., *Le parfait Chasseur*, 8⁵,5783.

rin. — Les six chiens à cheval et à pied, au pavé de la Forêt-Verte.

SECOND RENDEZ-VOUS AU CHÊNE DE BATONCEAU

Quêtes : La garenne de Jagny et le bord de la Grange, 2 hommes. — Le Grand-Batonceau, 2 hommes. — Le Petit-Batonceau, 2 hommes. — Le bois de Poyer, 2 hommes.

Placement des relais

La vieille meute à cheval et à pied, au chêne Batonceau. — La seconde à cheval et à pied, au bois Billard. — Les 6 chiens à cheval et à pied, au bois de la Brèche.

TROSIÈME RENDEZ-VOUS

Quêtes : La Charmoise, 3 hommes. — Le haut et le bas Planet, 2 hommes. — Bienouvienne, 2 hommes. — Les tailles d'Epernon et butte à l'Oison, 2 hommes. — Pecqueuse et le Bois-Richard, 3 hommes. — Les buttes de Vendôme, 2 hommes. — Les Pifaudières, 1 homme.

Placement des relais

La vieille meute à cheval et à pied, au chêne Vaudion. — La seconde à cheval et à pied, au poteau de la Loge-Percée. — Les 6 chiens à cheval et à pied, à la Croix-d'Esprit.

QUATRIÈME RENDEZ-VOUS AUX CINQ-CENTS-ARPENTS

Quêtes : Les Maréchaux, le Boisseau, de Senlisse et les Houssières, 3 hommes. — Les 500 Arpents, 3 hommes. — Les bois de Saint-Pierre-du-Gravier, Malavie et celui des Layes, 3 hommes. — Le bois de l'Etrille, Lavogan et le Vindrin.

Placement des relais

La vieille meute à cheval et à pied, à la rue Verte. — La seconde à cheval et à pied, à la barrière des Essarts.

CINQUIÈME RENDEZ-VOUS AU POTEAU DE LA POTERIE

Quêtes : La Poterie et les monts Garny, 2 hommes. — La haye de Rochefort, 2 hommes. — Les butards de Rochefort, 2 hommes. — Le bois de Chaillot, 2 hommes. — Le bois Martin et la Pifonsard-Péronnelle, 2 hommes.

Placement des relais

La vieille meute à pied, au poteau de Rohan. — La seconde, à la fontaine Sainte-Scaliberge.

Pour chasser au buisson des Maréchaux

LE RENDEZ-VOUS AUX MARÉCHAUX

Quêtes : Les bois de Vindrin, 2 hommes. — Les Maréchaux et le bois du Grand-Moulin, 4 hommes. — Les Houssières, 2 hommes. — Les bois Boisseau et de Senlisse, 2 hommes. — Les 500 Arpents, 3 hommes.

Placement des relais

La vieille meute à cheval et à pied, aux Maréchaux. — La seconde à cheval et à pied, à la barrière des Essarts. — Les six chiens à cheval et à pied, au débouché de Vindrin.

La chasse à Saint-Léger divisé en cinq rendez-vous

PREMIER RENDEZ-VOUS AU POTEAU D'HOLLANDE

Quêtes : Le bois d'Hollande, 2 hommes. — Les Mornes, 2 hommes. — Les Ventes-Bisées, 2 hommes. — Les bois de Villepère et les Mares-Gaulée, 3 hommes. — La vallée du Muguet, le parc aux Anglais, 2 hommes. — Les Glaindeau, 2 hommes.

Placement des relais

La vieille meute à cheval et à pied, à la Rotonde. — La seconde à cheval et à pied, sous le chêne dans la plaine des petites Yvelines ou dans le chemin de Montfort. — Les six chiens à cheval et à pied aux Mares-Gaulée.

DEUXIÈME RENDEZ-VOUS A LA CROIX DU PERRAY

Quêtes : La Forêt-Verte, 3 hommes. — Coupe-Gorge, 3 hommes. — Le bois d'Hollande, 2 hommes. — Le bois de Villepère, 3 hommes. — Les Basses-Masures, 2 hommes. — Les Hallières, 1 homme.

Placement des relais

La vieille meute à cheval et à pied, à la Forêt-Verte. — La seconde à cheval et à pied, au bois Guérin. — Les six chiens à cheval et à pied, au carrefour de Maintenon.

TROISIÈME RENDEZ-VOUS A LA CROIX-D'ESPRIT

Quêtes : A la Croix-d'Esprit, 3 hommes. — Les Rabières et bois de la Prieurée, 2 hommes. — Sageron, 2 hommes. — Pereuse, 3 hommes. — La Charmoise, 2 hommes. — Les buttes de Vendôme, 2 hommes.

Placement des relais

La vieille meute à cheval et à pied, au poteau de la Croix-Jaune. — La seconde à cheval et à pied au poteau de la Pereuse. — Les six chiens à cheval et à pied, au poteau de la brèche de Poigny.

QUATRIÈME RENDEZ-VOUS AU POTEAU DES DEUX-CHATEAUX

Quêtes : Les Ventes-Bisées, 2 hommes. — La Mare-Ronde et le clos Renard, 2 hommes. — Les Longues-Mares 2 hommes. — Les bois des Moines, 2 hommes. — Les Ponts-Quentin, 2 hommes. — Et la Mormaire, 2 hommes.

Placement des relais

La vieille meute à cheval et à pied, aux Longues-Mares. — La seconde à cheval et à pied, au carrefour des Sept-Chênes. — Les six chiens à cheval et à pied, au poteau de la Quenouille.

CINQUIÈME RENDEZ-VOUS AU POTEAU DE LA QUENOUILLE

Quêtes : Le Boquet et la Croix-Gilbon, 2 hommes. — Les Ponts-Quentin, 2 hommes. — Les Bourbières et le Pont-à-la-Dame, 2 hommes. — L'Esprit, 2 hommes. — Les Futaies-Blanches, 2 hommes.

PIÈCE N° 6

État des statues, bustes et vases existant dans les palais et dépendances (17 novembre 1813)

Vestibule du rez-de-chaussée :

Buste représentant Didon, reine de Carthage, buste de femme du nom de Lucille, buste de femme, buste d'homme

(Britannicus), buste de femme, buste de femme, buste représentant un consul romain, deux autres bustes identiques, le tout en marbre blanc ayant 0,80 c. de hauteur.

Antichambre de l'appartement de S. M. l'Impératrice, buste de femme d'après l'antique, autre buste identique.

Salle à manger de l'Empereur, buste de Germanicus, consul romain, César, femme.

Salle à manger des grands officiers, dite salle de marbre, Diane, Adrien, femme, Lepidus.

Cabinet topographique, le chancelier l'Hopital.

Jardin ou parterre du roi de Rome, vase avec figures et ornements.

Balustres en face du Palais sur les canaux, vases.

A l'extrémité du quinconce, buste représentant un amour, par Bouchardon.

A l'extrémité du Rondeau, un sénateur.

A l'extrémité du canal, un gladiateur (en bronze).

Ile des festins, une statue de femme, la Force, en pierre.
Jardin anglais :
Près l'Hermitage, un Bacchus.
Près la chaumière, un faune.
Sur le rocher, un bacchus.
Laiterie dans la première cour :
Vénus de Médicis, en bronze (copie).
Dans l'intérieur, un Andromède.
Dans les magasins, 13 bustes.
A Pouras, un vase.

PIÈCE N° 7

Du dimanche 2 novembre 1831, 11 heures du matin, acte de décès de dame Lucile-Aimée Tessier, rentière, née à Nantes, paroisse de Chantenay (Loire-Inférieure), le 18 décembre 1769, fille de Jean-Baptiste Tessier et de dame

Marthe Galipaud, son épouse, décédée aujourd'hui, 7 heures
du matin, en sa demeure à Versailles, rue Neuve, n° 2 bis,
veuve de M. Henry-Alexis Levasseur. Les témoins sont
M. Prosper-Henri Levasseur, filateur de laine, âgé de
50 ans, demeurant à Louviers (Eure), fils de la défunte, et
le sieur Philippe-Hippolyte Neveu, ébéniste, âgé de 40 ans,
demeurant rue Neuve, n° 11. Lesquels ont signé avec nous
Maire de Versailles, grand officier de la Légion d'honneur
faisant les fonctions d'officier public de l'État civil, après
lecture faite et le décès constaté.

BIBLIOGRAPHIE DE L'HISTOIRE DE RAMBOUILLET

DELAMOTTE, Manuscrit sur le Domaine, 1804; OUDIETTE, *Dictionnaire
des Environs de Paris*, in-8°, 1812; *Notice*, de M. S. chez Raynal, Rambouillet, 1836; *Le Luxe des Palais*, DELANDINE DU SAINT-ESPRIT, 1823; DE
LABORDE, *Description des Châteaux de France*, Paris, 1808; MOUTIÉ, *Histoire de Rambouillet*, 1850; *Rambouillet, chef-lieu*, DELORME; MAILLARD,
Histoire de Rambouillet, 1891; *Mémoires de la Société archéologique de
Rambouillet. Une Soirée à Rambouillet en 1636*, FROUTAS; *Les Châteaux
de France*, par GOZLAN, 1857.

TABLE DES MATIÈRES

TOURS

IMPRIMERIE DESLIS FRÈRES

6, RUE GAMBETTA, 6